悠缘特教
各地特教系列
走进山东特教丛书◎总主编：李淑英

LONGXIAOYUWENDUYUXIE

聋校语文

读与写

主　编　李　岩　孔　玲
副主编　邢淑朋　石志霞

天津出版传媒集团
天津教育出版社
TIANJIN EDUCATION PRESS

图书在版编目（CIP）数据

聋校语文读与写 / 李岩，孔玲主编. — 天津：天津教育出版社, 2013.11

ISBN 978-7-5309-7406-3

Ⅰ. ①聋… Ⅱ. ①李… ②孔… Ⅲ. ①阅读课—聋哑学校—教学参考资料 ②作文课—聋哑学校—教学参考资料 Ⅳ. ①G762.2

中国版本图书馆CIP数据核字(2013)第257489号

聋校语文读与写

出 版 人	胡振泰
主　　编	李 岩 孔 玲
副 主 编	邢淑朋 石志霞
选题策划	陈志平 蒋丰祥
责任编辑	尹福友 许 琳
装帧设计	戚克娜 解 芳
出版发行	天津出版传媒集团 天津教育出版社 天津市和平区西康路35号　邮政编码300051 http://www.tjeph.com.cn
经　　销	新华书店
印　　刷	天津金彩美术印刷有限公司
版　　次	2014年1月第1版
印　　次	2014年1月第1次印刷
规　　格	16开（787×1092毫米）
字　　数	460千字
插　　页	1
印　　张	23
定　　价	46.00元

主编介绍

李岩 烟台市特殊教育学校副校长，中学高级教师，山东省特级教师。所执教的课先后被评为烟台市、山东省优质课；多次在国家级、市级、省级教研活动中执教观摩课；先后被评为烟台市优秀教师、山东省教学能手、烟台市有突出贡献青年专家、烟台市教科研先进个人；二十多篇论文发表于省级或国家级刊物上，三十多篇论文在市级、省级、国家级论文评选中获奖；领题研究国家级、省级、市级课题五个，其中省级课题《“以读导写，以写促读”的实验与研究》获省教学成果一等奖。

孔玲 教育硕士，中学高级教师。山东省教育厅基础教育处特教干部、省教学研究室特殊教育教研员，省教育学会特殊教育研究专业委员会秘书长，中国教育学会特殊教育分会理事。在推进全省特殊教育课程改革、培养培训骨干教师、提高特殊教育学校教学水平等方面做出了不懈努力。在全省开展了“全国随班就读支持保障体系实验区”的研究和实践工作，其研究成果已在随班就读学校推广应用。2010年主持了山东省教育科学研究所“十一五”重点课题《听力残疾学生的心理健康教育问题研究》，其研究成果《特殊学生心理健康必读》已由东北师范大学出版社出版。有多篇论文在国家级、省级刊物上发表。

副主编介绍

邢淑朋　教育硕士，中学高级教师。多年来，一直任语文教师、班主任及中年级语文教研组长。在教学中，充分尊重聋孩子的生理心理特点，边教学边研究，多次在省级和国家级刊物上发表论文，多篇论文获国家级一等奖。作为中年级语文教研组长，和全组教师精诚团结，将课堂教学与问题研究相结合，先后一起承担了省级课题《“以读导写，以写促读”的实验与研究》、《培养聋学生语言沟通能力的研究》。参与的省级课题《“以读导写，以写促读”的实验与研究》获山东省省级教学成果一等奖。2011年的课题《培养聋学生语言沟通能力的研究》得到了专家的高度评价。

石志霞　教育硕士，中学一级教师。参与省级“十五”特殊教育重点研究课题一项；省级教育科学“十一五”规划课题一项；市级“十一五”教育科学研究重点课题一项。主持市级“十二五”规划课题一项。参编和修订了校本教材《职业指导课》；发表论文多篇；2011年获第三届全国特殊教育学校教师信息技术综合应用能力大赛一等奖。

总序一

特殊教育的发展和普及是衡量一个国家教育普及和教育公平程度的一个重要标志，更是衡量一个国家社会文明程度和公民素质的一把重要标尺。因此，党的十七大、十八大报告先后提出“关心特殊教育”“支持特殊教育”。今年党的十八届三中全会报告中又明确提出“推进学前教育、特殊教育、继续教育改革发展”。这些重要报告表明我国特殊教育事业的发展已引起党和国家的逐步重视，也标志着我国特殊教育事业的发展进入了一个新的阶段。同时，也调动了广大特殊教育工作者的积极性，一批批奋战在一线特殊教育学校的校长、教师积极投身到特殊教育的改革与实践中，探索当代本土化的中国特殊教育发展之路。

“走进山东特教”这套丛书就是特教工作者长期实践探索的成果之一，是齐鲁大地上一批优秀的特教人对多年教育、康复实践成果的总结。丛书既汇聚了百年老校烟台聋校多年积累的语文、数学教学实践经验、青岛盲校的视障学生心理健康教育探索历程，又总结了山东一批特殊教育名校近年在教育、康复方面的实践探索，如青岛聋校听障儿童听觉语言康复、菏泽定陶特殊教育学校的智障儿童康复教育、临沂天使国际特殊教育学校的脑瘫儿童康复、枣庄特殊教育学校幸福校园建设等。这些实践凝聚了山东一线校长、教师们的无数心血，也是奋战在我国一线特殊教育学校校长、教师的缩影。他们实践研究，再实践再研究，用自己的实际行动在推动中国特殊教育事业的发展，为实现特殊教育的中国梦而努力。

本套丛书实践性强，书中所附的实践案例增强了丛书的可读性、借鉴性、启发性。每一本书的内容都很好地反映了编者们多年的实践功底和对现实需求的准确把握。他们不唯高深的理论，而是把教育康复训练方法、感悟、反思、案例等与一线教师距离最近的内容提炼、升华、呈现，总结实践经验再反哺实践，以此来提升广大一线教师的教育康复实践能力，更具有现实意义。

本套丛书既是编者们的职业生涯的宝贵财富，也是特殊教育的宝贵财富，一定能让广大一线教师、特殊儿童家长或相关研究人员从中受益。

王 辉

南京特殊教育职业技术学院特教与学前教育学院副院长 教授

2013 年 11 月

总序二

随着和谐社会建设进程的加快，作为儒家文化的发源地，同时也是中国第一所聋校诞生地的山东，在政策扶持及无数特教人的不懈付出与努力下，特殊教育取得了令人瞩目的成绩。

作为一个从事特殊教育师资培养工作近 30 年的老特教，可以说是目睹了我国特别是山东省特殊教育的发展，为特殊教育逐渐受到国家重视、社会的“残疾人观”一步步发生变化，特殊教育逐渐被社会大众理解而感到欣慰，尤其是看到更多的高学历、高素质的年轻人不断加入到特殊教育师资队伍中来，更是对特殊教育的未来充满了希望。但是，面对残疾儿童类别不断增多等特教新形势，面对一线特教老师无数的困惑疑问，让人难有“万事大吉”的放松。在完成自己日常的教学科研任务之外，偶尔也有过再做点什么的念头，但考虑到自己的能力和年龄等因素，一次次放下。直到 2012 年暑假的一天，在跟好朋友、北京悠缘华夏文化传播有限公司蒋丰祥先生通话中，他的一句调侃“年龄已经成为你偷懒的借口”让我理屈词穷；“山东特教发展取得了那么多的成绩，你牵头展示一下山东特教的风采是多么有意义的一件事”。蒋总的“游说”增强了我这个老特教的光荣感和责任感——尽管我知道，凭我的能力和名气来牵头展示齐鲁大地的特教业绩，显然是难负其重，可是为山东特教的发展出一点力应该是我义不容辞的责任。就这样，2012 年暑假开始着手筹划出书这事儿。

编什么系列，从哪里着手？作为山东省唯一一所特殊教育师范院校的老师，我常年跟一线老师保持着非常好的联系，他们给与我教学与科研的无数启发与灵感，尤其在跟一线老师的密切交流及实地考察中，发现一种较为普遍的现象：一方面，许许多多的一线教师在多年的特殊教育生涯中用自己的爱心和智慧积累了大量的实践经验，特别是像烟台聋校这样的百年老校（中国第一所聋校）、青岛聋校这样的全国聋教育实验校等，他们视野开阔、经验丰富，这些经验需要整理、升华；另一方面大量的一线老师特别是年轻教师又常有面对各类残疾孩子“束手无策”的尴尬，他们需要理论指导，更需要实实在在的成功经验的借鉴。针对此现状，立足于广大一线教师，抛却过多理论上的“高瞻远瞩”，把康复教育训练方法、感悟、反思、案例等与一线教师距离最近的内容提炼、升华、呈现，成为我们相关各方的共识。因此也就有了“走进山东特教”这套丛书的编写。

本是立足于山东，但随着辽宁王喜军等外省老师的加入，也使得这套书的视野更开阔，内容更丰富。

历经近两年的时间，经过各位编者的辛苦努力，这套书终于跟大家见面了。欣喜之余，更多是要说出我的感谢：

感谢北京悠缘华夏文化传播有限公司蒋丰祥先生、戚克娜女士及其他员工，没有他们的对特教的关爱、对事业的执着与辛苦付出，也就没有一系列特教作品包括本书的出版发行。2007 年因主编《特殊儿童的教育鉴别与评估》一书跟他们相识，直至成为今天的挚友，想来真是我的荣幸。悠缘，有缘。

感谢各位编者。他们当中既有烟台、青岛等地全国知名特教学校的校长，也有扎实肯干、成绩斐然的一线老师；有我多年来因特教结缘的朋友，也有我的同学、学生。当我从蒋总那里接受了“任务”，面对算得上庞大的编写计划，忐忑地跟他们沟通时，他们热切的呼应、积极的作为也成为我巨大的精神力量。作为一线管理者或老师，他们教学、管理任务繁重，但对承诺事情的执着和勤勉，使我这个近几年正慢慢把年龄当资本的闲散惯了的人受益匪浅；他们的谦虚和善解人意，使得我们无数次的沟通都顺畅无比。一起合作的过程，也是我跟他们学习的过程。每当打开电脑看到他们半夜从邮箱发来的材料，常生感动。营口的王喜军老师更是把 QQ 个性签名改为：自从参与编书，就爱上了熬夜。有的老师为了把照片弄好，费劲心思，精益求精。在佩服他们、感谢他们的同时，也为我们的特殊教育有这样一些拼命三郎而甚感欣慰。

写到这里才发现一套学术著作的序言被我写成了充满人情味的感言了吧。

见谅。我想学术的严谨与人情味的浓郁并不矛盾。特殊教育更是如此。

本套丛书首期出版的分别是：刘本部、郑芳、刘美芸等著的《听障儿童听觉语言康复研究与实践》，徐东升主编的《聋校数学生活化教学探索》，李岩、孔玲主编的《聋校语文读与写》，张蕾、薛梅、葛玉萍编著的《视障学生心理健康教育与辅导》，孔祥英、陈承杰主编的《智障儿童康复教育概论》，陈庆莲主编的《脑瘫儿童康复训练指南》，郑建刚、刘莹、冯杰主编的《建设幸福特殊教育学校》，李淑英、王喜军、刘迪主编的《特殊儿童感觉统合训练理论与实践》等。所有编者或是经验丰富的一线骨干教师，或是专家型的校长，他们丰富的特教从业阅历及实践经验使得这套书的“实践性”特色突出，其中为数不少的的实践案例分析更是增强了书的可读性、可借鉴性。可以说每一本书的内容皆是编者老师们多年实践经验的总结与反思，是这些编者老师职业生涯的宝贵财富，也是特殊教育的宝贵财富，想必定会对广大一线教师、特殊儿童家长或相关研究人员起到一定的参考或借鉴作用。

由于各位编者多来自特教一线，教学及管理任务繁重，时间有限，加之多是第一次编书，虽尽心力而为也难恐有疏漏或不足之处，还望各位读者朋友批评指正。

李淑英

潍坊学院幼教特教师范学院 副教授

2013 年 11 月

本书序

初识李岩，她刚由普校调入，那时的她给我的感觉就是很有灵气。

由普教到特教，与聋哑人沟通，跨度很大，我却很放心。听完她的第一节课，更坚定了我的看法。

李岩是一个扎实的人，聋教育的特点掌握得很深很透；李岩又是一个睿智的人，探索创新跟随着她的每一堂课。在语文教学中，她把普通学校的一些教学方法灵活地运用进来，让大家耳目一新。她教的班级学生思维活跃，语言表达能力提高很快。我常听她的课，也与她一起探讨，鼓励她大胆尝试，对已形成的教学成果给予肯定，并在全校推广。

1996年，我校申报了省级课题《"以读导写，以写促读"的实验与研究》，经过十年的研究实践，2007年结题，由李岩执笔的报告，得到了专家们的高度评价，课题获山东省教学成果一等奖。近些年来，她先后担任了教导主任、分管教学的副校长，一直身体力行，在教学一线与教师们孜孜不倦地研究、忙碌着。

李岩是个有想法的人，她善于发现，善于积累，《聋校语文读与写》成书也得力于此，这也是她从事特殊教育二十多年的夙愿。

聋校发展学生的语言能力，这始终是教育的首要任务，历代聋校教育工作者为此都做了艰苦的努力。近年来，随着现代科学技术的飞跃发展和网络信息的广泛运用，聋生的听能得到有效开发，信息量的增大，使学习语言、运用语言的途径更宽阔，这都给聋校传统教学带来了新的挑战。这就需要教师适应现代教学的要求，调整教学目标，重组教材，实施个别教学计划，采取行之有效的教学方法。书中的案例是老师们经过多年教学形成的，对聋校的教师在教学中能有些借鉴和启发。当然，教无定法，每个老师自身的素质，驾驭教材驾驭课堂的能力各不相同，选择的教学方法不同，教学效果也就不一样。作为老特教工作者，我真心期望聋校教师坚持不懈地实践，提高聋生的语言沟通能力，为他们融入主流社会过上健康幸福生活打下坚实的基础。

《聋校语文读与写》成书，李岩嘱我作序，让我对聋教育又兴奋了一次。虽然不在教学一线了，但我关注的目光始终没有离开。看了全书我很是欣慰，对全校教师辛勤劳动，对李岩、孔玲、邢淑朋、石志霞的付出我深表感谢。感谢潍坊学院李淑英老师的悉心指导，感谢北京悠缘华夏文化传播有限公司领导及员工对本书的出版所做的大量工作。他们对特殊教育事业的执著，对编者的信任与支持，对工作的勤勉让人感佩。谢谢！

本书偏重于实践的总结，理论归纳还失之高度。相信下一本书会写得更好。

孙桂华

原烟台市特殊教育学校校长、书记

2013 年 5 月 6 日

目 录

阅读教学篇

YUEDUJIAOXUEPIAN

写作教学篇

XIEZUOJIAOXUEPIAN

阅读教学篇

YUEDUJIAOXUEPIAN

阅读是聋生高效获取信息、了解世界的主要方式，也是获取知识的基本方式。在教学过程中，我们发现学生阅读能力越强，表达能力也越强，许多学生之所以掌握不了多少知识，也是因为不会阅读，不会边读边想的方法。所以，让学生多读书，自能阅读，自主表达，成了我们特教人共同的愿望。为了全面提高聋生的阅读能力，以适应现代社会的需要，各特教学校在语文课堂中不断地探索，我们也借鉴特教领域的经验和理论研究成果，课内立足课堂，通过“六步备课法”“学案式教案”“五环节教学法”和“评估反思三步法”，以精读课文为例子，引导学生阅读得法，课外通过丰富的阅读活动，使课内之法得以实践应用。课内外相结合，全方位发展聋生语言能力。

通过本单元的学习，希望大家能够——

明确阅读教学的主要目的和任务；

了解如何对待阅读教学的各种载体；

明确精读课文教学的理论基础、教学流程和教学方法；

熟悉精读课文的课型和不同体裁精读课文的教学方法；

清楚备课与上课的具体操作方法；

了解课外阅读的策略。

第一章 阅读教学概述

一、阅读教学的地位、任务和意义

阅读是从书面语材料中获取意义并影响读者的学习过程，是人们获得信息的主要方式，是认识世界的重要手段。阅读在本质上是一种智力活动。著名教育家苏霍姆林斯基说："积累三十年的经验，使我确信学生的智力取决于良好的阅读习惯。"可见，阅读在现代学习和人才培养中的重要意义。阅读教学是教师指导学生学习阅读的实践活动。[①]阅读教学是聋校语文教学的核心部分，在语文教学中，阅读教学占有特别重要的地位。从教师教学的角度看，阅读教学的基本职能就是教会学生阅读，使学生最终达到不待老师教而能读书的水平。[②]阅读能力是自学能力的核心。当今世界，经济全球化趋势日渐增强，现代科学和信息技术迅猛发展，新的交流媒介不断出现，人类进入网络信息社会，阅读成为人人必备的生活技能，谁的阅读能力强，谁就能把握最新信息。因此，帮助聋生从小学会阅读，学会有效地阅读，养成良好的阅读习惯，以便使他们在未来生活中成为学习的强者，成为社会发展的主人，这是阅读教学中头等重要的任务。具体来说，阅读教学的任务有三方面：

1. 培养学生掌握基本的阅读规律和方法，使其具有独立阅读的能力和习惯

阅读教学的基本职能就是教会学生阅读，在阅读教学中要逐渐教会学生自学的能力，使他们最终达到自能读书的水平。从心理学上讲，自学的能力既是一种优良的心理品质，又是一种个性特征。理论告诉我们，任何心理品质和个性的形成，都要经历知、情、行、恒的心理过程。[③]阅读教学的任务是对语文基

---

① 曹明海. 语文教育学. 青岛：中国海洋大学出版社，2002：221-222.

② 曹明海. 语文教育学. 青岛：中国海洋大学出版社，2002：223.

③ 魏书生. 教学工作漫谈. 北京：文化艺术出版社，2011：4.

础知识和基本技能的训练。基础知识是指对字、词、句、篇的理解，是对语文基础知识的训练，是引领学生“行”的定向，基本技能则是指听（看）、说、读、写的能力。生理学研究认为，聋人的听力缺失并不是导致他们语言水平低下的主要原因，听力缺失的本质是缺乏后天的语言训练。在生理上，聋人发音组织仍是完好无损的，尤其是一些后天听力损失的学生，具有较好的语言基础，针对聋生特点采取有效措施，他们就完全可以具有语言功能。因此，聋校阅读教学要重视“双基”训练，在教学中既要培养聋生基本的感知、理解、分析、评价、鉴赏、创造性表达等能力，还要注意培养聋生阅读兴趣，使他们掌握阅读方法，如理解词句、抓住重点、概括中心、掌握课文的篇章结构的方法，利用工具书辅助阅读等方法。聋生有了阅读兴趣，掌握了这些阅读技能，为课外的大量阅读打好了基础，他们的阅读习惯也就形成了，就可以随时迅速有效地从各种媒介中吸取信息。

2. 丰富聋生的情感体验

阅读活动不仅是聋生吸收知识的过程，同时也是聋生进行情感体验的过程。聋校教育学认为，情境对于聋生理解语言是一个非常重要的因素。教师结合情境进行语言教学，能够在语言与现实生活中的事物间建立起紧密的联系。阅读教学首先要引导聋生结合自身经验，体验课文所传递的丰富情感，语文教材所选择的文章都表现出对真、善、美的追求，体现出积极向上的情感。通过阅读教学，利用教材中饱满的人物形象、生动的事例或优美的景物等来感染和熏陶聋生，在潜移默化中丰富聋生的情感体验，使聋生从中受到美的熏陶，接受积极的情感教育，并能针对课文内容形成自己的观点，进行初步的评价。

3. 注重积累和培养语感

可以试想，人类个体是怎么学语言的？一个婴儿，不会任何语言，靠的是听，百次千次万次地听，听了之后就去模仿，开始模仿的时候常常出错，又是百次千次万次地实践之后，就会说了。会听在前，其次会说，再次才学文字。就是说，学语言一要多听，二要张口，三要重复，四要交流。通过生活中的语言交流，使一定的语言与一定的生活联系在一起，一定的语言与不同人的不同表情神态联系在一起。儿童的语言多来源于听，而聋学生主要靠课堂中语言的积累，聋校语文课堂的组织目标一定要围绕培养学生语言积累来设定。我们应该充分利用课程资源教学生认字、词，理解词语，通过大量的范句、范段、范文作为读写结合的“中介”。根据聋童的“表现欲”特点，及时运用阅读所学到的知识进行表情达意的写作，满足聋童心理上的需要。根据聋童“易遗忘”的特点，采取边读边写、诵读结合、学用结合的做法，促进学生的语言积累。

学习任何一门语言关键是要形成语感，语感的形成需要学习者进行大量的阅读和积累，重在对语言文字的感悟和体会。《义务教育语文课程标准（2011版）》对于学生的语言积累非常重视，并提出了明确的要求，即在课外阅读方面，要求学生九年课外阅读总量应在400万字以上。为了保证完成这个目标，语文新课标还提出了各阶段应该完成的阅读量，将课堂内外、校内外结合起来，体现了大语言教育观点。除了要求学生大量阅读外，阅读教学还要求学生背诵一些优秀诗文篇段，完成大量的背诵任务。背诵有助于学生加深对阅读内容的理解，还有助于学生内化语言规则，形成语感。我们对聋生的要求参照以上标准，根据每个学生的水平，做适当调整。

《义务教育语文课程标准（2011版）》指出：“阅读是运用语言文字获取信息、认识世界、发展思维、获得审美体验的重要途径。”“阅读教学应引导学生钻研文本，在主动积极的思维和情感活动中，加深理解和体验，有所感悟和思考，受到情感熏陶，获得思想启迪，享受审美乐趣。”阅读教学是培养学生阅读能力的过程，它的意义主要表现在：

第一，阅读教学是引领学生搜集信息、认识世界、丰富知识的重要手段。人们获得知识和认识世界有两个途径：一条是通过实践获得直接的知识；一条是通过阅读获得间接的知识。有人统计，人的知识80%是间接从书报中得来的。通过阅读可以短时间获得前人经过几十年、几百年，甚至几千年才能获得的经验。

第二，阅读教学是促进学生思维和影响其它非智力因素发展的过程。阅读过程是读者一系列的心理加工过程，阅读首先要通过视觉等感知文字符号，然后通过神经传导输入到大脑中枢，进入短时记忆，同时大脑根据需要从长时记忆中提取有用信息（即已有的知识经验等），通过一系列的思维活动，如判断、推理、分析、综合、比较、想象、联想、抽象概括等活动对文字材料进行加工处理，并从中获取信息。因此，阅读活动是高级的思维活动。进行阅读教学可以有效提高聋生的阅读能力，这个过程实际上也是影响其他非智力因素发展的过程：聋生通过把握作者思路与联系自身知识经验理解课文，再塑课文中的形象，这个过程培养了聋生联想、想象和创造能力；通过背诵课文，聋生积累了书面语言，这个过程又提高了聋生的记忆能力；阅读教学需要聋生集中注意力，开动脑筋积极思考，遇到困难不退缩，这个过程也是培养聋生形成良好意志品质的过程。

第三，阅读教学是陶冶学生道德情操、提高文化品位和审美情趣的重要途径。阅读是一种个性化的活动，是读者通过自身体验与文本对话，进行再创造的过程。现在提倡个性化的阅读，个性化阅读能激发聋生的需求，使他们结合自身情况对文本的内容加以理解和吸收，同时受到文本的影响，对自身及周围的世界进行思索和重新认识，从而形成独特的个性。高尔基说："书是人类进步的阶梯。""要热爱读书，它会使你的生活轻松，它会友爱地帮助你了解纷繁复杂的思想情感和事件，它会教导你尊重别人和自己，它以热爱世界，热爱人类的情感来鼓舞智慧和心灵。"阅读教学，促学生读书。通过多读书，道理透彻了，行动也就有了指南，阅读教学润物细无声地陶冶学生道德情操、提高文化品位和审美情趣，阅读教学对于学生的世界观和道德品质的培养起到重大作用。

第四，阅读教学是培养识字、阅读、作文和口语交际能力的重要环节。在阅读教学中，聋生大量接触字词，扩大字词量，通过阅读加深对字词的理解，学会把握字词的用法。阅读材料还为聋生呈现了各种句式，语文教师可以结合课文范例，抓住重点句式指导聋生进行练习，从而提高聋生写句子的能力。另外，聋生还可以在阅读教学中通过分析文章的结构，学习作者谋篇布局的方法，提高组织素材、表达观点的能力。书面语是聋生与他人交流、参与社会生活的重要手段，书面语表达是一种技能，而掌握知识和技能，通常要从示范、模仿开始。阅读材料为聋生书面语言表达提供了有效的范例，通过有效阅读教学可以将这些内容转化为聋生自身的语言，从而提高聋生自身的表达能力。

二、阅读教学与字、词、句教学的关系

字、词、句教学是语文教学的基础，是聋校低年级、中年级语文阅读教学的重要内容，它在整个聋校语文阅读教学中都占有重要地位。正确地进行字、词、句教学，可以帮助耳聋学生学习和掌握祖国语言文字，并能促使他们思维能力的发展，从而提高阅读能力和写作能力。词是语言的基本单位，是语言的建筑材料。句是语言表达的基本形式，正是词和句构成了一篇篇语文教材。学生掌

握的词汇越多，对词义的理解越确切，他们的语言理解能力和表达能力的基础也就越扎实。抓好词句训练是阅读教学的前提与根本，通过词句训练，可以加深学生对字、词、句、篇的理解以及提高听、说、读、写的能力。传统的字词教学讲究“字不离词，词不离句，句不离篇”，这种教学模式在新课程背景下，对培养学生的阅读能力和阅读方法非常适用，是我们聋校在语文教学中应该继承和发扬的传统。

三、阅读教学与写作教学的关系

如果说作文是输出，那么阅读就是输入。没有输入就没有输出。叶圣陶先生说：“阅读是吸收，写作是倾吐，倾吐能否合乎法度，显然与吸收有密切的联系。”①可见，阅读与写作之间有着密不可分的关系。阅读是写作的基础，只有将阅读中学到的知识积累起来，才能厚积薄发，达到所谓的“读书破万卷，下笔如有神”的境界。有专家指出，在小学一二年级阶段，虽然是以识字教学为重点，但学生认识了一定数量的字，必须要有适量的阅读跟上去，使学生在语言环境中，巩固识字效果。同时，由于学生认识了一定数量的字，才具有阅读条件和需求。在这个阶段培养学生的阅读兴趣与阅读能力，可以为将来的写作打下坚实的基础。聋生由于听力障碍，对于接触的字词更要依赖于阅读教学，所以我们要牢固树立阅读为表达服务的思想，把阅读教学始终贯穿于写作之中。无论是低年级的用词说句、看图说话，还是中高年级的读段、写段和写一篇完整的作文，这一系列的作文训练，都要与阅读教学紧密结合。教师在阅读教学过程中，应有意地把阅读中的写作知识有效、合理地切入，通过导读、课例、语文综合实践等一个个训练环节，来提升学生的作文水平。

四、阅读教学中工具性与人文性的统一

《义务教育语文课程标准（2011版）》指出：“语文课程是一门学习语言文字运用的综合性、实践性课程。义务教育阶段的语文课程，应使学生初步学会

① 叶圣陶. 叶圣陶语文教育论集：上册. 北京：教育科学出版社，1980.

运用祖国语言文字进行交流沟通，吸收古今中外优秀文化，提高思想文化修养，促进自身精神成长。工具性与人文性的统一，是语文课程的基本特点。”

语文课程性质的定位充分体现了工具性和人文性的统一。崔峦老师说：“教学的最高境界是真实、扎实、朴实。我们欣赏并提倡‘简简单单教语文，本本分分为学生，扎扎实实求发展’的回归常态的语文教学。”对于聋校的语文教学来说更应是升华了朴实的底气，聋校的阅读教学应是实实在在地引导学生大量读，大量写。季佩玉校长曾说过“九年聋校学习的目的是让我们的聋孩子听得懂、说得出、写得通”；鲍瑞美校长说“聋教育者应通过我们的行动使失聪不再是沟通交往的障碍”；台湾林宝贵教授说“可以这样说，世界的聋教育史实际上是一部语言沟通与语文教育的发展史”……多年来，许多聋校教师为此反复思索、尝试实践，他们在文章中都不约而同地阐述了同一个观点：语文最本质的属性还是它的工具性，聋校语文教学要注重它的实践性。语文的实践性指什么？那就是听说读写，尤其是读和写，如果把语文教学的规律浓缩到只有“读写”二字的时候，语文就变成很简单的事了。聋生由于听力损失而造成了言语障碍，那么聋校语文教学的精髓就是：让“读”来做聋孩子的“耳朵”，让“写”来做聋孩子的“嘴”（因为聋孩子不能耳听八方来获取信息，那就大量地读，通过大量的读来获得信息；聋孩子说不出或说不清，那就大量地写，让写来做他们的嘴巴）。所以，阅读教学应立足于语文学科工具性的本质属性，着眼于能力训练。可以这么说，工具性是基础，是根本，决定了语文教学的主要任务。

在实施阅读教学的工具性的过程中，学生必然获得认识提高、道德升华、情感熏陶等收获，使人文素养得到不同程度的优化。

所以，阅读教学对于人的发展促进是一种工具性与人文性的统一。

五、阅读教学的载体

阅读教学是凭借一篇篇课文进行的。全日制聋校实验教材是教学的核心，里面有许多课文是我们给学生提供学习经历、获得经验的蓝本。但也有许多课文时空跨度大、与实际生活脱节，可以删去或略讲。因地制宜开发、利用现有资源因材施教是课程改革的一个重点。在新课程背景下的聋校语文教材没出台的情况下，对于紧跟时代步伐的普校课本，可以用来调整教材。新课程标准下的语文教材有三种不同类型的课文作为阅读的载体，每一册课本都包含精读课文、略读课文、选读课文三类。精读课文讲规律、讲方法，略读和选读课文用来实现知识和能力的迁移，训练能力。

针对这三类课文，可以采用课程剪裁和筛选的方法重组课文，有选择地选出能给学生提供经历和经验的、读写因素和示范性强的课文，作为训练学生阅读能力的主要载体，这是由教师“教”转向不待老师“教”的起点。通过这些课文可以使学生在读书过程中，既受到语文能力的培养又不知不觉地接受人文精神的陶冶。普校教材的略读课文是精读课文向课外独立阅读课文的过渡，从培养阅读能力上讲，“是由教师‘教’转向不待老师‘教’的一座桥”。对于教授筛选的略读课文时，教师应少讲，重在引导学生提高自学能力。选读课文是供学生自学用，但老师要在自学前提出要求，并在自学之后检查。各类课文训练目的不同，重点、方法也不同。此外，阅读教学的载体还包括课外读物、报刊、影视、生活中的文字等。总之，要通过阅读教学使语文向生活延伸，真正培养学生的阅读能力和阅读习惯。

思考问题

1. 阅读教学的任务有哪几方面？
2. 阅读教学的意义是什么？
3. 阅读教学与字词句教学有什么联系？
4. 阅读教学与写作有什么联系？
5. 你怎样理解阅读教学中工具性与人文性的统一？
6. 阅读教学有哪些载体？各自的作用是什么？

第二章 课文教学

第一节 精读课文的地位、任务和意义

精读课文是进行字、词、句、段、篇基础知识的教学，培养学生听（看）、说、读、写能力的主要材料。它是有步骤地培养耳聋学生的语言能力，训练他们阅读与写作能力的主要例子，又是课文教学的中心环节，即课文教学的关键。提高语文课的教学质量，主要表现在提高精读课文的教学质量。这些课文学生学得怎样，是衡量是否教好这一册课本的主要标志。所以，必须切实学好精读课文。

精读课文教学是教会学生语文知识、阅读方法，培养良好的阅读习惯的主要渠道，同时课内课外要有机结合，使其相互影响，相互促进，互动共赢。“我以为，阅读教学教好了，就不必搞什么作文教学了。”叶老的这句话，说明课内阅读教学的作用很大，我们想，叶老的话有前提，阅读教学必须使课内外结合、读写结合。精读课文的教学要注重完成以下四方面的任务：

1. 打牢基础知识。通过精读课文教学，加强对字、词、句、段、篇的教学，为课外阅读扫清障碍，为课外阅读识字学词提供方法，同时在课外阅读中巩固加深基础知识和学习方法。

2. 掌握阅读技巧。通过精读课文教学，加强学生朗读、默读、背诵的能力。通过阅读训练，使学生在阅读中掌握一定的速度和技巧。通过大量课外阅读，为学生提供运用课内方法的机会，并借助课外阅读检验课内学习效果，丰富课内学习资源，有效地促进课内教学。

3. 提高理解能力。聋校阅读教学的重点应放在阅读理解上。虽说“书读百遍，其义自见”，但聋生由于生活范围窄，获取语言的渠道少，文中出现的许多在健全孩子看来不成问题的语言，对聋孩子确实是很大的“坎”。比如“一捧”“头

一回”等口语里常说的词，可聋孩子却不懂，这样就会造成他们对句子理解的偏差。读写相关，只有理解了才会鉴赏，理解了才会运用，运用才是最终目的。所以说，聋校语文教学还是要老师多在阅读理解上下功夫，要培养学生联系上下文理解词句的能力，梳理文章结构（划分段落、归纳段意）的能力，概括课文主要内容和表达中心的能力。在课外阅读中，进行理解能力的巩固训练，分段、列提纲、写读书笔记，使学生将课上学习的知识在课下融会贯通、举一反三，逐步形成独立读写的能力。

4. 学会写作方法。教材无非只是个例子，通过重组教材，阅读教学的载体选择的是比较经典的读写例文，这些文章都有许多的写作知识和技巧。比如文章先写什么，再写什么，哪些详写，哪些略写，怎样开头和结尾，如何过渡和照应，怎样描写和叙述等等。在阅读课上，引导学生学习作者命题、立意、选材、谋篇、表达的思路和方法，再通过课外阅读，广泛吸收，精心借鉴，反复运用，在读和写中，才能得心应手。

总之，精读课文的教学是教方法，课外是拓展、练能力，两者相互促进，得法于课内，受益于课外。精读课文教学必须充分体现“精讲多练、读写结合、自学为主”的原则，强化“教材例子”的作用。通过精读课文教学，让学生学会基本的阅读方法，养成良好的阅读习惯，学会同一类课文、同一类知识的规律。

精读课文最忌两种现象：一是一节课教师讲到底，剥夺学生自主阅读的时间与过程；二是一味分析教材，过度挖掘内涵，忽视读写结合的训练。著名的小学语文教育专家于永正老师说：“教语文其实很简单，就是多读、多写，因为语文课程的教学目标说到底，就是教学生学语言、用语言。”精读课文实质上是一个例子，教师凭借这个例子对学生进行阅读训练。学生掌握了阅读基本功，就可以自己学习略读课文和选读课文。所以，精读课文是三类课文的基础，是完成阅读教学任务的关键。精读课文的教学，应体现以下三个特点：

1. 重视一般基本功的训练。为使学生理解课文的内容，并且具有初步的分析能力，要进行多种基本训练，如掌握字词、朗读、默读、复述、概括大意、体会文章主旨与写作特点等。这些基本功训练，必须从一年级开始逐步通过精读课文的教学进行。特别是朗读，聋生无法通过听力接受语言信息，没有多少语用经验，要靠老师指导示范，读准确、读通顺，年级越低，基本功训练的要求就要越细、越具体，使学生能够打好基础。

2. 重点项目的训练。每册教材都安排了语文训练的重点，教师要切实完成教材规定的重点项目的训练任务。由于具体教学对象不同，要求也要有所不同，除了明确安排的重点训练项目外，教师应该结合适用的普校教材和相应聋校教材，从学生实际出发，梳理出不同的知识点与教学重难点，有意识地对学生进行训练。另外还要处理好重点项目和一般基本功的关系，不能因为有了重点训练项目而忽视了对一般基本功的训练。

3. 在教与学的关系上，要重视教师的主导作用，也要重视学生的主体地位。在精读课文的教学中，教师要切实发挥好自己的主导作用，对学生进行有效地引导，为学生创造积极的学习情境，促使学生全身心地投入到学习中。教师在设计教学活动时，更要尊重学生的主体地位，发挥学生的自主性，把更多的课堂空间还给学生，使学生在学习中掌握规律和方法，受到情感的熏陶，并不断超越自己。

第二节　精读课文的教学流程

精读，就是精心、细致、深入地进行阅读。精读要求“循文入义”，做到掌握文章的字词句、内容、蕴含的思想、结构和写作技法。作者写一篇文章总是要先确定达到一个什么目的，要表达什么观点、思想、态度、感情，这就是文章的主题。主题确定了，再考虑如何选择材料，通过哪些人、事、物表现主题，达到写作的目的，这就是文章的具体内容。主题、具体内容确定好了，然后才是组织语言、遣词造句，以求取得最好的表达效果。写一篇文章，大体上是经历以上过程，而阅读一篇文章，则是一个与此相反的过程。学生阅读一篇课文，最先接触的是书面语言的字、词、句、篇，经过主动积极的思考，把书面语言和客观事物及自己的生活经验联系起来，了解课文的内容，而后经过进一步思索，对蕴含于书面语言中的课文内容进行概括提炼，从而归结文章主题、写作方法等。因此，教师在指导阅读时，首先要让学生理解字、词、句、篇，然后概括课文内容、主题及写作方法等，在归结课文写了什么的基础上再进一步感悟和评价。

1. 从整体着眼，通过阅读全文，大体了解课文内容

为了使学生对课文有一个初步的整体认识，阅读前，教师可以提出一些要求，阅读后，可以让学生谈谈课文写了什么，自己懂了哪些，还有什么不懂的地方。在这个过程中要注意：

第一，从整体上对课文内容有一个初步的认识，是进一步理解词、句、段、篇的基础。不要一下子把学生引导到时间、地点、人物、事件的发生、发展、结果等写作形式上去。

第二，应当充分估计到学生的潜力。虽然是初步接触课文，学生也能对课文的内容有所了解，并可能提出有价值的问题。

第三，教师要把学生的初步认识和提出的有价值的问题归纳一下，便于进一步深入理解课文。

第四，不要把初读课文一般地当成字词教学服务的手段，或者变成一个走过场的教学步骤。

第五，在初步阅读课文的时候，实际上是从词句到段落，逐步读完全篇的，是一个比较肤浅的整体认识过程。

第六，在初步阅读课文之前，应让学生先完成生字词的识记，为阅读课文扫除障碍。

2. 由对课文初步的整体认识，深入到对词、句、段的理解

在学生有了对课文的初步认识以后，一般可以先划分段落，然后逐段地通过阅读、思考、讨论，深入理解有关词句以及文章大意，有的情况下也不妨最后分段。这个环节的阅读，要特别重视词、句、段、篇的内在联系，引导学生在词与句、句与句、句与段、段与段、段与篇的联系中展开积极的思维活动，求得理解。

3. 把分段阅读所得到的认识联系起来，进一步深入领会整篇课文所表达的主题

学生对每段课文有了具体理解后，再将全篇文章的各个部分联系起来深入思考，他们的认识就会上升到一个新的高度，对全文的理解就会有了一个较为全面的认识，这是第二个“整体”。在这一过程中，可以通过板书或多媒体展示由关键词表述的课文结构图,以便于学生对课文整体结构的把握。在实际教学中，常常还要再进一步分析作者是怎样运用词句来反映客观事物、表达思想情感的，

进而再从整体上认识全篇课文在表达方面的主要特点。这又是一次从整体到部分，再到整体的过程。由此看来，一篇课文的阅读教学，是一个反复分析、综合的过程，是一个整体与部分相互关联的认识过程。

在实际教学中，安排阅读教学的步骤时，需要注意以下两点：

1. 教学是创造性活动，教学步骤的安排必须从教材特点、学生特点和教师特点出发，应视情况而定，不能一个模式一成不变。

2. 教学步骤的安排，只要与前面三个带规律性的问题相一致，就是可行的。不宜把阅读教学活动中一些重要因素（如读、思、疑、议、练等）规定为教学的固定步骤，因为这些因素是融合在一起的，不能截然分开。

第三节　精读课文的教学方法

根据阅读经历的过程，在指导学生精读时，要教会学生感知、理解、赏析、迁移的方法。

一、感知

精读首先要通读全文，一字不漏地对所读课文仔细地认读，遇到不认识的生字、不理解的词要查字典，直到弄懂为止，而后逐句逐段地读懂每一句话。我们在阅读中应提倡学生在课内阅读学习时做到“四个结合”，继而在课外阅读中也运用这种方法，以真正提高阅读的能力与效果。

阅读四结合法是：

1. 将“读”和“查”结合起来，遇到不认识的字、不懂的词随时查字典扫除阅读障碍。

2. 将“读”和“思”结合进来，一边读一边思，先读后思，思后再读，通过勤读多思提高阅读效率。

3. 将“读”和“画”结合起来，一边阅读一边动笔，圈圈点点，画画写写。画出重点词语、重点句子，画出需要着重理解和领会的地方，画出佳词妙句。

4. 将“读”和“写”结合起来，写出自己在阅读过程中获得的优美词句，写出自己的所“悟”、所“感”和所“疑”。

二、理解

理解是课文教学最重要最困难的一个环节，也是学生最难以掌握的一种思维方法和学习方法。理解是在感知基础上对认识的质的发展，理解是赏析、迁移成功的关键与基础。

1. 对词句的理解

对于篇章中词句的理解，不能只求表面意思，要挖掘句子深层的意思。教学生学会把词语放在句子里理解，把句子放在上下文中理解，透彻地把握文意，真正扫清阅读障碍。理解词语也要讲方法，教聋生理解词意，要采取行之有效的方法，如直观法、图解法、分析词素法、比喻解释法、描述法、找近义词反义词法等等。但有时同一个词语在不同课文或同一课文不同情节中的意思或含义却不同，这就要联系上下文来理解。联系语境理解词义可按照五步法进行。

第一步：分析字面意思。阅读课文，划出不懂的词语，分析词的字面意思。如“水平如镜”（全日制聋校教材第十五册第一课《桂林山水》）一词，从字面上看，“水”——水面，“平”——平静，“如”——好像，“镜”——镜子，词的意思即水面平静得好像镜子一样，形容水面平静，同时体现出水很清（像镜子一样）。通过这样的分析，就可以理解词意。再如“封锁”（全日制聋校实验教材第十五册第十四课《董存瑞舍身炸暗堡》）一词，学生通过字面不容易理解该词的意思，那就要进行第二步“查字典”。

第二步：参考字典解释。还是以“封锁”为例，字典里的解释是“（采取军事等措施）使不能通行”，那么这就能算是对这个词的正确理解吗？所以还需重要的一步，即联系课文中的句子理解。

第三步：联系文中句子。“封锁”一词在文中的位置是“从一座桥上，突然喷出六条火舌，封锁了我军前进的道路”，联系字典中的解释，读着这个句子去分析理解，这个词就是说“敌人突然喷出的六条火舌，挡住了我军通行的道路”。至此，对这个词的理解才算到位。

第四步：准确定义。将对这个词的理解写下来，由前面的动口读、动手查、动脑想，到现在的动手写，其实是一次整理思路的过程，也是学生对该词内化理解的过程。

第五步：造句加深理解。在理解词义的基础上，试着用该词造句，从理解到运用，一方面检验了前面理解的程度，一方面也在具体情景运用中拓展了对词义的理解。在理解词句时一定要对重点词语造句，通过造句使学生对词语、句子在文章中的意思理解得更深更透更活。造句要从内容入手，在准确、具体、新颖上下功夫。

指导学生造句也是有规律可循的，那就是循序渐进的五步造句法：

第一步：以课文中的句子为例子，引导学生正确理解词语和句子的意思。

第二步：将学生造的正确的句子与文中句子比较，加深对该词造句的理解。

第三步：将学生造的错误的句子与文中句子比较，纠正错误，进一步指导学生正确运用该词造句的方法。

（注：在对第二、三步指导的同时要考虑句子通顺、用词准确及思想性、合理性。）

第四步：在前几步的基础上，扩展思路，脱离课本旧情景，结合新情景造出准确生动新颖的句子。

第五步：集体评改与自改相结合，修改评价句子。

这五步中，前三步属“仿造”阶段，后两步属“创造”阶段。

句子是课文的基本单位，理解句子是理解一篇文章的基础，读懂句子要达到三方面：懂得字词包含的意思，特别是关键词语；了解句子中各部分的关系；了解整个句子的意思，尤其是了解句子中所含的思想感情及深层寓义。在语文教学中有的句子一看就明白，有的句子就比较难懂，如课文中的重点句、难懂句、复杂句，是文章理解之必要，也是学生难点之所在。要正确理解句子，必须掌握一些方法。在理解句子时要根据句子的不同特点，结合课文运用恰当的方法。以下是领略句意时常用的几种方法。

（1）演示法

这是对聋生最实用的方法。由于某些难懂句内容与学生生活较远，或者比较抽象，学生没有类似体验，这时可采用直观手段，或情景再现或图示展现或肢体表演，就会化远为近化、抽象为具体了。《詹天佑》一文中的“中部凿井法”，是指从两端向中间凿进的方法，理解的难点是工程术语生疏。教师只要帮助学生画一画示意图，然后选出比较好的图画，用幻灯投影，学生边演示，边说出这些方法的好处，施工方法也就历历在目了。句意随之而解，詹天佑的杰出贡献也就有了画面感。

（2）抓关键词语，理解句子法

词不离句。读懂重点句的关键在句中的重点词，只要词的含义明确了，句意也就迎刃而解了。如《董存瑞舍身炸暗堡》中“从一座桥上，突然喷出六条火舌，封锁了我军前进的道路”一句，抓住关键词“封锁”，联系字典中的解释“（采取军事等措施）使不能通行”，再读这个句子去分析理解，这个句子的意思是“敌人突然喷出的六条火舌，阻挡住了我军通行的道路”。

（3）缩句法

这是理解课文中长句常用的方法，因为长句往往附加较多成分，造成学生领会的困难。句子一般是由“谁（或什么）”和“做什么（或怎么样）”构成，通过分析结构，先抓“主干”剔去“枝叶”，然后再分析这些“枝叶”的作用，就能掌握句子的意思。如“卢沟桥在我国人民反抗帝国主义侵略战争的历史上，也是值得纪念的”一句，找到这句话的主干“什么怎么样”，即“卢沟桥是值得纪念的”，然后再思考为什么加“在我国人民反抗帝国主义侵略战争的历史上”，进而理解这句话。

（4）概括法

理解比较复杂的一个或几个句子时，就应该用概括法理解意思，这种方法对以后概括层意、段意、课文内容和中心思想，深入理解课文都有很大帮助。如《飞夺泸定桥》一文中“向桥下一看，真叫人心惊胆寒，红褐色的河水像瀑布一样，在几十丈深的河谷里倾泻下来，冲到岩石上，飞溅起一丈多高的浪花，水声震耳欲聋”可概括为“大渡河水让人心惊胆寒”。明白了这句话的意思，就明白了这句话写的是大渡河水的颜色、形状、流势、声音都让人害怕，突出红军战士飞夺泸定桥之艰险。

（5）层层引申法

表达含蓄、意味深长的复杂句子，经常是文章中心的关键处，也往往使学生不能深入领会其主旨。教学时应抓住句中的语言因素，步步引导，层层深入，寻根溯源，理解句子。《挑山工》结尾有一句“这幅画一直挂在我的书桌前，多年来不曾换掉，因为我需要它”。“它”是这句话的关键，那么就从这一词入手设计一组递进式设问，刨根问底。这个“它”指什么？需要画中的谁？需要挑山工的什么？这样就逐步弄清了作者一看到画就犹如看到了那脚踏实地、负重登山、永不停歇的高大形象，句中蕴含的情和意均鲜明地展现出来了。

（6）转换句式法

课文中出现的很多句子常通过特殊句式、生动的修辞体现句意。形式突出内容，明白了句式的特点及作用，也就理解了句意。运用句式转换法，将课文原句改换为不同句式加以比较对照，即能达到目的。《“精彩极了”和“糟糕透了”》一文中，使用了一个反问句：“难道这世界上糟糕的诗还不够多吗？”教师只要将它改为陈述句“这世界上糟糕的诗很多”引导学生对比，就会发现反问句的意思与这个陈述句意思相同。再如“几年后，当我再拿起那首诗，不得不承认父亲是对的，那的确是一首相当糟糕的诗”是一个双重否定句，改为肯定句后比较，在比较中也会认识到上面的反问句和双重否定句突出表现了爸爸对“我”写的诗的严格态度是对的。

（7）联系上下文或实际生活，理解句子。

句不离文。有些句子需要联系上下文或者联系生活实际才能获得句意，这也是理解句子的一种基本方法。特别是一些含义深刻的句子，必须弄清楚它的含义。《钓鱼的启示》中有这样一句话：“但是，在人生的旅途上，我却不止一次地遇到了与那条鲈鱼相似的诱惑人的‘鱼’。”这“鱼”指的是什么？联系上下文和实际生活：红灯亮了，当没有交警时，是冲过去还是等；买东西时，售货员多找了钱，是归还还是将错就错；捡到同学的饭卡或钱，是归还还是据为己有？通过联系，理解“鱼”指的是形形色色的诱惑，指各种各样的暂时的个人利益。

当然，在阅读教学中，还有很多有效的学句法，这需要我们配合运用，让学生在阅读实践中不断尝试。

案例

《看图学句》教学设计

教学前思

第8课《看图学句》共有四幅图和四组句子，描写了春、夏、秋、冬四个季节天气及景色的变化。本节课讲的是第三幅图，即描写秋天的景色，要学习“变”“纷纷”两个词语和“秋天，天气凉了”“柳树的叶子变黄了”“黄叶纷纷从树上落下来”三个句子。学会词语和句子，并能理解运用，这是本节课的重点，也是难点。

为了使每个学生都能在本节课上学有所得，我针对不同类型的学生制定了不同的教学目标。为了突破重难点，我制作了教学课件，通过动画演示帮助学生理解“纷纷”“变”及句子的意思。通过欣赏秋天的美景，激发学生热爱大自然的情感。

教学目标

1. A类学生能熟练掌握词语和句子，并能理解运用，能用词造句和仿写句子。

2. B类学生能熟练掌握词语和句子，在老师引导和A类学生的帮助下能用词造句和仿写句子。

3. C类学生会朗读和书写词语，能流利地朗读课文中的句子。

教学过程

一、导引目标

1. 引导学生通过观察图片和进行生活实践理解词语和句子的意思。

2. 在创设的情境中练习说句子。

二、语技与练习

（一）拼读练习：f-en-fen

b-ian-bian

（二）填空

1. 一年有（　　）、（　　）、（　　）、（　　）四个季节。

2. 春天，天气（　　）。柳树长出了（　　）的叶子。

3. 夏天，天气（　　）。树上的（　　）不停地叫着。

三、体验发现

1. 师：我们了解了春天和夏天的天气和景色，那么秋天的天气和景色有什么变化呢？请同学们看图。

师：图上小学生穿着什么衣服？想一想夏天的时候，我们穿是的什么样的衣服？（短袖衣服，夏装）

师：图上的小学生穿的长袖衣服、运动服，说明秋天天气怎么样了？

引导学生说（秋天，天气凉了）。老师说话，让学生听看并模仿说。

板书：秋天，天气凉了。

2. 看图

师：秋天，树叶有什么变化？（树叶变黄了）

那么校园里的柳树的叶子有什么变化呢？

看图，树叶变黄了，想想春夏的时候，树叶是什么颜色呢？（绿的）

秋天，柳树的叶子变黄了。

板书：柳树的叶子变黄了。在田字格中写“变”。

看图说句子：枫树的叶子变红了。苹果变红了。

3. 师：树叶变黄了，风一吹，树叶怎么样了？

动画演示，说句子，树叶从树上落下来。

板书：黄叶纷纷从树上落下来。

用“纷纷”说句子。（雪花纷纷从天上落下来）

4. 朗读句子。

5. 欣赏秋天的景色。

四、应用实践

看图说句子。

秋天，天气凉了。枫树的叶子变红了。红叶纷纷从树上落下来。

五、反思教学法

学生在老师的指导下，能在创设的语言情境中理解词语和句子的意思，并能根据提示看图片说句子。

六、拓展内化

1. 背诵句子。

2. 用“纷纷”造句。

教学反思

上课时，大多数的同学能精神集中地听老师讲课，能在老师创设的语言环境中学习并掌握授课内容,顺利完成了教学任务。在用“变”和“纷纷”造句时，同学们能根据老师的提示踊跃发言，在根据句式仿照课文说写句子时，学生能根据老师提供的图片说写句子。课堂气氛比较活跃。

不足之处：

1. 若时间安排得再紧凑点，在拓展练习中“利用老师提供的图片根据课文写句子”，如果让每个学生展示交流一下，效果会更好。

2. 由于手指语的局限，学生朗读时，有单个字蹦着读的现象，朗读速度慢，以后的教学中需要注意纠正。

（山东省烟台市特殊教育学校　王淑萍）

2. 对段的理解

对段的理解是一个过渡层次，既是对词句理解的概括提升，又是对课文整体理解的分解剖析，具有承上启下的重要功能。学生通过初读，对课文内容有了大致的了解，然后再逐个自然段来加深理解。一段话有一个完整的意思，它是文章的基本单位，只有逐个自然段都读懂，才能读懂全篇文章。从段的构成关系看有总分式，如《荷花》第二自然段；有因果式，如《富饶的西沙群岛》第二段；有并列式，如《富饶的西沙群岛》第三段。要学会在开头或中间或结尾找中心句，归纳段意。但更重要的是让学生学会认真读，仔细读，一边读一边想：每句话什么意思；上句和下句之间是什么关系；哪几句话是一个意思；一段话表达几个意思，它们有什么联系。这样读下去，就会明白一段话的意思了。下面仅以《狼牙山五壮士》一课的第二自然段的教学方式来介绍四步学段法。

第一步，通读全段，理解关键词句，大致了解段落内容。《狼牙山五壮士》第二自然段主要讲了五位壮士把冲上来的敌人一次又一次地打了下去。

第二步，复读句子，理清联系，归纳层层意思。课文中常见的段落结构有的以事情发展为序写的，有的按事物的不同方面并列介绍，有的是以因果关系安排，有的按照总分或分总或总分总的结构叙述等等，教学生掌握结构规律和逻辑关系，归纳段意就不困难了。《狼牙山五壮士》第二自然段共八句话，是以事情发展为序写的，可以分为三层：第一层（第 1 句）为了拖住敌人，引敌上山；第二层（第 2~6 句）五位壮士把冲上来的敌人一次又一次地打了下去；第三层（第 7、8 句）写了战斗的结果。

第三步，根据层意，抓住主要意思，归纳段意。最主要的是教会学生找中心句，抓住中心句就抓住了中心意思，这样归纳段意就不难了。从《狼牙山五壮士》第二自然段归纳的层意中，我们不难看出第二层是这一段的重点，先总述后分述，详写了五壮士英勇战斗的情景。这段话的大意归纳为：五壮士引敌上山，把冲上来的敌人一次又一次地打了下去。

第四步，复读全段，品词赏句，积累应用。这一段详写了五壮士英勇战斗的情景。通过品悟战士们的动作和表情，体会他们对敌人的仇恨和在战斗中的英勇。通过读、演、悟、背，让学生学到精篇佳作的写作方法。

学生掌握了段的学习方法，不仅为理解课文打下基础，更为后面学习分意义段打好了基础。

3. 对篇章的理解

逐段分析之后，还要对全篇文章进行分析理解。对一篇文章的理解包括以下几点：文章主要写了什么；作者为什么要写这篇文章；这篇文章表达的中心是什么；作者是怎样写这篇文章的；学了这篇文章最主要的收获是什么等等。

要理解以上内容就要在理解词句、段的基础上，归纳文章段落，写出段落大意。这里的段落，也叫意义段，是由几个意思密切相关的自然段合成的。归纳段落是理解文章的必经过程和重要方法，这也是培养学生有条理写作的阅读指导任务。归纳段落有四个要义：

第一，通读全文，了解内容。通过通读全文，在初步了解课文整体结构的基础上，深入了解每一段的内容。

第二，读文段，写意思，找顺序。仔细读每一段，标记每一段，根据课文内容思考并写出每一段的意思，从而进一步理清文章的顺序。

第三，以序为据来分段，以序为据找联系。文章写作有一定的顺序，有的是按照时间先后顺序写，有的是按照空间变换写，有的是按照事情发展的顺序写，这些都可以作为分段的依据。有的看似没有顺序，但一定有内在的逻辑关系，比如按照事物的不同特点、人物的不同方面等形式写，这是一种逻辑顺序。通过阅读，教会学生找到这些逻辑关系，为理解课文打下良好的基础。

第四，根据段落内容，抓住重点写段意。段落归纳之后，还要教会学生写段意，这是读写训练的一个重点。要求学生写得准确通顺，段意可以用摘中心句法、归并法、取舍法（即抓主要的，舍次要的）等。归并段落大意，借助主要段落探究文章主旨，是概括课文内容的主要方法。

4. 对课文主旨的理解

通过初读课文，理解了词、句、段，给文章分了段落，写了段意，最后通读全文，掌握文章的主要内容，概括文章的中心，以便为下面的赏析打好基础。这就是对课文主旨的理解。

概括文章的主要内容，有的可以借助文章的重点段落；有的则开头总起，如《富饶的西沙群岛》开头就交代了文章的主要内容；有的在结尾总结全文，如《养花》一文。最常用的是段意合并法和要素串联法。

（1）段意合并法。通览各段段意，分清主次，抓住主要段落，综合起来加以概括，就是整篇文章的主要内容。

（2）要素串联法。一般适用于记叙文，特别是写人记事的文章，都有时间、地点、人物、事件（包括起因、经过、结果）六要素，把这几个基本要素弄明白了，用关键词语串起来，就是文章的主要内容。

不管用什么方法，最主要的是认真阅读，分析理解，在此基础上才能准确全面概括文章的主要内容。在概括文章内容的基础上，提炼文章中心，则是对课文主旨的深化。

文章中心是贯穿全篇文章的一条主轴，文章遣词造句、布局谋篇都是为文章中心服务。抓住了中心，不仅能透彻地理解文章，提高阅读写作能力，还能从中受到教育。

以下是概括课文中心的两个方法：

（1）抓“文眼”法。有的文章题目就是文章的“眼睛”，直接点明了文章的中心或者包含的中心思想。阅读时指导学生边读课文边思考：从题目可以看出文章主要写了什么，反映了什么。接着引导学生阅读课文，了解作者是怎样一层一层表达中心的，从而加深对文章的理解。

（2）抓重点段落法。有的文章，在弄清课文的主要内容和段落大意的基础上，可以通过抓文章重点段落来提炼中心。

① 抓开头段。有的文章开头就揭示了文章的中心，如《詹天佑》《为人民服务》等课文。

② 抓结尾段。有的文章结尾点明了文章的中心，如《我的伯父鲁迅先生》一课中的“的确，伯父就是这样的一个人，他为自己想得少，为别人想得多”一句就点明了中心思想。

③ 抓议论段。记叙文中的抒情或者议论部分，往往点出了文章的中心，可以以此来归纳，如《一夜的工作》第三段有这样一句话：“这就是我们新中国的总理。我看了他一夜的工作。他是多么劳苦，多么简朴！”这部分议论和抒情点明了文章中心。

④ 抓重点段。因为重点段是根据表达中心思想的需要来安排的，抓住重点段，分析概括，就抓住了文章的中心思想，如《落花生》一课中“议花生”部分的“人要做有用的人，不要做只讲体面，而对别人没有好处的人”就是中心句，点出了文章的中心思想。

⑤ 抓并列段。有些文章通过多方面内容表现人或物，抓住这些并列段段意来提炼中心。《田忌赛马》全文写了两次比赛，为了解决按自然段归并法给课文分段的难点，老师借助“转败为胜”这一词来指导学生理清三个层次，即初赛失败、孙膑献策、再赛获胜，使学生迅速抓住本文脉络和中心。

还有很多方法，如推理作者写了什么，为什么写，将问题连接起来，就是文章的中心，还有的要通过分析人物的语言、动作、神态和心理活动来归纳。教会学生归纳中心，也就在阅读实践中教会了学生在写作中如何立意。

三、赏析

在感知、理解精读课文的基础上，师生可以根据共同发现的佳篇段落，揣摩作者的写作方法，引导学生自主采取多种形式反复细读，围绕感知的思想感情，调动其生活、学习积累，增强主体体验，落实到具体语段和重点词句上品味揣摩，促进文学积累，并启迪多元感悟，形成独特的感受和理解，此环节要加强背诵。最常用的赏析积累顺序是：设疑探究—体验发现—感悟评价—诵读积累。

1. 设疑探究

设疑探究是赏析的启动阶段。在初读感知、细读理解的基础上，带着教师和学生共同梳理的问题，组织探讨与课文中心相关的主要问题，对重要段落进行探究赏析。如《鱼游到了纸上》，围绕主题设疑“从哪些语句看出青年爱鱼到了忘我的境界，他怎样看鱼和画鱼，你从中感受到什么”来进行探究赏析。教材的重点段是全文的主体部分，重点段的词句往往牵动全篇。按照义务教育语文课程标准的要求，以学生为主体的课文教学课堂组织，要挣脱情节分析、讲问接受为基本特征的传统教法体系的羁绊，通过设重点问题，组织学生自主、合作探究赏析，实现学生主体全面、和谐、可持续的发展。设疑的“疑”由谁设？可以是老师，更可以是学生自己。从确认学生在课堂中的主体地位而言，更多时候，该让学生自己设疑，教师引领梳理。

2. 体验发现

体验发现是赏析的内化。在语文教材中，作者总是通过一定的语言文字表达心中的某一情境，由此也可推论，一旦学生进入了作者描写的那个情境，对作者用来表达这一情境的语言文字便可以从整体上、从内在的相互联系上去理解，即形成“作者用语言文字表达心中之境，学生在作者所描述的情境中理解感悟作者描述所运用的语言文字”这样的阅读程序。正如有人说：“在教室里讲出来的‘团队精神’，永远都没有大家在一起肩挑背扛、互相帮助，翻过一座高山的体会深。”

“首先，从心理学角度讲，抽象的概括和分析能力是不符合聋童认知特点的[①]。因此聋校语文阅读教学强调调动聋生积极性和主动性，教学中要求教师结合文本创造情境，激发聋生多思多悟，注重聋生的感悟和体会。为使学生理解语言，我们可以创设情境，还原生活，在课堂教学中运用情景教学引导学生体验。如，在生活情境中体验、在实物演示情境中体验、在图画再现情境中体验、在音乐渲染情境中体验、在表演情境中体验、在语言描述情境中体验等。

① 汤盛钦. 特殊教育概论[M]. 上海：上海教育出版社，1998：42.

3. 感悟评价

感悟评价是赏析的深化。结合文本探究内容，师生之间、生生之间交流文章表达的情感和自己的阅读体会,这些体会就是对文章的评价。我们倡导讨论式、合作式学习，在师本对话、生本对话中，师生之间的地位是平等的，教师要尊重聋生的独特体验，注意发现聋生思维的闪光点并加以引导。

4. 诵读积累

诵读积累是赏析的固化，读是理解吸收。经验告诉我们，在一篇课文的教学中,有重点地读,边读边理解,其效果远远胜于全文漫无目的地翻来覆去地读。它耗时少，训练集中，而且“读写”目标明确。语文特级教师孙双金说：“语言是怎么形成的呢？语文之道是积累之道。语文靠的是积累，怎样积累？我用两个词语概括叫‘大量背诵，滚瓜烂熟’。读书的目的是获得知识、积累知识，并把知识运用于实践，如果不背诵，就达不到预期的目的。”普校如此，聋校更是如此。

不同题材的文章，赏析积累的侧重点也不同。阅读记叙文引导学生入情入境地朗读，在理清文章脉络的基础上，赏析叙述与描写的方法，研究表达的技巧。体会精美段落表达的好处，然后背诵下来。阅读议论文，重点学习作者围绕论点是怎样论证的,抓住文章结构，分析论证，结合体验，细心揣摩文章语言，深入理解文章阐述的道理。阅读说明文时，抓住文章说明事物的特点，研究说明方法，赏析体会说明文准确、简明、周密的语言等。

四、迁移

在经过了反复朗读、感知、理解、赏析之后,学生对课文的学习过程了然于心，在这个基础上，从学生、教材的实际出发，进一步指导学生感悟文章的写法与学法，以达到迁移拓展之功效，这是非常必要的。如，想一想这篇文章主要的写作技巧是什么,我们是以怎样的方式学会这篇课文的。悟出课文的写法与学法，在此基础上引导学生在课后拓展阅读类似文章，或者要求学生把读与写紧密结合起来，有意识地指导聋学生进行语言迁移。如《鱼游到了纸上》一文，有的老师通过读课文抓住典型句子（对青年看鱼和画鱼的描写），在读读、画画、演演和背背中，认识了一位勤奋专注、画技高超的聋哑青年。对《死海不死》1–4段的学习，有的老师引导学生读、做实验体验理解了死海咸度高这一特点，通过比较的方法，理解列数字这种说明方法的好处。

悟法迁移是从学习到运用的关键一步。完成这一步，同样应该坚持以教师为主导、以学生为主体的教学思想。教师的导，在于启发学生积累内化语言，并联系生活，迁移运用。选准练笔对象（写什么），找到仿写的突破口（怎样写），要根据课文的阅读方法自己阅读课外读物。安排仿写时可以根据教材链接生活进行拓展运用，或借助课文中的某一词语或句子展开具体的描述，或者模仿课文的写作特点,练写生活中的人或事。这样不仅能“教懂”一篇课文的内容，更重要的是通过一篇课文的教与学，让学生掌握学的方法，逐步培养学生自读会写的能力。

案例

《假如》教学设计

教学前思

《假如》是一首诗，借马良的神笔，表达了对小树、小鸟、残疾人发自内心的关爱，这些关爱显示了儿童一颗博大而纯真的心。这篇课文的教学，主要想通过观看视频导入学习目标，通过多种形式的朗读交流让学生体验课文内容，通过动手画一画、动脑想一想、动笔写一写来启发学生关爱他人、关爱生活、关爱环境，在发展语言能力的同时使学生得到思想的升华。

教学目标

1. 指导学生朗读课文，通过有节奏、有停顿地读到理解地有感情地朗读，仔细品味文章表达的思想感情。

2. 大部分同学能仿写课文。

3. 在教学过程中尽可能地提供语言沟通的机会。

4. 教育学生做一个有爱心的人。

教具准备

大字课文　太阳画片　多媒体课件

教学课程

一、观看动画　导入目标

1. 播放动画片《神笔马良》。

2. 点生概括主要内容：

师：（显示大屏幕）谁能说一说神笔马良主要画了哪些东西？

生：马良用神笔画了一头牛，帮助农民耕地，画了一架水车，帮助农民灌溉田地，他还用神笔惩罚了贪官。

师：马良的神笔真神奇呀！同学们，你们也想拥有一支吗？课文中的女孩和我们一样，也想拥有一枝马良的神笔，她要用神笔来做什么呢？我们一起来学习一下。

二、朗读讨论　体验发现

1. 师：（第一段）听老师读课文，边听边画出停顿。

第二段让学生读，老师纠正，第三段老师读。

2. 显示大屏幕：谁能说一说小女孩的心愿分别是什么？

课文中小女孩的心愿分别是：

我要给（　　　　），画（　　　　）。

我要给（　　　　），画（　　　　）。

我要给（　　　　），画（　　　　）。

提生回答。

3. 师：请同学们想一想，“我”为什么要给窗前的小树画一个红红的太阳？

生回答。

师：课文是怎么说的呢？谁来读一读？

生读课文。

师：“在寒冷的北风里缩着身子，轻轻叹息。”这句话是什么意思？

找学生来演示，边演示边进行语言沟通练习。

发动同学一起说。

最后引入课文“让小树在冬天也能快活地成长。不会在寒冷的北风里缩着身子，轻轻叹息”。

师：同学们真有爱心，通过这一段的学习，我们也可以感受到课文中的女

孩很有爱心。（点学生板书）

师：读这一段的时候要注意什么呢？

师进行朗读指导。师范读，生试着朗读。

4. 师：请同学们再想一想，“我”为什么要给树上的小鸟画许多好吃的谷粒？

生回答。

师：课文是怎么说的呢？谁来读一读？

生读课文。

师：“让小鸟呆在家里苦苦等待，饿得哭泣。”这句话是什么意思？谁来表演一下？

点生表演。

师：小鸟（幼鸟）不能自己找东西吃吗？为什么？下面我们一起看一部短片，了解一下幼鸟的生活。

师放视频。

师：刚才片中播放的是什么鸟？

生：小燕子。

师生共同讨论，引导学生明白鸟妈妈的辛苦，进而联想到我们的妈妈也了不起，也很伟大，所以我们一定要爱爸爸妈妈。

师：课文中的“我”正是看到了鸟妈妈很辛苦，小鸟呆在屋里苦苦等待，饿得哭泣，所以他想到要________________（引导学生说课文中的句子）。

师：从这一段的学习中我们体会到“我爱小鸟”。

点学生板书。

师指导学生朗读。

三、小结本课　升华情感

师：通过刚才的学习，我们知道（指板书）：“我”爱小树，“我”爱小鸟。我们可以体会到，“我”真有爱心。老师希望同学们要向小女孩学习，做一个有爱心的人。

四、巩固练习　加深印象

师：昨天，老师让同学们画出你喜欢的一段课文，下面请大家把你的作品展示给大家看。

师：选出两幅作品，其他同学的作品等课下再一一点评，并贴到墙上。

看图复述课文。

五、反思学法　拓展延伸

1. 师：同学们，昨天没用马良的神笔，大家都能画出这么多漂亮的画，现在如果给你们一支马良的神笔，你们想画什么呢？

请大家一边看图一边思考。

大屏幕展示图片：盲孩子在演奏；贫困山区的孩子在学习；衣衫褴褛的孩子；无家可归的老人；地震中倒塌的房屋；河水受污染，鱼儿死了……

师：同学们，拿起笔把你的心愿写下来吧。

集体交流。

2. 师：同学们，你们知道吗？老师也想拥有一支马良的神笔，我要给我们每一个听障儿童画一对健康的耳朵，让每一个人都能听到声音。这正如我们在前一课中学到的“人人献出一点爱，人间永远是春天”。让我们献出自己的爱，让世界变得更温暖吧！

六、作业

写一写，画一画：

假如我有一支马良的神笔，我要给……

教学反思

这是一首诗，面对一群听力和语言都有障碍的学生，我应如何调动他们内在的情感，达到和作者心灵的相通，激发孩子那颗纯真、善良的心呢？

一、充分调动学生的视觉优势，激发兴趣，升华情感。

“马良的神笔”在课文中多次出现，由于听障儿童知识面比较狭窄，在教学伊始我首先调动学生的视觉优势，给同学们播放《神笔马良》的动画片，孩子们看得入神，自然就激发起学习的兴趣，很容易导入学习目标，这就突破了一个教学难点。

“关爱教育”是本篇课文情感教育的目标，如何将课文内容与自身生活自然衔接，点燃孩子们那颗善良的关爱之心？课文第二段观看幼鸟生活片段的视频，由嗷嗷待哺的幼鸟联系到妈妈对我们一点一滴的关爱，孩子们在强烈的视觉刺激下，轻轻点拨，一颗颗纯真善良的关爱之心便被激发出来，他们畅所欲言：

假如我有一支马良的神笔，我要给盲孩子们画一双明亮的眼睛，让他们看到五彩缤纷的世界；

假如我有一支马良的神笔，我要给贫困山区的孩子画一座漂亮的教学楼，让他们坐在明亮宽敞的教室里学习；

假如我有一支马良的神笔，我要给四川的人们画漂亮坚固的房子，这样他们就再也不怕地震了；

假如我有一支马良的神笔，我要给鱼儿画一条清澈的小溪，让他们自由自在地游来游去。

……

二、多种形式的朗读，让学生充分体会课文语言的魅力。

首先我范读第一小节，让孩子们评议琢磨第二、三小节该如何朗读，在哪儿停顿，在文中用停顿符号标记出来。随着对课文内容的理解，我又指导学生思考每一小节应该用什么语气来读？通过跟老师读、单人读、双人比赛读、边演示边读等方式，同学们逐步掌握了本节课的朗读技巧，绘声绘色地朗读也加深了他们对课文的理解，升华了情感。如第一节："画一个红红的太阳。/ 让小树在冬天 / 也能快活地成长。"孩子们都知道应该用愉快的语气来读。"不会在寒冷的北风里 / 缩着身子，/ 轻轻叹息。"知道要读出温柔的、怜爱的语气。那一双双高高举起的小手，一段段声情并茂的朗读深深地打动了每一个人的心！

在以后的教学中我将充分利用文中的语言材料，针对学生自身特点，多途径激发听障孩子对生活、对大自然的独特认识，使他们和健全的孩子一样对美好的事物充满向往和追求！

（山东省烟台市特殊教育学校　孙振波）

（本课获烟台市特殊教育优质课奖）

第四节　不同体裁精读课文的教学

一、记叙文的教学

记叙文是以记叙为主要表达方式，以叙述、描写、抒情、议论相结合为主要表现手法，记人、叙事、描景、写物的文章。根据记叙文的特点，教授学生阅读记叙文的方法。

1. 走进文本，披文入情

记叙文有一个明确的中心，表明作者的情感观点。记叙文在叙述、描写、抒情时，都围绕中心，并为表现中心服务。叶圣陶在《语文教学十二韵》中告诉我们："作者胸有境，入境始与亲。"身临其境，进入文本角色，把自己想象成文中人，才能感受文中的美好境界，体会它的至情。教会学生演示情景，使自己身临其境，然后入情入境，忘情地进行反复阅读。

2. 跳出文本，品味情理

披文入情是阅读的"入门"法，品味情理是"出门"法，是把感性认识上升到理性认识，由"情"致"理"，由味到言。熟读课文之后，要品味文章的布局谋篇。首先理清作者的思路和文章的脉络，其次要分析文章叙述、描写、抒情等综合表现的手法，了解文章的语言特点和作用，研究表达技巧。这样既加深对文章的理解，又学到一些写作方法，为写作记叙文打下基础。记叙文一般采用叙述与描写相结合的手法，但是以叙述为主。叙述的内容构成文章的主体，而描写、抒情等则是为辅的。如《董存瑞舍身炸暗堡》中写董存瑞毫不犹豫地用身体做支架拉开导火索的情节时，文章是这样描写的："董存瑞昂首挺胸，站在桥底中央，毫不犹豫地用左手托起炸药包，顶住桥底，右手猛拉导火索。导火索闪着火花，他用力托着炸药包，像铁铸的巨人挺立在桥下，两眼放射出坚毅的光芒，用尽力气高喊着：'同志们，为了新中国，冲啊！'"这段通过人物的动作、神态、语言描写，把董存瑞的英雄形象塑造得闪闪发光，读后能给人留下深刻的印象。除人物描写外，还有细节和环境描写。这些描写是为渲染气氛、烘托人物、突出中心服务的。这些描写的方法，就需要仔细阅读品味，达到胸中有法。再如《一夜的工作》中第三段有这样一句话："这就是我们新中国的总理。我看了他一夜的工作。他是多么劳苦，多么简朴！"这句话直接抒发作者对周总理忘我工作和简朴生活的惊叹和感动。教学时，要结合课文叙述的内容，体会这两句表达作者思想感情的话语，引导学生体会文章中议论和抒情部分在点明文章主题时所起的作用。

3. 熟读精思，积累内化

经过披文入情、品味情理，学生对记叙文的要领已经了解，到此时一定要再回到文章中去，进行熟读精思。特别是对文章中精美的章节、段落，应再进一步地探讨，"窥其微言精义"，然后尽量要聋生熟读成诵，只有背下来才能变成自己的东西。在这样的课文中，可以以填空的形式引领学生进行语言积累。如在《地震中的父与子》一课品悟了父亲的了不起之后，以填空"他挖了 8 小时，12 小时，________小时，没人再来阻挡他。他________，________，________"的形式来进行语言积累。

案例

《詹天佑》教学设计

教学分析

《詹天佑》是全日制聋校实验教材语文第十七册第一单元的精读篇目。文章以人物的名字为题，重点记叙了詹天佑一生中最重要的事迹——主持修筑第一条完全由我国的工程技术人员设计、施工修筑的京张铁路，为读者勾勒出了一位杰出的爱国工程师的高大形象。文章层次清晰，内容生动，字里行间流露着对中国人民智慧和力量的赞颂，是读写结合和进行爱国主义教育的优秀教材。文章开篇指出"詹天佑是我国杰出的爱国工程师"，"杰出""爱国"是全篇文眼和脉络，其中"爱国"更是一条主脉，贯穿文章始终。学习中抓住这条主脉，在充分阅读的基础上，引导学生抓住具体事例，通过学习詹天佑主持修筑京张铁路的经过（勘测线路→开凿隧道→设计"人"字形线路），结合重点词句，逐段逐层体会詹天佑在当时的国情下，克服重重困难，坚持为中国人民争光争气的豪情壮志。

教学目标

1. 了解杰出的爱国工程师詹天佑的事迹。

2. 能顺着作者的思路深入地理解课文，有感情地朗读课文，了解课文是怎样一层一层表达中心思想的。

3. 激发学生热爱祖国、立志为祖国作贡献的思想感情。

教学内容

詹天佑主持修筑京张铁路的经过：勘测线路→开凿隧道→设计"人"字形

线路。

教学重点

1. 了解詹天佑修筑铁路的创举，通过具体事例及人物的心理活动体会詹天佑是“杰出的爱国工程师”。

2. 顺着作者思路阅读，深入理解课文的思想内容。

教学难点

通过具体事例体会詹天佑是杰出的爱国工程师。詹天佑的杰出主要体现在勘测线路、“开凿隧道”和“设计‘人’字形线路”等方面。解决这一教学重难点，要让学生阅读课文，划出重点句，交流感悟。在读懂“开凿隧道”和“设计‘人’字形线路”基础上，自己动手画示意图，然后用多媒体课件播放动画，帮助学生理解。

教学对象分析

本课是九年级的一篇讲读课文。虽然聋生知识面窄，感性认识少，但通过长期“以读导写，以写促读”的实验，九年级学生已经具有独立阅读、自主理解感悟课文的能力。所以教学中，在熟读课文的基础上了解课文内容后，根据课文内容提出中心问题，并引导和启发学生抓住重点词语，交流批注，让学生通过讨论学习，解决提出的问题。再者，学生的想象、绘画能力较强，针对这一特点，在教学中让学生在练习本上绘出“开凿隧道”和在“人”字形线路上“开火车”的示意图，让他们在实践中发挥主观能动性获取知识，得到启发。

教学理念

针对九年级学生的特点，主要采用启发、引导式教学。鼓励学生自己探究，主要方法是根据课文内容提出中心问题，这样做能培养学生主动探究问题的能力。教师适当指导学法，充分发挥学生的主观能动性，再让学生以同样的学法自学，在个人思考的基础上，师生共同探讨解决问题。针对课文的难点，让学生在学习重点段落时动手绘画、实践，在动手时促进思考，并通过生动形象的动画视频促进学生理解。

媒体的选择使用

1. 师生通过网络搜集关于詹天佑的相关资料。

2. 利用多媒体播放《詹天佑》影片。

3. 使用 powerpoint 多媒体课件，包含 flash 动画。

教学流程及设计意图

一、抓住“主线”，激情导入

以青藏铁路建设带给我们的感动导入，为 100 年前詹天佑的伟大成就做好铺垫。复习詹天佑主持修筑京张铁路是在什么时候、什么样的环境下进行的，认识詹天佑受任于国家危难之际，为国家为人民大长了志气，树立了威风，感受他的杰出和他的爱国热情。

二、层层探究，动手实践

围绕“詹天佑遇到了哪些困难？他是怎样克服的？为什么？”等问题，层层深入组织教学。

1. 在勘测线路时，詹天佑是怎样做的？让学生认真读课文第四自然段，并动手画出令自己最感动的句子，在旁边写阅读批注。然后交流批注，通过交流想想：詹天佑是怎样亲自深入第一线，和大家一起劳动的；是怎样不顾个人安危，夜以继日、废寝忘食地工作；是怎样调查研究，虚心请教当地农民的。

詹天佑经常勉励工作人员说：“我们的工作首先要精密，不能有一点马虎。‘大概’，‘差不多’，这类的说法不应该出自工程人员之口。”让学生读一读，背一背这句话，然后以填空的形式巩固这句话，从这句话中学生可以体会到詹天佑是一个对待工作一丝不苟、极其负责，对工作人员要求非常严格的人，也反映出了詹天佑是一个杰出的爱国工程师。

交流阅读批注后，进一步思考，他为什么能这样做？点出“遇到困难，他总是想：这是中国人自己修筑的第一条铁路，一定要把它修好；否则，不但惹外国人讥笑，还会使中国的工程师失掉信心。”通过读这句话，学生可以体会到这讲的是詹天佑克服困难的动力，也紧扣单元训练重点：通过了解人物的内心活动理解詹天佑是杰出的爱国工程师。

最后让学生通过影片和网上资料感受詹天佑遇到的困难，和他在困难面前的爱国思想。

2. 以“开凿隧道中遇到哪些困难，怎样克服”为中心问题探究，同学们经过自主阅读、议论，抓住关键词，从山势高、岩层厚、隧道长、泉水下流、满是泥浆、无抽水机等方面，了解当时隧道工程的艰巨性和复杂性。从詹天佑带头排水，和工人们同吃同住，了解他以身作则，艰苦奋斗，誓为国家作贡献的坚强毅力和战斗精神。引导学生读后画示意图，弄明白詹天佑用的两种开凿方法，最后以动画演示深入理解课文。在突破难点的基础上深入思考他为什么敢于用这两种方法开凿隧道，再次通过了解他贯穿始终的内心活动理解他的杰出才能和爱国思想。

3. 用上面的学习方法（读课文，找一找詹天佑遇到了哪些困难，他是怎样克服的，遇到困难他怎样想），学生自主体验理解詹天佑在青龙桥附近为什么设计了“人”字形线路，从而感受詹天佑为克服火车爬陡坡的难题做出的伟大创举，再次表现了他的智慧和创造精神。

三、品读感悟，汇报交流

在理解课文的基础上探究詹天佑是怎样的一位工程师。从认真勘测线路、勇创开凿隧道的创举和设计“人”字形线路这几点充分证明了詹天佑是我国杰出的爱国工程师。以填空的形式“遇到困难，他总是想：＿＿＿＿＿＿”进行语言实践，进一步体会课文表达中心思想的方法。

四、总结

层层学习、理解之后，引领学生总结体会詹天佑能成功修筑京张铁路的原因及深远意义：因为他有一颗热爱祖国的红心，有为国为民争气的决心，有严肃认真、一切从实际出发的科学态度，有勇于创造的智慧和才干。总结课文怎样围绕中心来表现人物特点的，并紧扣单元训练重点：通过了解人物的内心活动理解詹天佑是杰出的爱国工程师。

五、创意表达，感情升华

教师激情引导：京张铁路的提前竣工，使全国上下欢欣鼓舞。播放影片，感受詹天佑的伟大及带给我们中国人的感动。感受詹天佑无愧是中国人民的优秀子孙，他没有辜负全中国人民的期望，用铁一样的事实，给帝国主义一个有力的回击，一个响亮的耳光。引导学生说出自己的感想。

从“2005年为了纪念铁路修建100周年，人们在青龙桥附近为詹天佑重塑了雕像”引出詹天佑修筑铁路的影响，以“今天许多外宾到中国游览，看到詹天佑留下的伟大工程，都赞叹不已，他们会怎样赞叹？面对詹天佑和他的伟大工程，你心里想些什么？”为话题让学生自由畅谈学习收获。最后教师评论：感动是一种力量，是詹天佑灭了帝国主义的威风，长了中国人的志气；是詹天佑让中国的铁路工程师有了信心；是詹天佑使我们中国的铁路工程取得了一个又一个的胜利，直到今天的青藏铁路——这项令世人震惊的创举。

最后鼓励学生：让我们在感动中记住100年前的这条铁路，让詹天佑的精神激励着我们勇往直前，为国争光。最后，在感受詹天佑的伟大及带给我们中国人的感动中、在《感动》音乐中走进全课尾声，这样既扣主题又呼应了开始的导入。

六、板书设计

詹天佑

（杰出、爱国）

险	勘测线路	严肃认真
高	开凿隧道	有智慧
陡	设计“人”字形线路	有才干

教学反思

《詹天佑》是一篇老课文，我曾经讲授过两次，但唯有这次效果最佳，因为学生的情感体验和课文理解都很透彻。认真反思，感觉本次设计有三大亮点。

亮点之一：运用多媒体突破重难点。多媒体对教学的辅助作用是不可低估的，首先通过课前播放电影《詹天佑》，让学生通过生动的画面，走进了离自己实际生活较远的一百多年前，感受到当时复杂的历史背景和恶劣的自然环境，是让学生有深刻的情感体验的主要原因。再者，在读懂“开凿隧道”和“设计‘人’字形线路”基础上，自己动手画示意图，然后用多媒体课件播放动画，既发挥学生的主观能动性，又在形象直观的演示下顺利地突破了难点，收到了很好的教学效果。

亮点之二：以《感动中国》中青藏铁路建设团队带给我们的感动导入，把学生已有的生活经验引到课文中来，通过与生活的对比使学生加深对课文的理解，为100年前詹天佑的伟大成就做好铺垫，在感动中永远记住了100年前的这条铁路，詹天佑的精神也将永远激励着他们勇往直前，为国争光。

亮点之三：教学第一部分“勘测线路”所提出的三个问题，既让学生能结合单元训练点——通过了解人物的内心活动理解詹天佑是杰出的爱国工程师，自主感悟本文的中心，又教会学生自学后两个部分内容的方法，使学生有方法可循。这既是一种学法指导，又培养了学生的自学能力。总之，根据教材特点抓中心句展开教学，紧扣重点词语进行语言文字训练，让学生在读书、写批注、交流感悟、画示意图等过程中，通过动口、动手、动脑，在课堂上真正地做到动起来，成为学习的主体，成为学习的主人。

教学是不完美的艺术，教完课总感觉有遗憾的地方，如交流批注时，由于本文篇幅较长、时间短的关系不能关注更多的学生。在以后的教学中我将努力提高自己的教学水平，提高驾驭课堂的能力，关注每一个孩子，达到教学的最优化。

（山东省烟台市特殊教育学校　邢淑朋）

（本节录像课获首届全国特殊教育信息大赛二等奖）

二、议论文的教学

议论文是论事说理的文章，这种文章大都由论点、论据和论证三个基本要素构成。教聋生这类文章，就要教其搞清三者的关系。

第一，从题目入手，认真分析。题目是文章的“眼睛”，读题目，分析题目，弄清题目的中心词。

第二，要抓住中心论点，再读全文。这时的阅读，就像站在高处鸟瞰一个城市那样一览无余，明白了文章的谋篇布局。议论文的中心论点大都在开头提出，如《为人民服务》一文就在开始提出了中心论点。有的中心论点在文章的中间提出，有的在结尾提出，要仔细阅读，抓住中心论点。针对论点，再读课文，看看作者怎样论证。

第三，分析论证。论证就是证明论点的正确，或驳斥论点的错误，把论据同论点之间有机联系揭示出来。在分析论证的过程中，要学会抓住文章的结构，通过列提纲的方法，理清文章的篇章结构，研究各段之间的关系，列出文章的结构图表，这样论证的过程就清楚了。

第四，品味论证语言。在阅读议论文时，一定要细心揣摩体会文章的语言，一方面培养学生深入理解文章阐述的道理，形成正确的观点、信念、明辨是非的能力和追求真理的精神，另一方面学习作者运用语言的技巧。

案例

《中国人失掉自信力了吗》教学设计

教学前思

学生已经接触了简单议论文，对议论文的基础知识有了初步了解，但在教科书中还是首次接触到驳论文。大部分学生对驳论文的知识和驳论方法不了解，因此学习上还是有一定难度的。这篇文章语言犀利尖锐，富有战斗性，带有嘲讽意味，读起来富有鼓动性。学生对新文体和在生活中能用到的知识具有很强的求知欲，这阶段的学生喜欢合作探究完成学习任务。因此，在教学中我尝试采用小组合作学习的方法，以论点入手，让学生学习驳论的写法，体会文章语言的特点。

教学目标

1. 分析这篇文章所选用的论据和所运用的论证方法、表达方式。
2. 认识和揣摩富有强烈感情色彩的语言，体会鲁迅的语言艺术。
3. 掌握鲁迅的驳论方法和讽刺艺术，学习驳论文的写法。
4. 培养学生的自信力，弘扬爱国主义精神，增强民族自信心和自豪感。

教学重难点

1. 学习抓住“突破口”进行批驳的方法；学习通过驳论来反驳论点的方法。
2. 学习直接反驳和间接反驳相结合的方法，体会文章精辟含蓄的语言特点。

教学准备

视频 课件 板书

教学过程

第一课时

一、师生互动，激趣导入

1.（出示课件，显示课题）今天，我们来学习鲁迅的一篇杂文《中国人失掉自信力了吗》（板书课题），看看我们能从中得到什么新的启发，学到怎样做人、作文的方法。

2. 出示课件《买汽车》，引出文章论证的方式（驳论）。

孩子：妈妈，你为什么不买汽车呢？

妈妈：买不起呀。

孩子：那怎么才能买上小汽车呢？

妈妈：你现在好好学习，长大后就可以买小汽车了。

孩子：那你小时候为什么不好好学习呢？

这个笑话，孩子的反驳很精彩，妈妈听了以后肯定会瞠目结舌，继而哈哈大笑。驳论是一种与立论相对的论证方式，《中国人失掉自信力了吗》就是一篇驳论文。

同学们，假如你面对“中国人失掉自信力了”的错误论调，你将怎样批驳？

二、目标导引

1. 了解时代背景，掌握本文生字词。

2. 把握文章层次结构，理解文章思想内容。

三、检查预习，自主交流

1. 鲁迅简介。

鲁迅，本名周树人（1881~1936 年），字豫才，浙江绍兴人，鲁迅的作品包括杂文、短篇小说、评论、散文、翻译作品等，对五四运动以后的中国文学产生了深刻的影响。毛主席评价他是伟大的无产阶级的文学家、思想家、革命家，是中国文化革命的主将，也被人民称为“民族魂”。

2. 播放影片《九一八事变》片断，让学生介绍本文写作背景。

本文写于“九一八”事变三周年之后。中国近代本来就国运积弱，屡遭凌侮，“九一八”事变又在许多中国人心中投下失败的阴影，国内悲观论调一时甚嚣尘上。当时，资产阶级报纸《大公报》发表社论，指责中华民族失去了自信力，为国民党反动政府推卸责任。针对这一观点，鲁迅先生凭着对社会现状的洞悉，发出了“中国人当自信自强”的呐喊。鲁迅写这篇文章之前的一个月就发烧了，肺病已相当严重。文章写完之后的两个多月，他写了《病后杂谈》，还致信杨霁云，自称是在敌人和“战友”的夹攻下的“横战”。可见，病情的恶化和精神的压力，并没有影响他对世事的热忱和关注。

3. 生字、生词交流。

在学生回答的基础上，用电子课件展示交流。

脂（zhī）粉　　玄（xuán）虚　　省（xǐng）悟　　渺（miǎo）茫

脊（jǐ）梁　　诓（kuāng）骗

怀古伤今：不满现实，追怀古代的事情。

为民请命：代老百姓请求保全性命或解除困苦。

自欺欺人：欺骗自己和他人。

四、朗读课文，整体感知

学生朗读文章后，在教师的引导下初步感知文章主要内容。

1. 对方的错误观点是什么？作者为什么认为它是错误的？作者正面提出的观点是什么？作者提出观点的依据是什么？

学生研讨，教师明确点拨：对方的错误观点是“中国人失掉自信力了”，因为信“地”信“物”信“国联”，从来就没有相信过自己，而现在的求神拜佛，则是在自欺了。作者正面提出的观点是“中国有并不失掉自信力的中国人在”，因为有过去和现在的事实为证。

2. 再次朗读课文，加深对文章内容的理解。

五、反思学法，师生总结

驳论文的文体知识——

驳论文：以反驳为主的议论文。

驳论：正确的观点揭露或驳斥错误的观点，从而进一步阐明和确立正确的观点。

一般结构和形式——

1. 指出错误论点、论据或论证。（树立靶子）

2. 批驳错误论点、论据或论证。

3. 指明错误的实质或危害。（打倒靶子）

题目就是论点，《中国人失掉了自信力了吗》开头即提出了错误论点，树立了靶子。

第二、三课时

一、复习导入

再读课文，说说课文的错误论点是什么，作者提出的正面观点是什么。

二、目标导引

1. 学习作者驳论的方法，找出论据，总结出论证的过程。

2. 理解课文的结构，弄清段落大意。

三、整体感知，理清思路

学生默读课文，画出文章的结构。

课文分成四个部分。

第一部分（第 1、2 自然段）摆出“敌论”：“中国人失掉自信力了”和论据。

第二部分（第 3~5 自然段）直接驳论证：失掉自信力的是反动统治者，并发展着“自欺力”。（归谬）

第三部分（第 6~8 自然段）间接驳斥：大力歌颂历史和现实中的“脊梁”——自信的中国人。

第四部分：（第 9 自然段）提出判别标准“要自己去看地底下”，号召广大中国人民要明是非，识大义。

学生画文章结构图，互说互查。

四、交流分析，学习论证

1. 学生速读课文第 1、2 自然段，画出“敌方”的错误观点和错误依据。

投影展示：

敌论点：“中国人失掉自信力了”。

错误论据：a. 信地信物　b. 信国联　c. 求神拜佛

老师举一个类似的推理例子：“我们班小明上课爱开小差，小东上课爱开小差，小梅也爱开小差，所以我们班所有同学上课都爱开小差。你同意这一结论吗？”（以偏概全）

2. 让学生朗读第 3~5 自然段，思考作者是怎样反驳敌论点的。

学生讨论回答后，投影展示：

直接反驳：信地信物信国联——没有“他信力”（仿词）。

求神拜佛——发展着“自欺力”。

这些批驳证明失掉的不是“自信力”而是“他信力”，发展着“自欺力”。说明敌方的论据不能证明其论点。这就是批驳的突破口。

3. 作者确立了怎样的观点，以什么为论据证明自己观点的正确，从而更有力地驳倒了敌论点？

第6~8自然段，确立自己的观点：“我们有不失掉自信力的中国人在”，并列举了事实论据，从而否定了诬蔑“中国人失掉自信力了”的无耻谰言。

为彻底驳倒敌论，作者用“从古以来”到“现在”都有“脊梁”做论据证明自己的观点。

“我们有并不失掉自信力的中国人在”，请你根据自己的了解为第7段中的“人”注解举例。

（1）“埋头苦干的人”：指默默无闻、努力工作的广大劳动人民。如毕昇、祖冲之、李时珍、詹天佑等人。

（2）“拼命硬干的人”：指那些不怕牺牲、不计得失、忠于祖国的人。如岳飞、文天祥、戚继光、林则徐等人。

（3）“为民请命的人”：指同情人民，为人民鸣不平、伸张正义的人。如屈原、关汉卿、海瑞等人。

（4）“舍身求法的人”：指历尽艰辛、英勇献身、追求真理的人。如商鞅、谭嗣同、玄奘、法显等人。

4. 经过论证，关于“自信力”作者得出了怎样的结论？

“自信力的有无，状元宰相的文章是不足为据的，要自己去看地底下。”

五、反思学法，师生总结

本文以敌论据不能证明敌论点为“突破口”，以反驳对方的论证为武器，一举击中其要害，反驳强劲有力。同时确立与敌论点相反的观点，并列举事例证明，从而有力地驳倒了敌论点，增强了民族的自信心。

间接反驳，正面立论：有并不失掉自信力的中国人在

正确论据：从古到今　“中国的脊梁”

六、归纳延伸，练习反驳技巧

1. 本文以驳论证的方式逐层推进地批驳了“九一八”事变三年后，有些人慨叹的“中国人失掉自信力了”的谬论。揭露了国民党政府卖国投降的本质，

肯定了中国共产党及其领导的广大抗日军民所做出的巨大贡献。

文章语言犀利、带有强烈的讽刺意味，如“一到求神拜佛，可就玄虚之至了，有益或是有害……”，作者指出这是一种“自欺力”，揭露了蒋介石“坚决不抵抗”的卖国投降本质。

这一节课，我们充分感受了鲁迅先生的爱国热情。在“九一八”事变后，全国上下一片悲观，鲁迅先生洞悉先机，发出“中国人应该自强自信”的呐喊！“中国的脊梁”终于在1949年把中华民族自强不息的精神定格在历史的大舞台，“中国的脊梁”终于把中国人的自信从20世纪带到了21世纪……2008年又是中国的自信点！

2. 作业：

用所学方法来反驳以下观点（二选一）：

中学生上网有百害无一利。开卷有益。

板书设计

中国人失掉自信力了吗

- 敌论据
  - 自夸“地大物博”
  - 只希望国联
  - 一味求神拜佛
  - （以偏概全）
- 敌论点
  - 中国人失掉自信力了
- 直接反驳
  - 失掉“他信力”
  - 发展着“自欺力”
- 间接反驳
  - 论点：有并不失掉自信力的中国人在
  - 论据：从古到今　“中国的脊梁”
- 结论　自信力的有无，状元宰相的文章不足为据，看地底下。

（山东省烟台市特殊教育学校　于永伟）

三、说明文的教学

说明文是一种以说明为主要表达方式的文章。说明文主要解说事物的形状、构造、成因、方法、用途等，揭示事物的特征、本质及其规律。在聋校语文教材和普校小学语文教材中的说明文，就其内容来说主要是科学知识性的说明文。

这类说明文，是以介绍科学知识为主的文章，如《爬山虎的脚》《太阳》等。阅读说明文，要做到以下几点：

第一，要抓住文章的要点，准确理解说明的事物的特征和本质。如《苏州园林》一文，文章的所有内容从各个方面说明了苏州园林的特点，这些特点都是围绕着“务必使游览者无论站在哪个点上，眼前总是一幅完美的图画”这个中心。再如《赵州桥》是这样介绍桥的特征的：“大桥只有一个拱形的大桥洞，长达三十七米宽；大桥洞顶上的左右两边，各有两个拱形的小桥洞……全桥结构匀称，坚固美丽。”所以，在教授说明文时，要注意指导学生顺着文章说明的次序，具体地分析事物特征的各个方面。在学生了解事物特征的基础上，再指导学生由表及里地从事物现象进而分析事物的内在本质，使学生从认识事物表象到进一步认识事物的本质。如分析了赵州桥特征后，接着分析赵州桥所以取得成就的原因，说明我国古代劳动人民的无穷智慧和巨大力量，使学生从认识事物表象到进一步认识事物的本质。

第二，分析文章结构，理清说明顺序。一般来说，说明事物构成的，是按构成部分的顺序写的；说明用途的，按主要到次要的顺序写；说明事物发展过程的，常常按照时间的先后顺序写；说明比较复杂的事物常常将要说明的事物的特征分成若干方面，再按一定的顺序结构写，不管结构形式如何，总是与被说明事物的特征及说明的目的相联系，为表达中心服务。

第三，研究说明的方法。说明的方法很多，教学说明文时，除了要注意讲清课文所要介绍的、要说明的事物的特征、本质以外，还要注意讲清这篇说明文是用什么方法来介绍事物的特征和本质的，即把语言、知识和思维有机地结合起来，阅读时重在引导学生体会不同的方法在说明事物时的作用。例如《太阳》一文中是通过举例说明太阳离我们很远、太阳很大、太阳的热度很高的。“太阳离我们有三万万里远。”三万万里究竟有多远？学生很难想象。课文以人们都有的实践经验行走为例，日夜不停地走得走三千五百年，坐飞机也要飞二十几年。这一通俗的例子，不仅使学生理解说明事物的特征，同时也学习了说明方法，发展了思维，奠定了写作基础。

第四，讲清写作特点，学习说明语言，培养初步的说明能力。说明文的写作特点是以说明为主，但常常与记叙、议论相结合，有的还进行生动具体的描绘。说明文要求围绕事物的特征和本质选择材料表现中心意思，并按事物本身的条理安排层次，说明文的语言准确、简洁、浅显。教学时，结合课文，让学生逐步领会这些特点并提高学生运用说明这一表达方式的能力。

案例

《死海不死》讨论课教学设计

教学分析

《死海不死》是一篇介绍地理知识的说明文。它以生动活泼的形式说古道今，举实例、引传说、列数据，通俗地向读者介绍了死海的特征和它的形成过程。"死海不死"这个标题看似矛盾，其实正抓住了死海的奇异特征，这就是既"死"又"不死"。这个题目既是对文章内容的概括，又是文章的结构线索。全文写得有条不紊，饶有趣味。教学时围绕概括死海的特点、成因、开发利用的要点，赏析说明方法的运用。

学生分析

学生本学期学过多篇说明文，对说明文的特点不陌生，对说明方法掌握不少，特别是学了《向沙漠进军》一文，学习了列数字、作诠释的好处。在这个基础上，学生本节课可自主探究，老师点拨即可。

教学目标

1. 理解死海的特征及形成原因。

2. 讲授说明文知识，重点是学习列数字、引用神话传说这两种说明方法的运用。

教学重难点

理解死海的特点，学习列数字、引用神话传说这两种说明方法的作用。

教学方法

采用"导读法"，通过问题引领学生读书，教会学生自主学习。让学生掌握"读课文，概括要点，再读课文，找出说明方法，体会写法"的方法。

教学准备

课件 “鸡蛋浮起来”的实验用具

教学过程

一、导入

这节课我们继续学习《死海不死》。通过上节课的阅读，我们知道课文分为几部分？（三部分）主要介绍了哪三部分？（这篇课文介绍了死海的特点、死海的成因、死海的开发利用及前景。）

这节课我们学习死海的特点和成因这两部分，并学习作者用了哪些说明方法。

二、学习过程

（一）讨论学习死海的特点

1. 出示要求

请同学们读课文第 1~4 自然段，想一想死海有什么特点（用横线划出相关词句，并用自己的话概括）。

问题提示：

（1）为什么称为“死海”？“死”的含义是什么？

（2）“死海不死”是指什么？

（3）“死海不死”的原因是什么？

（4）课文引用了一个传说故事，试着讲讲，并说明引用这个故事的作用。

（5）“死海不死”的真正原因是什么？从哪儿看出来的？

2. 让学生自己读书找出来，小组之间讨论。

3. 引导学生交流

针对提示的问题点生交流。

从这些描述中说说死海有什么特点。

老师板书、学生互相补充。

4. 仔细读课文，找一找课文用了哪些方法来说明，学生交流。

提示：

（1）没有鱼虾、水草，寸草不生

课文用这些例子，说明什么？（这大概就是“死海”得名的原因吧。）“死海”

的“死”是什么意思？（没有生物。）这里同时用了作诠释的方法。

（2）人们自由游弋

“自由游弋”表现在什么地方？（即使不会游泳的人，也总是浮在水面上，不用担心会被淹死。）这是什么方法？（举例子。）用这个例子说明死海的什么特点？（不死。）

教师出示图片。从图上这些游泳者的姿态，我们也可以看出游泳者在这里酣畅地游泳，蹲着、坐着、站着都不会淹死，真是死海不死。

（3）还有哪些方法？“奴隶屡淹不死”你从哪一段概括出来的？（第 3 自然段。）这一段引用了一个传说，你能讲讲吗？体会一下作者引用这个故事的作用是什么？（把死海的特征说明得更形象更神奇的作用，增加读者的阅读趣味，更深刻地感受“死海不死”这一特点。）

（4）人们能自由游弋、传说的奴隶屡淹不死都因为什么？（海水的咸度高）

（5）海水咸度为什么高？课文怎样说明的，用了什么方法？（列数字）哪些数字？选择这些数字的好处是什么？

师：我们看这一组数字：135.46 亿吨氯化钠、63.7 亿氯化钙、20 亿吨氯化钾。如果我把第 4 自然段的数字改成描述性的语言，请大家比较一下与使用数字说明有什么不同。（幻灯片出示）死海海水的浮力为什么这样大呢？因为海水的咸度很高，据统计，死海水里含有多种矿物质：有许多氯化钠（食盐），有不少的氯化钙，有大量的氯化钾，另外还有溴、锶等。把各种盐类加在一起，占全部海水相当大的比例。这样，就使水的比重大于人体的比重，无怪乎人一到海里就自然漂了起来。

师：哪一段更好，为什么？在这一段里，原来比较精确的数字说明都改成了模糊的描述性介绍，不能准确地说明“海水的咸度很高”；用数字来说明海水中盐类的含量之大，是因为进行了科学的“统计”，这样的说明具有了科学性和权威性，比文字说明更具体、准确、有说服力。

为了说明列数字的作用，刚才老师用了什么方法？（作比较）

（6）为什么死海的海水浮力大？咸度高就会出现这样的情况吗？

因为海水的密度大于人体的密度，人就自然浮起来了。这里用了作比较的说明方法。

课前我让同学们做一个实验，请同学来描述一下鸡蛋什么时候浮起来，并用以下说明方法来进行说明。用一个透明大口的容器盛水，放入鸡蛋，鸡蛋下沉；再取出鸡蛋，在容器的水中加入食盐，当水的密度小于鸡蛋的密度时，鸡蛋就会下沉;将鸡蛋取出，再向容器的水中加盐，将鸡蛋放入，观察鸡蛋的浮沉情况。当盐水的密度大于鸡蛋的密度时，鸡蛋就浮在水中。

通过列数字（板书）我们了解了死海的咸度高、浮力很大，是死海不死的原因所在。

课文先介绍表面的特点，又介绍本质特点，这种从形象描绘到科学分析，进而揭示事物特征的方法就是诠释法。

5. 实践练习

总结填空：

海水的（　　）很高，所以不适于生物的生存；因为海水的（　　）大于人体的（　　），所以浮力很大，人能自由游弋。

6. 点着板书总结学法，先读课文，概括死海的特点，然后再读课文，找一找说明方法，进一步体会死海的特点

（二）自主学习死海的成因

过渡：死海是怎样形成的呢？用刚刚学习的方法学习课文第 5、6 自然段。

1. 出示

读课文第 5、6 自然段，说说死海是怎样形成的，课文用了哪些方法来说明（在文中找出来，写到旁边）。

提示：先概括成因，再找出说明方法。

2. 点生交流

死海是怎样形成的？（可以找课文中的句子概括）

板书：是自然界变化的结果

3. 为什么说是自然界变化的结果？（学生阐释）

4. 小练习

（1）河水流入死海，不断蒸发，盐类沉积下来，经年累月，越积越浓，便形成了今天世界上最咸的咸水湖。（2）死海的源头主要是约旦河，河水含有很多的盐类。（3）死海地处约旦和巴勒斯坦之间南北走向的大裂谷的中段。

这段文字中的三句话错乱了，正确的排列顺序应是怎样的？把这些句子排列一下，并说明为什么？

学生排列并板书。

5. 交流

具体阐述，实际上死海的形成是自然界变化的结果。死海就是一个咸水湖，课文是从三方面介绍了它的成因：(1) 地形：大裂谷中段；(2) 化学成分：河水含有很多盐类；(3) 物理变化：河水不断蒸发，盐类沉积。

师：在这里作者用了什么说明方法？（作诠释）

6. 课文还用了哪些说明方法？在讲述死海形成原因之前，先讲了一个传说，是怎样的传说？传说中死海的成因是什么？（惩罚执迷不悟的人）

教师：引用这个神话的作用是什么？在知识小品中，往往引用一些神话传说，说明人们认识死海的过程，是对人们无法认识死海形成过程的一种猜测。

7. 补充：课文在引用神话、传说，在说明死海中起到不同作用。

8. 请同学做导游向同学讲述成因（一个讲神话；一个解密科学成因）。

教师总结：在知识小品中，往往引用一些神话传说，目的是为了更好地说明事物。引用的故事都是概括的，我们今后的写作可以学习引用，来增加读者的阅读兴趣。

三、总结

通过学习，我们了解了死海的特点和成因。本单元的主题是关注自然，保护自然，了解自然的终极目的是保护自然、利用自然，对死海的开发利用及其前景怎样呢，我们下节课学习。

四、布置作业

1. 阅读课文《死海不死》第 6 自然段，写出文中用了哪些说明方法，并写出例句。

2. 延伸阅读《长江水患与流域人口超载》，说说长江水患的原因有哪些？写出短文的三种主要说明方法。

教学反思

1. 通过问题提示，教会学生概括说明事物的特点。

因为学生的概括能力正在培养中，如果只以“想一想死海有什么特点”来探究，班级只有极少数同学能说出来。通过具体的问题提示，引领学生阅读课文，并从课文中找出描写死海特点的相关语句，这样概括就相对容易了，对聋生学习概括说明文的特点也给予拐棍辅助。

2. 通过比较阅读，体会文章中运用列数字这一说明方法的好处。

在学习死海咸度高这一特点时，通过给出数字和去掉数字来比较阅读，体会文章中大量运用列数字这一写法的好处，并调动学生组织语言表达出自己的阅读体验。这种把分析、概括的思维变成语言表述的过程，本身就是学生的独立创造，对聋生来说确实是很好的语言实践。

（山东省烟台市特殊教育学校　李德岩）

四、应用文教学

应用文是人们为了工作上、生活上的某种需要而写的日常应用的文体。应用文的实用性强，在聋生现在和将来的社会生活中占据着重要的地位。应用文教学要注意以下三个方面：

1. 应用文教学必须联系实际生活。应用文教学的目的是使学生了解它，知道什么情况下用它，并正确应用它处理日常生活中的各种事务。因此，应用文教学必须密切联系学生的实际生活，让学生明确在日常生活中的什么情况下使用。

2. 讲清楚各种应用文的格式。应用文一般都有一定的格式。如请假条，包括写给谁、为什么写、谁写的、什么时候写的这四个基本要素，缺一不可。应用文的格式，是根据处理事物的需要产生的，它是长期以来人们共同创造出来的，约定俗成的。讲清应用文的格式是应用文教学的重点。要指导学生学习范例，掌握要领。在实际教学中教师可先让学生读懂范例，再对照范例引导学生读懂说明文体。教师可以作简要的说明，然后通过讨论总结出一般的格式、写法。学生理解了教材的内容后，可让学生复述应用文的写法要点。

3. 重视应用文的语言训练。从语言方面看，应用文重在实用，有它独特的语体。它在语言方面力求“简明”，即言要“简”、意要“明”，实事求是，只要把意思表达清楚就可以了，不需要详尽的描写、抒情和议论。另外，应用文的语言还要“得体”，一要看使用的场所，二要看使用的对象。教学应用文应重视引导学生理解应用文中的语言特点，并努力学习模仿。

4. 实践练习，运用提高。因为聋生的生活范围小，不强化很容易忘记，所以必须进行多次的实践练习。

案例

留言条写作教学设计

教学前思

留言条写作的传统教学往往是直接讲授写作格式，学生反复练习。就教聋哑学生写作而言，教学效果不是很好。在教学实践过程中，我尝试引入先进的教学理念，通过创设情景、先说后写、拓展延伸等几个教学步骤，收到了较好的教学效果。

教学目标

1. 了解在什么情况下写留言条。
2. 掌握书写留言条的基本格式。
3. 让学生学会写留言条。

教学重难点

让学生用较流畅的语言写清楚要表达的意思。

教具准备

多媒体课件 实物

教学过程

一、创设情景，导入目标

学生演示：伟伟来到丽丽家约她到公园去玩。可丽丽妈妈没在家，手机也放在家里，上网又不方便。

师：怎样让丽丽妈妈知道这件事呢？请同学们帮丽丽想想办法。

生A：出去找妈妈。

生B：在家等妈妈回来。

生C：给妈妈留一张纸条。

生D：告诉邻居，让邻居转告妈妈。

师：刚才，同学们想了很多办法，哪一种最好？

生：学生C的办法比较好，既可以让妈妈知道自己去做什么，也可以节省时间，和好友一起出去玩。

师：同学们总结得很好。通常在两个人不能马上见面，但又需要告诉对方事情的时候，我们可以通过打电话、发短信、QQ留言等方式告诉对方。由于听力局限打电话对我们来讲不太方便，可是如果既没带手机又不方便网上交流怎么办呢？这时我们就可以写张纸条，把我们想告诉对方的话写在纸上，放在对方容易看见的地方，这张纸条叫留言条。那么留言条该怎样写呢？我们这节课来讨论学习。

二、确定目标，讨论交流

师：同学们，假如你是丽丽，你会给妈妈写些什么呢？

生A：妈妈，伟伟约我去南山公园玩，一会儿我就回家，请您别担心。

生B：妈妈，我和伟伟一起去南山公园玩，大约4点左右回来，请您别担心。

生C：妈妈，伟伟来找我去公园玩，你不在家，我就给你写张留言条。玩一会儿我就回家，你别担心。

……

师：同学们说得都很好，都清楚地表达了丽丽想对妈妈说的话，大家认为哪种说法更恰当？

（生 B 的说法）

师：留言条的内容要求的就是简单明了、有礼貌。说的时候注意称呼（妈妈）和人称的变化（丽丽变成“我”），说清楚具体是件什么事情。

三、联系生活，应用实践

师：下面请同学们根据大屏幕上给定的内容，分组讨论应如何写留言条。

大屏幕内容：

爸爸要去奶奶家，不能在家做饭，让小刚回家自己买饭吃。

妈妈要去上班，让小东放学回家帮妈妈拖地板。

（生交流，师生讨论）

四、理清格式，学会书写

师：同学们，刚才大家都说得很好，但是书写留言条还有一定的格式要求。

师出示留言条，对照实物讲明格式要求。

大屏幕出示要求：

第一，先要写留给谁的，称呼要顶格写，并加上冒号；

第二，另起一行空两格写告诉对方的事情，要写得简单明白、有礼貌；

第三，另起一行，在右下方写上自己的姓名；

第四，另起一行在自己的姓名下方写上日期。

师：请同学们根据刚才的要求，试着写一写留言条。

生自行检查，生生互查，师逐个检查。

五、拓展延伸

课后尝试根据以下内容写一张留言条：

李明接到冯鑫的短信，约他去看电影。可是妈妈还没下班，手机忘在家里。请你替他给妈妈写张留言条。

课后反思

尽管现在科技发达，电话、电脑随身携带，信息交流非常方便，但是聋哑孩子由于听力受损，很多时候沟通起来比较麻烦，因此留言条在日常生活中的用处较多。本节课从生活实际出发，创设情境导入授课目标，由于和生活紧密结合，同学们很快便进入情境，积极动脑演示交流。通过积极的交流讨论，很快便掌握了留言条的大致说法，称呼的转换和人称的变化掌握得也很顺利，由此过渡到后面的按格式书写便水到渠成，使枯燥的应用文教学充满活力，收到了较好的效果。

（山东省烟台市特殊教育学校　孙振波）

五、寓言教学

寓言是通过有趣的故事情节、生动的艺术形象来说明道理的一种文体。寓言有以下三个特点：

（1）寓意深刻。凡是寓言都有一定的目的，或说明某种道理，或包含着一个教训或一个讽刺，教育人们从中认识生活的真理，吸取教训，受到教育。

（2）短小精悍。寓言的篇幅都比较短小。它的故事简单，结构紧凑。

（3）情节生动。寓言的篇幅虽然短小，但故事情节和人物形象却生动而有趣。

因为寓言不管在聋校教材还是精选的普校教材，篇目都不多。因此教学时应更注重阅读指导，引导学生课外会读寓言。为达到教学目的，阅读寓言可以按照如下步骤进行，即阅读寓言三步法。

1. 读寓言，理清情节，感受故事形象

寓言都是围绕寓意，根据人们生活中存在的一些现象，经过高度概括而虚构出来的。作者在高度概括的过程中，就要对故事情节和人物形象进行艺术加工，力求把它写得生动有趣，以吸引读者。只有先理清故事情节，感受到故事中人或事的形象，才能通过阅读领悟寓意。寓言常常采用拟人化的写法，作者把动物人格化，并通过人格化的动物的语言、动作、神态，来比喻生活的真理。因此我们应抓住角色的语言、动作、神态、心理活动和角色间的冲突来揭示他们的特点，感受他们的形象。

2. 把握意图，多读精思，深刻理解寓意

寓言的寓意，是通过生动的故事情节和鲜明的艺术形象表达出来的，有的明示，有的暗喻。阅读时，要把握作者的写作意图，进一步感受和体验，理解故事中寄托或隐含的意思。此外，还应了解寓言产生的背景，进而可以对寓言有更深入的理解。还要注意分析寓言篇末点题之笔，不少寓言是在直述故事之后，用故事中某个角色的话点明中心。分析篇末点题之笔，有利于深刻理解寓意。

3. 联系实际，写体会

这是一种读写结合的方法，在阅读寓言之后，结合自己的实际生活、学习写好心得体会，可以紧扣原文发表自己的感想，也可以联系个人事例，写出真情实感。

案例

《亡羊补牢》教学设计

教学前思

《亡羊补牢》是一篇寓言故事，寓言即是通过一个短小的故事，告诉人们一个深刻的道理。《亡羊补牢》这则寓言故事短小精悍，故事性较强，课文内容较简单，对学生来说在把握内容上不会有什么困难，关键是要通过读寓言来理解其中所含的寓意。

教学目标

1. 有感情地朗读并背诵这则寓言。

2. 学会本课生字新词，注意多音字“圈”的读音及“窟窿”“街”等字的字形。

3. 理解《亡羊补牢》这则寓言故事的内容，懂得做错了事要及时纠正。

教学重难点

引导学生在理解故事内容的基础上体会寓意，并能联系学习生活实际，谈一谈感想。

教学过程

讨论课

一、谈话导入

今天，我们又要学习一则寓言。看老师写课题：亡羊补牢。“亡羊补牢”是个成语，这个成语中有不理解的字吗？用一句话完整地说说“亡羊补牢”的意思。

看了课题，你想提出什么问题？（羊为什么丢？为什么补羊圈？）

二、读寓言，理清情节，感受故事内容

1. 读课文。注意：读的时候要读准字音，读通课文。不会的词语，通过查字典，再联系上下文理解。

2. 用自己的话把这个故事讲给大家听听。

3. 交流：养羊人一共丢了几次羊，为什么会丢？

4. 小结：读书要这样边读边想，读前要想，读中也要想。

三、精读课文，理解寓意

（一）自由读第 1~4 节，思考：养羊人丢了一只羊，为什么还会丢第二只？

（二）集体交流

1. 羊圈破了个窟窿。

（1）出示生字卡片“窟窿”，指名读，注意“窿”读轻声。

（2）“窟窿”就是——（洞）。怎样记住这两个字？指导学生书写“窟窿”。

（3）齐读这句话。（第三句）

（4）第三句讲了丢羊的原因，那前两句讲了什么？引读前两句。

（5）理清这小节三句话之间的联系，试背。

（6）指名背。（指导方法）

2. 街坊劝告，他不听。

（1）“街坊”就是——（邻居），注意“坊”读轻声。

（2）街坊是怎么劝的？指名读，读出劝告的语气。

（3）引导评议，齐读。

（4）可养羊人呢？指名读，评议。（读出他的无所谓，毫不在意）

养羊人是这样说的，你猜他心里会怎样想？

（5）同桌分角色朗读。

（6）指名读，评议。

（7）老师说提示语，学生试背对话。

3. 讨论：他不听劝告的结果。

（1）指名读第 4 节，评议。

（2）为什么要读好两个“又”字？联系第 1 节，想一想。

（3）齐读第 4 节。

（4）刚才我们学习的片段，如果用题目中的两个字来概括，就是——（亡羊）。

4. 指名表演这个片段，注意：可适当增加一些内容，如人物的心理活动可通过语言、动作来表现。

（三）第二次丢羊后，养羊人又是怎么想、怎么做的？

学生自由读第 5 节，画出有关句子。

（四）讨论交流

1. 养羊人是怎么做的？出示课件，看图说话。

2. 指名读文中句子，评议。

为什么要读好“赶快”？能否去掉？（改正错误，不能拖延）

3. 养羊人为什么会这么做呢？引读描写他心理的句子。

4. 指导读这句话，读出他的后悔之情。

5. 将这句话换一种说法。(要是……就……如果……就……)

6. 但是他转念一想，现在修还不算晚，为什么?

7. 他的想法对不对? 从哪儿读出来的? (从此，他的羊再也没丢过。)

8. “从此”是什么意思? 指导学生用“从此”造句。

9. 理清句与句之间的联系，背诵第5节。

(五)体会寓意

1. 再次出示课件：这个人在修补羊圈时，原来劝告过他的街坊刚巧路过，想想街坊又会怎么说? 养羊人又会怎么回答?

2. 同桌表演后指名上台演，并指导评价。

3. 如果这个人再不修羊圈，会出现什么后果?

4. 揭示寓意：由此可见，像养羊人这样犯了错误，只要(　　)，就(　　)。

四、联系实际，说体会

在生活中，也常常发生类似的事。联系自己的生活实际，谈谈看法。同桌互议，再指名交流。

这些都可以用一个词语来概括——“亡羊补牢”。

“亡羊补牢”后面往往跟着一句话——“未为迟也”。自己读读，理解它的意思。

五、总结全文

1. 再读课题，理解题意。(本义，引申义)

2. 总结学习寓言的一般方法，即理解题意—理解内容—联系实际，体会寓意。

六、作业设计

1. 背诵这则寓言。

2. 联系实际学习和生活，谈谈你读了这则寓言的感想。

板书设计

	想法	已经丢	后悔	
亡羊补牢	做法	不补	赶快堵	(未为迟也)
	结果	又少	再没丢	

教学反思

在预习的基础上，我鼓励学生质疑，结合学生提的问题，引导学生读文，理解语言文字。抓住对重点句的理解，培养学生的语感。在教学过程中，读好两次丢羊的经过。第一次他是满不在乎，街坊劝说的话，他没当回事；第二次他很后悔，觉得应该按照街坊说的去做，并立即动手将羊圈修补得结结实实。指导朗读时，引导学生把寓言中所表达的几个层次的意思读出来。在朗读的形式上，先让学生自读，再分角色读，通过反复地读，达到理解寓言含义的目的，在读议的过程中学生已经准确地把这则寓言的寓意说了出来。最后，就让他们用自己的话讲一讲这则寓言故事，再演一演，这样不仅能训练学生的口头表达能力和表演能力，而且能激发学生的学习兴趣。最后几分钟，我又让学生讲一讲自己最喜欢的寓言故事，为同学们展示自我提供了机会，也促使学生积极进行课外阅读。我觉得这样进行寓言故事的教学很有效。

（山东省烟台市特殊教育学校　刘爱霞）

六、文言文教学

阅读文言文同阅读现代文一样，都要遵循语言发展的规律。但对于聋生来说，由于认识障碍、语言障碍、心理障碍、学法障碍导致其语言水平发展普遍缓慢，语言学习困难重重。加上文言文语言高度凝练的特点，聋生学习文言文的阻力必然要大于健听学生。对于文言文的学习，更重要的是帮助孩子理解文章。教学文言文，要注重以下几点：

第一，借助注释，说文解词。阅读文言文，首先要明白每个文言字词的含义，如果不能字字落实，不能掌握字词意思，就无法读懂文言文。

第二，前后联系，翻译句意。在弄清每个字的基础上，进一步搞清楚每句话的语义。

第三，通读全文，学会断句。学会断句有利于聋生感知古人作品中的情感韵律和词章精华，克服语言障碍，消除时代隔膜，加强对文章的整体把握。在这个过程中，教师的范读是非常必要的。范读可以帮聋生断句，让学生感受文言文的停顿、重音、语气等美、趣和意的变化，读出节奏，同时利用自己的情感打动学生，营造良好的课堂氛围。如教《陋室铭》时，教师可以这样读给学生听：山 / 不在高，有仙 / 则名。水 / 不在深，有龙 / 则灵……南阳 / 诸葛庐，西蜀 / 子云亭。孔子 / 云：何陋 / 之有？

第四，品读揣读，合理把握。文言文教学中，在聋生初读，即读通读顺原文、整体感知的基础上，教师要鼓励聋生进行揣读，即鼓励聋生借助自己积累的相关知识或文章中注释等，对文章的思想内容和写作风格等方面进行揣测、比较和分析，然后通过小组和班级交流等方式表达出自己对文章的理解。

第五，熟读成诵。学习文言文，必须通过熟读一定数量的文章，以积累语言，掌握文章的字、词和句式。聋生要对文言文有“语感”，只有在熟读和背诵中才能逐步形成。背诵时，教师要引导聋生在把握文章中心的基础上，结合聋生对课文不同角度的理解去诵读课文，教师要鼓励学生学会化整为零、步步为营、以写助读、感官兼用、游戏诵读、寓教于乐、按图索“意”、读图背文等多种灵活有效的诵读方式，做到心、眼、口、耳并用，一边读一边想象语言文字所描绘的情景，然后引导他们逐步用课文中的原文把想象中的画面描述出来，最后达到熟读成诵，促使聋生全面深入内化文章。

案例

《卖油翁》讨论课教学设计

教学分析

《卖油翁》这篇课文主要通过卖油翁酌油这件事来说明熟能生巧的道理。在本课导读中提到：学习本文一要揣摩作者用词的准确性，二要运用发散思维，认真品味文章多层面的内涵。这篇课文的教学重点是让学生体会文中的关键词句，理解课文所包含的深刻道理。教学难点是让学生理解词句背后所包含的情感和意味，用发散思维来看问题。

学情分析

本班学生口语表达能力较强，但学习文言文有一定的困难。因此在教授课文时，采取小组合作讨论和教师引导的方法。教学的着眼点是提高学生的阅读能力和发散思维能力。大部分学生通过前几节课的学习已经能够背诵和流畅翻译课文，理解了重点词句含义，把握了故事情节，初步感受了人物形象。

教学目标

1. 结合关键词句，感受人物形象。

2. 通过感悟情节，明晓故事道理。

3. 运用发散思维理解故事多层面内涵。

教学重点

理解人物形象及故事内涵。

教学难点

运用发散思维理解故事内涵。

教学方法

朗读法、讲授法、讨论法、启发式。

教学准备

1. 课前将课文原文贴到黑板一侧。

2. 多媒体及 flash 课件。

教学对象

九年级听障学生。

教学过程

一、目标导引

上节课我们通过疏通文意，认识了身怀绝技的陈康肃和卖油翁。这节课我们就深入故事情节，看看他们对技艺的态度是怎样的，故事告诉我们什么道理。

二、探究过程

（一）师生齐读课文

（二）研读课文

1. 第 1 自然段

请同学们快速浏览第1自然段，思考问题：

（1）陈康肃有什么本领？他对自己本领的态度是怎样的？画出相关的句子。

（2）哪些句子描写卖油翁看陈康肃射箭？

（学生自读或讨论，教师巡视。逐个解决问题，点学生到黑板上的课文中画句子，其他生可补充。）

（板书：善射，当世无双，自矜）

当世无双，十中八九说明他的本领怎样？（高）

接下来卖油翁出场了。哪些句子描写卖油翁看陈康肃射箭？请到黑板上的课文中画出。

一生思考讨论后回答：睨之，但微颔之。（另一生到黑板上课文中画出句子，师板书：睨之，但微颔之。）

卖油翁的神态和动作说明了什么？（板书：轻视，略微赞赏）

可陈康肃对自己的当世无双、十中八九射技的态度是自矜、自夸的（示意板书），这里面就有矛盾了吧？卖油翁为什么会有这样的反应？我们看下文。

2. 第 2 自然段

我们来看第 2 自然段。自矜的陈康肃看到卖油翁"睨之"，"但微颔之"，他的心里会怎样？（不舒服，不服气）

（点课件）于是，两人就有了语言较量。陈康肃问曰："汝亦知射乎？吾射不亦精乎？"这是什么句式？（反问句）什么样的语气？（傲慢）注意"亦""不亦"，他为什么会这样问？（他瞧不起卖油翁，明知故问。）

这让人觉得怎样？（板书：傲慢无礼）还有什么语气？（质问，瞧不起）

谁能用傲慢的语气读一读陈康肃的这句话？（点一两名学生读）

面对傲慢的陈康肃，卖油翁怎么应对的？（板书：无他，但手熟尔。）（点课件）卖油翁认为陈康肃善射的原因是什么？（标出"但""尔"）不足为奇，我们想象一下，卖油翁说这话时的语气是怎样的？（板书：不在意，不以为然，轻描淡写）

请大家带着这些语气齐读这句话。（播放动画）

这一轻描淡写的评价让自矜的陈康肃怎样？

（课件：康肃忿然曰："尔安敢轻吾射！"）

你怎么敢轻视我的射技！注意"尔"和上面的"尔""汝"对比，注意同样是"你"，这里陈康肃用的"尔"，而上一句用的是"汝"，为什么会这样说？在古汉语中，"汝"多用于平辈之间，而"尔"多用于上级对下级，感情色彩更浓一些，此时用“尔”能突出陈康肃强烈的忿然，用了上级对下级的称呼，说明他对卖油翁怎样？（蔑视）“安”怎么，你怎么敢轻视我的射技！这里面除了愤怒、傲慢，还有什么？（指责。）在他看来卖油翁有没有资格评价他？（没有）康肃为什么会有这么强烈的反应？（忿然）

（若干学生带着忿然语气朗读）

后来，陈康肃的态度有没有变化？从哪里能看出来？（在课文中画出“康肃笑而遣之”）（板书：笑遣）是什么原因使他的态度发生了这么大的转变？请同学们根据我们刚才的学习过程，小组合作学习从“翁曰：‘以我酌油知之。’”到“唯手熟尔”这部分内容。讨论：

（1）卖油翁的本领是什么？找出能表现他的技艺的句子。

（2）你觉得卖油翁是个什么样的人？你是从哪些句子知道的？

（注意找出文中的句子，结合卖油翁的动作、语气和态度，品味并进行评价。显示课件，学生小组合作学习，师巡视学生小组学习情况。）

学生交流讨论成果。（一生汇总，指导其他学生交流学习成果，并让学生板书。）

视学生小组学习后的汇报情况定是否补充：

① 谦虚：卖油翁在评价自己酌油本领时：“我亦无他，唯手熟尔。”

② 冷静、从容、沉着：面对陈康肃公忿然时表现的居高临下、趾高气扬，卖油翁始终心平气和，并且一步一步完成精彩的酌油过程。

③ 直率：睨之，但微领之，无他，但手熟尔。

④ 自信、循循善诱：睨之，但微领之。酌油过程。

（点课件：故事结局）陈康肃为什么笑？

看到这么高超的技艺，听到这么谦虚的自我评价，自矜的陈康肃从忿然到露出了笑容。（康肃笑而遣之。）

（三）归纳形象

1. 卖油翁形象的讨论分析。

2. 陈康肃形象：笑而遣之→知错能改（傲慢无礼、盛气凌人、知错能改的人）。

（四）总结道理

陈康肃善射和卖油翁善酌，都可谓本领高超，他们的成功经验是什么？

（手熟→熟能生巧）（学生板书）

除此之外，你还能从故事中学到什么道理呢？（生讨论并板书）

1. 精益求精：从卖油翁的谦虚和陈康肃“十中八九”。

2. 学无止境：陈康肃自矜，射箭十中八九。

3. 谦虚谨慎，尊重别人，接受善意的批评等道理。

三、小结

1. 总结学法：教师引导学习能力较强学生总结本课所用学法，结合并体会关键词句，理解课文所包含的深刻道理。

2. 总结道理：（学习能力一般学生尝试，学习能力较弱学生复述）这篇课文主要通过卖油翁酌油这件事来说明熟能生巧的道理。另外我们还明白了学无止境，要精益求精、谦虚谨慎等道理。

四、课后作业

1. 说一说：学习了这个故事，你受到哪些启发？

大家可尝试用发散思维来思考问题。

讨论一：从学习本领的角度（熟能生巧、精益求精）

讨论二：从看待自己本领的角度（要谦虚谨慎，不能自夸）

讨论三：从看待别人长处的角度（尊重表扬别人）

讨论四：从如何面对别人批评的角度（要虚心接受别人的意见）

2. 写一写：你想对陈康肃或卖油翁说些什么呢？

板书设计

卖油翁

	本领	态度	道理
陈	当世无双	自矜→忿然→笑遣	
康 善射		（傲慢无礼 知错能改）	熟能生巧
肃	十中八九	（直率 不以为然）	精益求精
卖	睨之，但微颔之	无他，但手熟尔。	
油	自钱孔入	（沉着 冷静）	谦虚沉着
翁 善酌	（从容）	我亦无他，唯手熟尔。	
	而钱不湿	（谦虚）	尊重别人

教学后记

下课了，学生意犹未尽，他们还沉浸在课堂讨论氛围中，还有的学生向我提出不尽兴或自己感觉不完美的地方。从学生兴奋的神态里，我感觉到，这节课激起了他们强烈的探索欲，他们也已置身于故事情节中。这节课中，有几个方面比较成功。

一、以师情动生情，激发探究兴趣。

在课堂上，我置身《卖油翁》故事情节中，演示着各种表情、语气、动作，把在镜头前略显不适的学生们的积极性调动了起来。我和他们循着故事情节，或自矜，或平淡，或忿然，或沉着……全然忘却了摄像机和旁边的人，饶有兴致地投入了课文。

二、充分尊重学生，发展学生语言。

教师引导学生按照故事发展的顺序体验文章，尤其是通过分析、理解、讨论、朗读加强对人物个性语言的感悟，进而感受人物形象特征，层层深入，顺理成章地领悟了故事内涵。在这个过程中，尊重学生的习得与发现，并以板书呈现他们的收获。尤其是后半部分小组学习后，让学生做主持人，将学习成果呈现于黑板并讲解，充分尊重并发挥了学生的主体地位，同时学生在交流汇报中也更好地积累了语言、发展了语言。

三、渗透学法指导，培养自学能力。

让学生根据前半部分的学习过程，小组合作学习后半部分。让学生对每个结论都从文章中找出关键词句，多角度分析问题。从微小之处渗透了学法指导，培养学生自学能力。

（山东省烟台市特殊教育学校　石志霞）

（本节录像课获全国特殊教育信息大赛一等奖）

七、古诗教学

诗歌是我国最早出现的文学形式，它的基本特征是用形象、精炼而有韵律的语言，抒发感情，反映社会生活。诗歌有很多种类，从题材看，可分为抒情诗、叙事诗、哲理诗，从语言格式看，可以分为古体诗、近体诗和新诗。它是语文教学中不可缺少的一部分，它对向学生进行古文化熏陶、培养和提高他们的人文底蕴具有很重要的意义。但对聋生来说，由于听觉缺陷，他们很难感知古诗词的节奏和韵律美，无法体验诗词中呈现的听觉形象。另外，他们接触面窄，理解和接受新知比较吃力，对于古诗教学应注重朗读和吟诵。不同类别的诗，应采用不同的教法。

（一）指导学生理解诗句的意思，理解诗歌的内容

诗的语言是最精炼的，短短的一句诗，往往概括很多的内容。教学时，教师要恰当地运用具体的内容帮助学生理解诗句的意思，读懂全诗的内容。恰当，是指教师应从学生的实际出发，确立讲解内容的深度和广度。

（二）做好课堂上的朗读指导，引领聋生进入诗情画意的情境中

古典诗词的音乐之美来源于平仄、节奏和韵律，所以读起来抑扬顿挫，朗朗上口。在初读教学中，可先训练聋生学会把握诗歌的节奏形式。如：四言句为两个音节，“树木 / 丛生，百草 / 丰茂。秋风 / 萧瑟，洪波 / 涌起”；五言句为三个音节，“国破 / 山河 / 在，城春 / 草木 / 深。感时 / 花 / 溅泪，恨别 / 鸟 / 惊心”；七言句为四个音节，“山河 / 破碎 / 风 / 飘絮，身世 / 浮沉 / 雨 / 打萍”等。还可为诗词配上相应的乐曲，引导聋生利用残余听力和现代助听设备感受诗词的音韵美。另外，教师要尤其重视自身的范读作用。这里所说的范读，绝不是教师玩弄技巧的故意表演，而是真正沉醉其中，是教师情感的真实流露，是老师准确把握诗词情感后的一种表达和渲染，以此带动聋生进入情境。而后学生跟读、自由读、齐读、分组读，还可引导聋生凭借自己的理解和想象，边读边配以手势、动作、表情的表演，增强诗歌的表现力，让聋生置身于浓郁的情境中，让聋生读出兴趣，读出新奇，读出韵味，读出感情。

（三）多想象，明诗情，悟意境

古诗词文字简约，蕴意丰富。传统的教学方法往往比较注重教师的讲解分析和细嚼后的强行灌输，这种做法不利于增加聋生的知识积淀，不利于训练聋生的鉴赏能力，更不利于丰富聋生的语言素养，提高他们的综合能力。要在深入理解古诗的意思后，想象诗歌描写的情景，领会古诗的意境。

（四）加强朗读和背诵的训练

诗歌教学中，朗读和背诵诗歌能起到重要作用。读得认真，充满感情，就会把诗人描绘的图景展现在学生眼前，有利于学生理解诗意，体会作者的思想感情。

（五）巩固延伸，培养能力

1. 为诗配画，加深理解

诗与画是相通的，诗中有画，画中有诗。中国传统文化也有这样一种说法，即“诗画不分家”。在聋校诗词教学中，可用诗与画相结合的方法帮助学生理解诗歌。利用聋生习惯于形象思维的特点，弥补聋生抽象思维弱的缺陷，所学诗词请聋生根据课文插图和自己的想象配上图画，将这些作品用于布置黑板报和教室墙报，既巩固了所学知识，锻炼了聋生的想象和绘画能力，还营造了一种学诗、画诗的氛围，更加有利于聋生学习古诗词。

2. 以诗词为范本进行表演，深化理解

聋生由于长期以目代耳、缺陷补偿的原因，他们的模仿能力极强，也极具表演才能，所以在诗词教学之后可以尝试让学生把诗词内容演一演。在表演中，聋生既再现了诗词的内容，又通过不断完善表演的过程深化了对诗词的理解。

3. 加强对写的练习，感悟古诗词意旨

《清平乐·村居》这首词描述了江西上饶地区一户普通的农家日常生活的场景：低矮的茅草屋旁，一条小溪蜿蜒流过，溪边长满了青青的小草。一对白发夫妻对酌小饮几杯后，在家门口慵懒而舒适地闲话家常，相互取悦，好不恩爱。屋外，他们勤劳的大儿子在小溪的东面给豆苗锄杂草，二儿子在院子里细心地编织装鸡的竹笼，最疼爱的小儿子天真可爱，趴在溪边剥莲蓬吃呢！这个幸福的瞬间深深感动了南宋词人辛弃疾。诗人当时正受到小人的排挤、朝廷的打压，他是被贬到江西上饶地区的。作者面对生活的不公与坎坷，没有愤懑，没有怨气，没有怒火，没有消沉，而是依然乐观、快乐地生活。正是有这样健康积极的心态，诗人才能捕捉到这样的生活场景，才写出了现在还呈现在我们面前的《清平乐·村居》。

其实，在我们现在的生活中并不缺乏这样一些温馨的画面。父母下班归来，乖巧懂事的孩子递上一双拖鞋、捧上一杯热茶，小手轻轻地帮父母捶捶背。相信这些细小的举动都会让为人父母者欣慰不已，甚至幸福得掉眼泪吧。雨中你默默上前，帮一个没带雨具的人打伞，公交车上主动给一位孕妇让座，过马路时小心搀扶一位老奶奶过街，甚至一个陌生的路人向你善意地微笑……生活中这样一些微不足道的小镜头，想来也会常常让你感动吧。通过启发学生回忆、捕捉这些生活中美好的瞬间，用笔记录下来，写下自己的感悟，既能让聋生在练习中提高书面表达的能力，在练笔中进一步感悟作者写诗词的意旨，更重要的是，通过此举教育聋生、影响聋生，让聋生学会感恩，学会感动，潜移默化地培养了聋生正确的价值观与人生观。

总之，在古诗词教学中，要不断探究创新，灵活运用各种教学方法，有效引导聋生，启发聋生的潜在悟性与灵性，提高聋生对古典诗词的感悟力和理解力，培养聋生审美情趣，使我们聋校的古诗词教学能在新课标引导下绽放奇异的光彩。

案例

《望庐山瀑布》教学设计

教学目标

1. 会认“庐”“瀑”等生字，会写6个生字。

2. 有感情地朗读古诗，背诵古诗，抓住重点词句。通过观察画面，展开合理想象，理解诗句的意思，体会诗歌意境，感悟诗人对大自然美景的赞美之情。

3. 激发学生学习古诗的兴趣，积累古诗中的名句。

教学重点

识字、写字，有感情地朗读和背诵古诗。

教学难点

有感情地朗读诗歌，读懂诗歌含义，感悟诗歌意境。

教学准备

多媒体课件

教学过程

第一课时

一、激趣导入

1. 谈话激趣：同学们，在开展今天的学习活动前，我们先去庐山游览一番，欣赏一下庐山风光吧！

2. 学生观看庐山风光片，欣赏庐山瀑布，饱览庐山秀美的风光。

3. 请学生谈谈自己对庐山瀑布的印象，畅所欲言。

4. 导入新课：大自然的瀑布真是太神奇了，庐山的瀑布更美。她吸引了古往今来许许多多的文人墨客，留下了无数脍炙人口的诗篇。“诗仙”李白在游览庐山后也不由赞叹起来，写下了一首千古传颂的《望庐山瀑布》。今天我们就来学习这首诗。（板书课题）

二、初读古诗，学习字词

（一）我会读

李白笔下的庐山瀑布究竟是什么样呢？看大屏幕或书自由朗读这首诗，注意读准字音。（展示图、文，配上音乐，生自由朗读）

1. 指名读整首诗，纠正、齐读。

2. 指导学生读出诗的韵律美。出示诗的停顿及重音，讲析：

日照／香炉／生／紫烟，遥看／瀑布／挂／前川。

飞流／直下／三／千尺，疑是／银河／落／九天。

再现庐山美景，欣赏配乐朗读。

3. 教师范读，学生评议。

4. 学生挑战老师读。（师生评价）

5. 男女对读、小组读、齐读。

6. 朗读练习，要求有感情地朗读，读出瀑布的气势雄伟。可采用学生自由练读、指名读后评议的方法。

朗读指导：全诗描绘了瀑布飞流直泻的壮观景象，要读出磅礴的气势。第一行中的“生”字写出云雾在日光照耀下不断升腾，在香炉峰盘旋缭绕的动态，要重读。第二行的“遥”字写出诗人远望的立足点，“挂”字极为生动形象，要略为重读。这两句要用欣赏的语气，要读得舒缓。第三行读“飞流直下三千尺”时要略带夸张的语气，吐字要强劲、响亮，“三千尺”要拖长读音。最后一行“疑是银河落九天”，“疑”要重读，整句要放慢速度，有回味无穷的感受。

（二）我会写

出示古诗，利用生字课件，检查学生识记生字的情况。

1. 出示“我会写”中的字“炉、烟、流、银”。引导学生进行观察字形、结构，在田字格中的位置，找出自己认为需要注意的地方，提醒大家注意。

2. 指导。对学生认为难写的字，教师进行示范书写，其他的字学生对照课本自行书写。

3. 交流评价。采取多种形式（自评、同桌评、小组评）引导学生进行正确评价。

三、语言实践

1. 比较并组词。

庐（　　　　）

炉（　　　　）

2.“尺”字用音序查字，查（　　）字母，用部首查字查（　　）部。

3.“疑”字用音序查字，查（　　）字母，用部首查字查（　　）部，除部首外还有（　　）画，这个字的第一笔是（　　）。

四、总结学法，交流收获

教师引导学生尝试总结后归纳：先解决疑难词句，然后观察画面，展开想象，反复朗读，理解诗句意思。

五、布置作业

1. 反复朗读诗歌，力争会背诵。

2. 找出自己喜欢的诗句，并说说喜欢的理由。

第二课时

一、导入

1. 学生朗读或背诵竞赛（注意正确停顿）。

2. 教师交代本节学习任务：赏析诗歌内涵和意境。

二、自主阅读，体验发现

（一）了解诗人

过渡语：李白是我国伟大的浪漫主义诗人，谁能向大家介绍一些有关于李白生平的知识呢？（这是为帮助学生理解诗歌作铺垫。）

1. 学生自由发言，教师及时肯定知识丰富的同学。

2. 通过课件展示李白生平，了解李白诗作的特点：奇特的想象和比喻，出神入化的夸张。

（二）自主阅读，体验发现

引导学生回忆古诗的学习要点：字、词、句、篇。

1. 自主学习

以学习小组为单位，利用各种方法（联系上下文、查阅工具书、与已经学过的古诗对照等方法）自学古诗。

2. 小组汇报，教师作适当的点评

利用多媒体课件突破理解难点：三千尺，指瀑布很长。（汇报中要给每一个学习小组发言、补充的机会）

词语解释：

香炉——庐山西北部一座高峰的名字。

生——弥漫。

紫烟——山上水气在阳光照射下形成的紫色烟雾。

前川——山前面的河水。川，河流。

疑——怀疑。

银河——天河。

九天——天空最高处。落九天，从天的最高处泻落。

3. 感悟诗境

（1）品读第一、二两行诗

① 结合书上注释理解“香炉”“遥”“挂”。

② 用自己的话说说诗句的意思。（香炉峰上团团雾气，在阳光的照射下，成了紫色的云霞。瀑布像是一条巨大的白练挂在山川之间。）

③“挂”字好在哪里？边读边看课件体会。（“挂”字很妙，它化动为静，惟妙惟肖地表现出倾泻的瀑布在“遥看”中的景象。谁将这巨物“挂”起来呢？

所以这个“挂”字也包含了诗人对大自然的神奇伟力的赞颂。）

④ 指导学生读出诗的韵律美。

（2）品读第三、四行诗

① 说说诗句的意思。

② 让我们一起来领略庐山瀑布飞泻直下的壮观景象吧。课件出示庐山瀑布的录像。

谁能够用朗读的方法告诉大家水流得很快？（要求学生朗读时能够突出“飞”“直”“落”三个字。）

③ 提问：你们看到了什么？听到了什么？有什么感受？

④ 重点理解“飞”“直下”，为什么用了“飞”字？好在哪里？（“飞”字把瀑布奔涌而出的景象描绘得极为生动，“直下”写出山之高、之陡峭，又可见水流之急。）

⑤ 瀑布真的有“三千尺”高吗？这是什么修辞方法？

4. 体会诗人情感（小组交流后汇报）

（1）如果你是诗人，站在这飞瀑的下面，会有怎样的心情？引导学生体会诗人的感情。（生谈感受：赞叹、热爱……）

（2）作者为什么写这首诗？诗歌展示的是作者什么样的感情？

（诗人热爱祖国山河。）

（3）带着你们这种感受，请你们放声朗读吧。（配乐，师适时指导）

三、语言实践

1. 你认为四句诗中哪一句或哪一个词写得最好？能不能说说你的理由？

2. 你是怎样理解这句诗的？

3. 试一试你能读好这句诗吗？

四、总结学法，交流收获

我们的“诗仙”李白仅用短短28字就高度凝练地将瀑布雄伟的气势描述了出来，真是功力不凡。这节课我们按照“解诗题，知作者；抓字眼，明诗意；多想象，浮画面；多诵读，悟诗情”的步骤理解了这首诗。最后，让我们再一次一起背诵这首传世佳作吧！（生全体背诵）

五、学习反馈

（一）填空

1. 给加点字选择正确的解释，把序号填在括号里。

飞流直下三千尺，疑是银河落九天。

直：(　　)(1) 成直线的，跟“曲”相对；(2) 与地面垂直的，跟“横”相对；(3) 从上到下的，从前到后的；(4) 挺直，使笔直；(5) 公正的，正义的；(6) 直爽，直截；(7) 一个劲儿，不断地。

疑：(　　)(1) 不相信；(2) 难于理解、难于断定的；(3) 猜忌。

2.《望庐山瀑布》是（　　）代诗人（　　）的作品。诗中的首句巧妙地运用（　　）的名字，将蒙蒙的（　　）形象地比喻为从香炉中升起的（　　）。整首诗采用（　　）的方法写出庐山瀑布的（　　），表达了诗人（　　）的感情。

（二）用自己的话写出下面诗句描述的景象

日照香炉生紫烟，遥看瀑布挂前川。

六、拓展延伸

1. 出示李白的另一首诗《早发白帝城》让学生朗读，体会诗人热爱大自然的一种情感。（朝辞白帝彩云间，千里江陵一日还。两岸猿声啼不住，轻舟已过万重山。）

2. 小练笔：展开合理的想象，把《早发白帝城》改写成一篇记叙文。

（山东省烟台市特殊教育学校　石志霞）

（本课获省课件比赛三等奖）

第五节　精读课文教学课型

课型是由不同的教学目的与不同的教学流程决定的。精读课文的不同课型研究，可以使我们更好地把握不同模式课堂的教学特殊性，以提高教学成效。针对精读课文的流程，我们开设了阅读四课型，分别设立预习课、朗读课、讨论课和练习课（预习课只在四、五年级设立，到更高年级，则由老师提出预习要求，学生课下预习）。

一、预习课

预习课是老师引导学生自己学习，逐步教会学生预习的课型。预习，是语文教学必不可少的一个组成部分，也是让学生养成读书习惯的重要途径，叶圣陶先生强调，把预习“规定为必须让学生实做的工作”（《叶圣陶语文教育论集》第84页）。为保证这项“实做的工作”得到落实，教师必须对预习提出明确的要求，并且对低年级学生在课内进行指导。预习课要做好下面一些基础性工作：

1. 要求学生逐字逐句读一遍课文，初步了解课文的大致内容。

2. 要求学生再读课文，把生字、生词画出来，查工具书并联系上下文理解意思。

3. 三读课文，画出不懂的语句。

4. 预设预习提纲，一开始给较细致的问题（针对课文，提出比较多的一个一个小问题），而后加强问题的概括性（针对课文提一些主干性问题）。

5. 让学生自己针对课文，问难质疑，心中产生悬念，为下一步师生共同“解惑”创造有利条件。

6. 读课文，摘录你认为比较好的词句。

7. 试着评论这篇文章的优缺点，好在哪儿？还有哪些不足？

这个预习过程是一个由易到难的过程，在实施中根据年级和学生的个别差异循序渐进地展开，最终达到以上要求。

案例

《记金华的双龙洞》预习设计

一、导入

同学们，你们中间有谁去过溶洞，那里的景象是怎样的？给同学们介绍一下。（生交流）

师：在我们生活的这个地球上，不仅在地面上有高山、大海、平原等秀美的自然风光，而且在地下也有着很多奇妙的景观。读课文，看看这里有怎样的景象？

结合认读“溶洞、石钟乳、石笋”等词语。

二、预习作业

1. 读课文，读准字音，画出新词。

对文中笔画较多的生字如“簇、臀、擦、蜿”等，要求识记它们的字形。

2. 画出课文中的新词并注音，根据上下文或查工具书，理解它们的大概意思。

拥挤 孔隙 仰卧 盘曲而上 明艳 突兀 森郁 臀部 挤压 稍微 漆黑 擦伤 蜿蜒 依据 变化多端 颜色各异 上源

3. 质疑问难。（可以同桌之间互相询问，也可向老师提出不能理解的词语。）

4. 结合上下文，理解下列词语，并说说你是用怎样的办法理解的。

明艳　盘曲而上　突兀　森郁　臀部　挤压　额角　蜿蜒

石钟乳　石笋　名目　变化多端　颜色各异　一转　十来进

5. 学会造句。

明艳　蜿蜒　变化多端　盘曲而上

三、初读课文

1. 自由朗读全文，遇到难读的句子多读几遍。

2. 默读全文，要求边读边画出作者游览路线示意图。（可以各自进行，也可与几个同学讨论一起完成。）

3. 读课文，看一看洞口、外洞、孔隙和内洞各自的特点以及作者是怎样把这些特点写具体的。

（1）找到课文中具有概括特点的词语或者能用恰当的词语概括。

（2）从文中找到作者是用什么方法把这些特点写出来的。

四、布置作业

1. 写生字，整理词语意思。

2. 熟读课文，完成预习作业。

（山东省烟台市特殊教育学校　杨美华）

二、朗读指导课

古人说："书读百遍，其义自见。"安排朗读指导课的目的是在预习课的基础上，通过反复朗读，带领学生理解词语，理解文章主旨。朗读指导的主要目的是：

1. 通过朗读指导，在语言环境中理解生字词的意思。（参见理解词语五步法）

2. 通过各种方式的朗读，带领学生充分熟悉课文，理清文章结构，为分析理解课文打下基础。

3. 边读边思考预习课中的疑问，对问题进行进一步思索。特级教师于永正说：

"书是读懂的，它的味道是读出来的，是思考出来的。"

4. 通过朗读训练聋生的语感，提高其口语表达能力，使聋生敢读、乐读、主动地读，读得多了（当然要读进去、读深、读透），其能力自然也就提高了。朗读是语文教学的一种重要方法，可以更好地理解内容，明确词义，提高阅读和写作能力，也能陶冶情操，激发向上的感情。

此环节要求学生读正确、读流利，初试感情朗读。指导学生读正确，应使学生不读错字，不读破词，不添字，不漏字，在此基础上，控制读的速度和声调与平常说话一样。老师要为学生范读，学生善于模仿，老师要把语气、轻重、快慢、停顿示范好，让学生欣赏、揣摩和仿效。

案例

教育叙事

——在字词句篇的教学中加强朗读指导

朗读有利于发展学生的语言和思维，有利于培养学生的听说能力，还有助于记忆。反复朗读可以达到熟读乃至背诵程度。经常进行朗读训练，能使学生加深对文章内容的理解，引起想象，激发情感，是一种扎扎实实学习语言的好办法。古人朱熹曾总结说："凡读书，须要读得字字响亮，不可误一字，不可少一字，不可多一字，不可倒一字，不可牵强暗记，只是要多诵数遍，自然上口，久远不忘。"可见，朗读在语文学习中的重要性。可长期以来，因聋生自身的缺陷，在教学的过程中，教师对学生的朗读基本上是一种迁就的态度，而学生对自己更是放任自流。经调查，我发现聋生在朗读时存在着不少缺点。

1. 朗读时，一字一顿地读不流利。一篇 200 字的课文，最快的读 2.5 分钟，最慢的读 4.7 分钟，平均读 3.65 分钟，与普通小学同年级学生每分钟读 120 字左右相比，速度只有他们的三分之一。

2. 朗读时，错字、添字、丢字、重复的现象较多。

3. 朗读时，停顿、重复、重音、语调不正确的情况更为严重。本班 20 人，调查显示：不敢张口、发不出音或听不清的占 15%；一字一顿，连句牵强的占 65%；读得较流利，较有感情的只占 20%；对朗读爱好的 2 人，仅占 10%；能自觉完成朗读任务的也只有 4 人，仅占 20%。

学生出现这么多的情况，原因何在呢？是教师指导朗读的技巧不够吗？可朗读技巧又是建立在对课文内容的理解之上。结合我们正在进行的课题实验中的“朗读指导课”来想，“朗读”并不仅仅限于技巧方面，主要是与阅读方法相联系。在实验的过程中，我有意识地采取各种措施，教给聋生克服心理和生理因素的方法，把理解和表达有机地结合起来，把自己理解的内容用鲜明的态度、真挚的感情朗读出来。从而，通过朗读更好地理解内容、明确词义、提高阅读和写作的能力。也就是说，真正地把朗读作为字、词、句、篇的有机组成部分，在这些方面，充分发挥朗读应有的作用。

一、反复朗读，探求词义，读通课文

在学习一篇新课文时，我们首先要做的便是扫清生字词障碍。以往，我们总是把这些生字词单独板书出来，虽然也联系课文中的句子，可是读的时候，学生只是为了找那个生字而生硬地去读，只是为读而读，读的时候大脑一片空白，脑子根本没用在思考上。实验中，我着重强调在语言环境中学习，有意识地引导学生反复读，通过反复朗读，达到熟读的目的。在熟读的基础上，熟悉语言环境，再在熟悉语言环境的基础上，联系上下文，去理解这个词语，也就是在读的过程中，教师要加以适当地引导和点拨，让学生通过正确的朗读，把一些词，特别是关键性的词语的含义，形象地表现出来，让学生通过自己有意识地读，加深对词的理解。因为他们既动脑又动口，主动参与和积极努力，再加上老师的适时点拨，他们就把这个词读懂了。他们便有了一种收获的快感，而这种快感则是激发他们积极朗读的最大动力。久而久之，形成良性循环，使他们最终养成一种良好的习惯：反复朗读，探求词义。

在这个过程中，学生自然而然地读通了全文，为下一步学习打好了基础。

二、注意停顿、重读和语调，理解句子，读熟课文

朗读句子，主要抓住句的停顿、重读和语调，这也是衡量对句的理解与表达能力的三项标准。

停顿是指一个词和一个词之间，句与句之间，段与段之间的自然的换气。针对聋生一字一顿的缺点，要有意识地引导他们正确停顿，把握停顿时间的长短，即教给学生在朗读句子时能断连恰当。

重读是要求学生把要强调的地方重点（加重语气）读出来。那么哪些地方需要重读？这就需要教师一点一点地引导，使他们在懂得了方法、知道了怎么做之后，去大胆地尝试。

对聋生来说掌握语调有一定的难度，但教给他们方法之后，他们也会在体验之中找到乐趣，从而乐于尝试。

通过以上三方面的训练，他们在读句时，停顿恰当，舒缓轻重有效，语调表达清楚，他们在不知不觉地朗读过程中，找到了朗读的感觉，积极地去朗读并积极地动脑思考为什么要这样读这个句子，为什么这个句子的这个词要重读，它又表达了一个什么意思。这时老师适时地引导，学生自然地理解了句子，这个过程的朗读，使学生将课文读熟练了，为全篇的整体朗读和理解打好了基础。

三、从篇的节奏、气氛和基调着眼，统揽全篇，读懂课文

课文毕竟是个整体，字、词、句只是大小不同的局部，要扣紧篇，才能把作者的意图充分体现出来。篇的朗读，可着重抓节奏、气氛和基调这三点，而这又是和课文的结构、意境和感情相联系的。

以《新年的礼物》为例，课文的结构很清楚，前后两部分是运用对比的方法来写出弟弟的变化的，那么在节奏的确定上就应该与结构紧紧联系。前一部分平缓叙来，而后一部分则加强节奏，使“我”的感受通过朗读反映出来。所以整篇文章的气氛和基调也和节奏紧密联系，气氛以平实为主，加上一些疑惑之情，基调则应欢快有致，要排除空洞无力的高调。

综上所述，在字词句篇的教学中，朗读是一种有效的手段，并起着积极的作用，同时，又在阅读教学中磨练着聋生的朗读能力，使他们在实践中不断摸索，不断提高。从以前的厌读到经过两个学期之后的逐渐会读、乐读，可以看出我们努力指导朗读的收获。

现在全班20人，朗读时，流利、有感情的占40%；朗读时，错字、添字、丢字、重复的现象明显减少；朗读时，停顿、重音、语调有了较大的技巧性；喜欢朗读、积极朗读的人数大大增加，占90%。

收获是明显的，但进步并不是一朝一夕的。在今后的教学中，我将继续积极探索，注意循序渐进，由浅入深地一步一步地扎扎实实地指导学生朗读，从技巧和阅读的角度共同努力，切实提高聋生的朗读能力。

（山东省烟台市特殊教育学校　李岩）

三、讨论课

讨论课的目的是改变教师讲授为主的旧课堂模式，将课堂的时空及主动权真正交给学生。学生分小组积极讨论，自己去寻求问题的答案，在思考的过程中进一步提高自己独立阅读的能力。教师的作用只是“导”，在学生不能深入进去的时候，加以启发和点拨，发现学生把较重要的东西疏漏了，教师就提出来，加以阐发。在课堂上坚持表扬与鼓励的原则，对于那些敢于提问、积极讨论、大胆发言的同学要充分肯定，还要引导他们影响带动周围同学。对那些还没参与进来的同学，要适当放低要求，给他们创造机会和条件，使其共享成功的喜悦。这种课型分六个环节进行：

1. 读课文（采取多种形式），准备提问。

2. 针对课文，提出问题。

3. 梳理重点问题，分组或集体讨论问题，积极寻找答案。教师的作用是引导，把课堂的主动权真正交给学生。实施前期要求能从课文中画出句子即可，后期要求能用自己的话来表达。

4. 将思考或小组讨论所得进行全班交流，教师加以适当点拨、订正和总结。

5. 回顾全文，想一想你是以怎样的方式学会这篇课文的。

6. 根据课文内容，适当练习，巩固理解程度。

案例

《田忌赛马》说课设计

教学分析

《田忌赛马》是全日制聋校实验教材第十五册第五单元的一篇讲读课文。本文是一篇传统的好教材，课文以赛马为线索贯穿全文，主要讲了 2500 多年前战国初期齐国大将田忌和齐威王赛马转败为胜的故事。全文写了两次比赛，涉及了三个人物，脉络清晰，分为初赛失败、孙膑献策、再赛获胜这三部分。这个故事启发我们面对强者时，要仔细观察、分析，做到知己知彼，合理调配自己的力量，才有可能以弱胜强。从教材本身看，本课有四个特点：一是课题概括了主要事情；二是人物刻画形象鲜明丰满、比赛层次分明；三是结尾言简意赅，耐人寻味；四是课文是进行思维训练、口语表达的极好教材。结合以上特点，从语文课的特点和聋生的实际出发，可采取看课题推想课文内容的阅读方法指导、用自然段归并法分段的指导、分角色有感情朗读的指导、在理解的基础上进行课本剧表演的指导等。从当前培养学生创新精神这个热点问题看，这篇课文更是培养学生形成认真观察分析的态度，引导学生养成科学的思维方法的极好教材。

浅析学生

八年一班是我校的口语教学强化班，共有15名聋生。学生听力、看口、口语表达能力普遍较强，有较好的朗读水平，能大胆地进行表演，而且思维活跃，善于竞争与合作，善于质疑与解难，善于想象和推测。班级学生喜欢语文课，喜欢阅读，其中有相当一部分学生偏爱历史故事和推理故事。但不足的是学生们的理解概括能力不够强，这是我应该考虑的实际问题。

课时安排

第一课时：

1. 理解课文内容，能用自己的话介绍两次赛马的经过。

2. 懂得要善于观察、善于思考才能想出好主意的道理。（对部分学生有更多启发）

3. 有感情朗读并表演课文第3~12自然段，能积累一些词语。

第二课时：

1. 学习本文按一定顺序写赛马过程的表达方法。

2.“动脑筋”故事交流会。

教学目标

根据上述教材的特点和聋生的实际，我确定了以下教学目标。

1. 认知目标：

（1）学会本课8个生字，理解“扫兴、挖苦、夸耀、讥讽、轻蔑、垂头丧气、胸有成竹、转败为胜、目瞪口呆”等词语的意思；

（2）理解课文内容，体会孙膑的足智多谋；

（3）积累本课的好词好句。

2. 能力训练点：

（1）培养学生认真观察、分析、综合的能力；

（2）培养学生有感情朗读课文的能力；

（3）培养学生表演课本剧的能力。

3. 德育渗透点：通过对课文内容的理解，培养学生认真观察分析的态度，学会科学的思想方法。

教学重难点

1. 重点：

了解两次赛马时双方三匹马出场顺序的不同；体会孙膑的足智多谋。

2. 难点、疑点：

孙膑认为田忌可以取胜的根据是什么？

教法学法

为了达成上述的教学目标，根据课程标准的要求、单元重点和课文特点，遵循阅读规律和聋生的认识规律。我选择的基本教法是“以读代讲、以练代讲、以操作激趣、语思统一”的导学式教学法，其教学流程分为六个环节：游戏激趣，产生阅读期待；出示课题，推想内容；初读课文，理清脉络，学生质疑；细读课文，弄清赛局；精读课文，探究赛因；总结、积累。

根据课文特点并结合聋生实际，我拟引导学生采用的基本学法是“尝试练、动手摆，读中质疑、读中探究、读中品味”，让学生读、思、议、练读、再议，主动探索领悟规律，先读后导，先学后教，在操作中反思，在比较中领悟，给学生自主学习的空间和时间。通过让学生“读、划、练、思、演、品”等教学手段来突出重点，突破难点。通过小组交流学习的形式，充分调动学生学习的积极性和主动性，让他们有充分的时间和机会默读、思考、分析讨论，从而培养学生自主学习的意识，掌握探究问题的方法，激发学生学习语文的兴趣，让学生真正学会学习。

课前准备

现代化教学手段能更好的弥补聋生的听力缺陷，给他们更直观的感受。因此我准备了《田忌赛马》的多媒体课件，两场赛马的出场顺序可以动手操作。我准备了绿、黄两色的马各三匹，分别标上“上、中、下”字样，并让每组学生做了六匹小马。

教学设计与依据

一、游戏激趣，产生阅读期待

为了使学生产生阅读期待，我在课前创设情景，玩纸牌游戏激趣导入。

游戏是这样的：出示两组牌，红心 10、7、4，黑桃 9、6、3，让学生挑。师生一起玩比大小游戏，学生当然挑大的红心牌，老师先让学生出牌，结果以 2 ∶ 1 赢学生。

得出结论：在比赛中，有时能以少胜多，以弱胜强，关键看弱的一方能否掌握主动权，巧用战术。

学生这一动，思维也被激活了。为上《田忌赛马》一课巧埋伏笔，使学生产生强烈的阅读期待。

二、出示课题，推想内容

为了解决看课题推想课文内容这个重点，我在导课阶段让学生自读课题，说说读了课题你想知道什么。让学生思考质疑，培养他们发现问题的能力，因为学贵有疑，一旦他们提出了疑问，就能激发他们探究的兴趣。学生看题提出四个有价值的问题：1. 与谁赛；2. 几次；3. 结果怎样；4. 怎样赛。这也为进一步深究课文，打下一个清晰的轮廓，使学生明确本课的目标是什么。

三、初读课文，理清脉络，学生质疑

为了解决按自然段归并法给课文分段的重点，我借助“转败为胜”这一词来指导学生理清三个层次，即初赛失败、孙膑献策、再赛获胜，使学生迅速抓住本文脉络，为下一步深入学习打下基础。

四、细读课文，弄清赛局

为了使学生了解两次比赛赛况这个重点，我采用让学生“自学课文，尝试填表”的方法，基于以下几点考虑：1. 两次赛况的文字表述清楚，学生不难理解；2. 可以培养学生基本的阅读能力；3. 保证学生人人参与，还课堂一个“静”的空间；4. 能保证老师的精讲，努力做到学生懂得不讲或少讲，学生不懂的一起解决。

在学生认真读课文、填表的同时，多媒体出示学习要求：

1. 朗读第 1~2 自然段和第 13~17 自然段。

2. 各人按下面的句式，说一说田忌两次赛马的经过。

第 ______ 次赛马的时候，田忌先用 ______ 对齐威王的 ______，接着用 ______ 对齐威王的 ______，最后用对齐威王的 ______。由于 ______，所以田忌 ______。

3. 四人小组中，选一人说，另选一人用纸马演示两次比赛过程，另两位同学在黑板上分别粘出两次比赛阵容。看多媒体课件，利用多媒体课件图、文、形相结合，生动、直观的特点，使学生感知得更全面，理解得更深刻。

五、精读课文，探究赛因

为了突破本课的难点，让学生理解田忌赛马转败为胜的原因，我设计了读中找依据，边读边画出有关语句，然后交流汇报的方法。

第一次失败的原因是什么？让学生从书中找一句话总结。（齐威王每个级别的马都比田忌的强）

第二次转败为胜的原因是什么？这是本课难点中的难点，我采用思维逆向推理法为主，由浅入深引导学生突破难点的方法。第一层面是得出转败为胜的第一原因是调换出场顺序。第二层面得出，为什么会想到调换出场顺序？我仍采用读中寻找依据的方法，让学生找到“从刚才的情形看，大王的马比你的快不了多少呀！”这一句话。第三层面是要得出转败为胜的原因，即因为齐威王骄傲轻敌，没调换出场顺序所致，此时的思维训练已到达深层次阶段。根据以往的经验分析，学生可能一下子说不上来，在这里我准备采用启发点拨法，引导学生读书找出表现齐威王骄傲轻敌的语言。

为了使学生把孙膑想到调换顺序方法时的思维过程内化为自己的思维过程，充分体会孙膑的足智多谋，我采用让学生动手操作、比较分析法。具体的教学设计是：假如我们不按孙膑的计策，你还能排出多少对阵方法，结果如何？让四人小组合作研究，最后得出还有四种方法，而孙膑采用的是唯一一种二胜一负的方法。这一设计在“动”中给学生广阔的思维空间，通过推敲、比较、联系等方法，训练学生的思维能力，让学生充分体会孙膑的足智多谋，由衷地发出感慨：孙膑真是神机妙算啊！

最后请四位同学加上表情、动作、手势读，相互评论。这一设计我想引导学生通过朗读和表演进一步领会这段内容和人物的想法，并且培养聋生的口语表达能力和课本剧表演能力。

六、总结与积累

学过课文之后，学生的感触一定很深刻，此时及时出示“学习目标2：田忌赛马这件事使你受到了什么启发”以及“学习目标3：学了这篇文章，我们认识了三个历史人物，现在请你来评价一下这三个历史人物，你觉得他们是什么样的人”。这一设计可以让学生在充分理解课文内容的基础上，结合已有的认知水平，展开合理、大胆的想象，并把所想的用自己的语言流畅地说出来，这是培养聋生词语组织运用能力的好方法。在讨论的过程中，学生能恰当地运用学过的成语，总结人物特点，增加语言的积累。如，孙膑神机妙算、智勇双全，田忌有勇无谋、屡败屡战，齐威王夜郎自大、盲目乐观、骄兵必败等等。

七、布置作业

我为学生布置的课后作业与我们正在进行的“读写结合”的省级课题相联系：在阅读课上找自己感兴趣的、有关动脑筋的故事读一读，准备参加班级故事会。有了这个目标，学生一定会认真地搜集资料，更深入地感受到动脑筋与获得成功是密不可分的。

板书设计

15. 田忌赛马

调换顺序

初赛失败→再赛胜利 学生贴的两次赛马图

孙膑献计

（善于观察、善于思考）

《田忌赛马》教案

学习目标

1. 学会本课生字新词。

2. 有感情地朗读课文。

3. 理解课文内容，懂得要善于观察、善于思考才能想出好主意。

4. 学习按一定顺序写的表达方法。

教学重点

1. 学生有感情地朗读课文第 3~12 自然段，从中领会善于观察、善于思考才能想出好主意的道理。

2. 学习按一定顺序写的表达方法。

教学难点

学生从孙膑献计中，领会到善于观察善于思考才能想出好主意的道理。

教具准备

多媒体课件、纸马。

课　型

阅读探究课。

[课前激趣] 玩纸牌

出示两组牌，红心 10、7、4，黑桃 9、6、3。上来的同学当然挑红心。同学先出结果老师总以 2 比 1 获胜。由此得出“在战争中，在比赛中，有时能以少胜多，以弱胜强，关键看弱的一方能否掌握主动权”。

一、引入、揭示目标

同学们，在我国古代战国时期，有一个国家叫齐国，当时齐国的贵族很喜欢赛马，有一名大将叫田忌，他特别喜欢赛马。今天，我们就来学习这个历史故事。

板书课题：提醒注意生字“忌”上面是自己的“己”。

齐读课题。

1. 读了课题，你想知道什么？

（田忌和谁赛马？赛了几场？怎么赛的？结果怎样？）

2. 揭示学习目标（出示，指名读）：

①理解课文内容，能用自己的话介绍田忌赛马的经过。

②从田忌赛马这件事中得到一些启发。

③有感情朗读课文。能积累一些词语。

二、学习“两次赛马”部分

（一）找出两次赛马的段落。

1. 有谁知道本文写了田忌几次赛马？每次赛了几场？

（两次，每次三场）

2. 同学们打开书，快速浏览一下全文，看看课文哪几个自然段写的是第一次赛马？从哪儿到哪儿写的是第二次赛马？

学生快速浏览交流：第一次（1~2）；第二次（13~17）。

（二）自学这两部分

这两部分内容，老师不讲，相信大家通过自学和小组合作学习能搞懂。能不能完成任务？（能！）

1. 出示学习要求

学习要求

（1）各人大声朗读 1~2 自然段、13~17 自然段。

（2）各人按下面的句式，说一说田忌两次赛马的经过。

第______次赛马的时候，田忌先用______对齐威王的______，接着用______对齐威王的______，最后用______对齐威王的______。由于______，所以田忌______。

（3）四人小组中，选一人说，另选一人用纸马演示两次比赛过程。

2. 学生自学

3. 检查自学

① 老师要检查大家自学的情况了。先请人来读 1~2 自然段。认真听，读完了，我要请人到台上来讲一讲第一次是怎么赛的。

指名读。读一读 1：齐威王每个等级的马都比田忌的强。

② 一生上台讲说第一次赛马过程，教师演示课件。

③ 指名读 13~17 自然段。

④ 另一生上台讲说第二次赛马过程，教师演示课件。

表扬：说得真有条理，我们今后说话写文章，也要注意按一定的顺序来表达。

三、质疑，推理

1. 启发质疑

看了两次赛马，你觉得有什么奇怪的地方吗？

板书：初赛失败→再赛胜利

2. 顺势设问

（出示问题 1）同样的马，两次比赛的结果为什么不一样？

3. 默读课文，划出有关的句子。

（出示）：还是原来的马，只调换了一下出场顺序，就可以转败为胜。

齐读这一句（板书：调换顺序）。

这个计策谁想出来的（板书：孙膑献计）？

4. 这个顺序可以随便调吗？

我们来做个实验。请四人小组长拿出信封里的纸，四人小组讨论一下，假如我们不按孙膑的计策，换一种方法安排出场顺序，结果会怎样呢？用笔在纸上照样子写一写，推算一下。比一比，哪个小组算得快。

5. 学生推算。教师巡视，找出一两张推算结果多的纸。

6.（展示台）展示学生推算结果最多的代表作品。

小结：实验证明，孙膑安排的这个顺序不是乱调的。孙膑真是 ______。用一个词形容一下。（神机妙算、计算精密……）

四、学习“孙膑献计”部分。

1. 这么好的主意，为什么田忌想不出来，齐威王也想不到，孙膑却想出来了？

出示问题 2：孙膑为什么能想出这个好主意？你从中能体会到什么呢？

请大家带着这个问题，小组分角色朗读 3~12 自然段。可以互相提醒，揣摩人物的语气。

比较：夸耀——夸奖

2. 小组练读——指名读（先说说你给同学出了什么主意）——评价——全班齐读。

3. 为什么孙膑能想出这个好主意呢？在文中找一找有关句子，用笔划出来，想一想。

出示：

（1）齐威王每个等级的马都比田忌的强。（善于观察）

（2）“齐威王的马比你的快不了多少呀……”（善于思考）

（3）齐威王正在得意洋洋地夸耀自己的马。（知己知彼）

4. 小结

谁连起来说一说“为什么孙膑能想出这个好主意呢”？

（①善于观察②善于思考③知己知彼）

五、总结、积累

1. 总结全文

同学们，今天这节课，我们学习了《田忌赛马》，这篇课文讲述了战国时期，齐国的大将田忌与齐威王赛马，初赛失败，孙膑献计（板书），再赛转败为胜的故事。

2.（出示学习目标2）田忌赛马这件事使你受到了什么启发呢？

（①善于观察 ②善于思考 ③知己知彼 ④从全局出发，不怕牺牲局部利益 ⑤遇到困难，不灰心 ⑥骄兵必败 ……）

板书：善于观察、善于思考

3.（出示学习目标3）学了这篇文章，我们认识了三个历史人物。现在请你来评价一下这三个历史人物，你觉得他是一个什么样的人。

预案：

用一个词来形容一下孙膑：神机妙算、智勇双全

用一个词来形容一下田忌：有勇无谋、屡败屡战

用一个词来形容一下齐威王：夜郎自大、盲目乐观、骄兵必败

你想对孙膑说一句什么话：________________

你想对田忌说一句什么话：________________

你想对齐威王说一句什么话：________________

这节课大家学会的词语可真不少。老师准备了一张词语卡片，大家齐读一遍。（课件出示）词语卡片：

神机妙算、胸有成竹、知己知彼、智勇双全

有勇无谋、垂头丧气、屡败屡战、胜不骄、败不馁、

得意洋洋、目瞪口呆、夜郎自大、盲目乐观、骄兵必败、

世上无难事，只怕有心人……

六、课外作业

阅读课上找自己感兴趣的、有关动脑筋的故事读一读，准备参加班级故事会。

（预案：小组先交流一下，你有哪些故事，回去收集资料。）

〖板书设计〗

15 田忌赛马

调换顺序

初赛失败→再赛胜利　学生贴的两次赛马图

孙膑献计

（善于观察、善于思考）

（山东省烟台市特殊教育学校　李岩）

四、练习课

这个课型的内容分为两部分：一是课后思考、练习；二是附加的阅读材料练习（课文或与课文类似的文章）。目的是以练习为一个点，使课内、课外有机地结合起来，让学生把从课堂中学到的阅读方法应用于课外的阅读实践。旨在通过这样经常性地练习，使学生的阅读能力逐步提高。这样的练习，每个单元进行一次。

案例

____

1935 年 5 月，北上抗日的红军向天险（　　）挺进。大渡河（　　），两岸都是（　　），（　　）一座铁索桥可以通过，这座铁索桥，就是红军要夺取的泸定桥。

在这一夫当关，万夫莫开之地，国民党反动派派了两个团防守，后来又调了两个旅赶去增援，（　　）阻拦我军北上，把我军消灭在桥头上。红军首长早就看穿了敌人的（　　）。28 日早上，红四团接到上级命令："29 日早晨夺下泸

定桥！”

时间只剩下二十多个小时了，红四团离泸定桥还有二百四十里。敌人的两个旅援兵正在对岸向泸定桥行进，抢在前面，是我军战胜敌人的（　　）。红四团翻山越岭，沿路击溃了好几股敌人。到晚上七点钟，红四团离泸定桥还有一百一十里，战士们一整天没顾得上吃饭，天又下起雨来，把他们全身都淋湿了。可是战胜敌人的决心使他们忘记了饥饿和疲劳，在漆黑的夜里，他们（　　）倾盆大雨，（　　）泥泞继续前进。忽然他们望见对岸出现无数火把，像一条长蛇向泸定桥方向奔去，分明是去增援的敌人。红四团（　　）也点起火把来，照亮了道路跟敌人赛跑。

敌人看到了这边的火把，喊破了（　　）问：“你们是哪个部分的？”红军战士高声答话：“是碰上了红军撤下来的。”对岸的敌人并不疑心。两支军队像两条火龙，隔着大渡河走了二三十里远。雨越下越猛，像（　　）一样，把两岸的火把都浇灭了。对岸的敌人不能再走了，只好停下来宿营。红四团仍旧摸黑冒雨前进，终于在29日清晨赶到了泸定桥，把对岸增援的两个旅敌人（　　）在了后面。

泸定桥一共十三根铁链，两边各有两根稍高的铁链，算是桥栏；底下并排九根，铺上木板，就是桥面，人走在上面摇摇晃晃，就像荡秋千一样。可是现在，连木板也被敌人抽掉了，只剩下铁链。向桥下一看，真叫人（　　），红褐色的河水像瀑布一样，在几十丈深的河谷里倾泻下来，冲到岩石上，飞溅起一丈多高的浪花，水声（　　）。桥的对岸就是靠山的泸定城，城的西门正堵住桥头。守城的两个团敌人，早已在城墙和山坡上筑好工事。他们凭着天险，（　　）地向红军喊叫：“来吧，看你们飞过来吧！”

红四团马上发起总攻。团长和政委亲自站在桥头上指挥战斗。号手们吹起冲锋号，所有武器一齐开火，枪炮声、喊杀声，（　　）震动山谷。二连担任突击队，二十二位英雄（　　）冲锋枪、短枪，（　　）马刀，（　　）手榴弹，（　　）敌人密集的枪弹，（　　）铁链向对岸冲去。跟在他们后面的是三连，战士们除了武器，每人带一块木板，一边前进一边铺桥。

突击队刚刚冲到对面，敌人就放起火来，桥头立刻被大火包围了。在这（　　）的时刻，传来了团长和政委的喊声：“同志们！为了革命事业，为了最后的胜利，冲呀！”英雄们听到号召，更加（　　），箭一般地穿过熊熊大火，冲进城去，和城里的敌人展开了激烈的搏斗。激战了两个小时，守城的敌人被消灭了大半，其余的都（　　）地逃跑了。

红四团（　　）地夺下了泸定桥，取得了长征中的又一次（　　）的胜利。后续的红军主力渡过了天险大渡河，（　　）地奔赴抗日的最前线。

一、给本文添上题目

二、在文中（　　）中添上恰当的词语

三、形近字组词

湍（　）灭（　）增（　）喉（　）剩（　）间（　）均（　）熊（　）

端（　）火（　）曾（　）候（　）乘（　）问（　）钧（　）能（　）

援（　）键（　）瓢（　）赴（　）狈（　）召（　）泻（　）撤（　）

暖（　）健（　）飘（　）赶（　）坝（　）招（　）写（　）撒（　）

四、根据课文内容，给词语选择正确词义（在正确的词义后面画上√）

关键：① 门闩或功能类似门闩的东西。（　　）

② 比喻事物最关键紧要的部分，对情况起决定性的因素。（　）

③ 最关键紧要的：关键问题；关键时刻。（　）

狂妄：①狂妄地打算：敌人妄想卷土重来。（　）

② 不能实现的打算：你想骗过大伙儿雪亮的眼睛，那是妄想。（　　）

泥泞：① 因有烂泥而不好走：雨后道路泥泞。（　　）

② 淤积的烂泥：陷入泥泞。（　）

五、读课文，完成下面的内容

1. 画出描写大渡河水流湍急的句子并抄写下来。

2. 画出描写泸定桥的句子并抄写下来。

3. 结合课文内容说说“飞”和“夺”的含义。

4. 课文第 5 段从哪几个方面写了红军夺桥的困难？

5. 学完本文，你觉得应该学习红军战士的什么精神？

（山东省烟台市特殊教育学校　李岩）

第六节　略读课文的地位和教学要求

一、略读课文的教学意义和要求

略读课文是培养学生自主阅读能力，养成阅读习惯的重要内容，是培养学生自学能力的重要一环。略读课文教学，是在教师指导下由学生用在精读课文中学到的阅读知识和方法进行阅读。一般说，它是半独立性质的教材，是语文教学中从课堂教学过渡到课外阅读的桥梁。它与精读课文的区别在于学习这类课文的过程中，学生独立学习的程度要比精读课文高，它的作用在于逐步提高学生独立看书读报的能力和培养学生认真阅读的习惯。

略读课文的具体教学要求是：能借助字典或联系上下文独立学习生字新词；在教师指导下扫除阅读障碍，读懂课文，能回答课后问题；高年级则要求能独立分段，归纳段意和概括文章的主要内容。

聋校略读课文教学应把握好两点：一是把握好略读课文在整个单元中的地位，把握好略读课文与精读课文的关系。略读课文应该是精读课文的有机延伸，是将精读学习所习得的方法进行实践运用。在引导学生大体理解课文内容以外，要把重点放在词和句的训练上面。二是要把握好方法上的“粗放”。决不能求全求深，抓住一点，一课一得就可以。至于抓哪一点，单元精读课文和略读课文前都有“导读”，这既是聋生的阅读提示，也是教学的依据。教师课前要细细研读，这样才能做到该“精”的精，该“略”的略。三是把握好教与学的关系，阅读活动的设计也要避免像精读课文那样的过度讲析，应以练习设计为主，尽可能多地让聋生在自主的言语实践中获得语文能力的提升，增加学生自学的比重。

二、聋校略读课文教学的基本设计思路

（一）基于精读课文的迁移式设计

现行语文教材一般是以专题来组单元的，每一个单元中既有精读课文，

又有略读课文。叶圣陶先生说过："就教学而言，精读是主体，略读只是补充，但是就效果而言，精读是准备，略读才是运用。"这充分体现了"教是为了不教"的教学思想。在教学中，应加强单元整组教学的意识，在教授精读课文时渗透阅读方法，在教授略读课文时迁移阅读方法，不断提高聋生的阅读能力。

例如，鲁教版四年级下册在"生活的启示"这个单元中安排了精读课文《落花生》《钓鱼的启示》、略读课文《别饿坏了那匹马》《通往广场的路不止一条》四篇课文。在教授《别饿坏了那匹马》时，我们要努力与精读课文紧密地联系起来。

1. 复习导入，揭题存疑

通过《落花生》一课的学习，我们体会到了做人的道理，今天我们学习《别饿坏了那匹马》，又能获得哪些启示呢？

2. 研读课文，迁移学法

根据本单元导语中"学习本组课文，要把握课文的主要内容，领会作者从生活中得到了哪些启示；抓住关键词句，体会这些词句的含义及表达效果"的要求，在教授精读课文《落花生》时渗透了阅读方法（一读课文，说说课文讲了一个什么故事；二读课文，体会课文中含义深刻的词句的意思；三读课文，联系生活举例谈谈自己对课文中的道理的理解）。此时，可以先让学生简单回顾这些阅读方法并展开自学，再组织学生进行交流。

3. 拓展阅读，适度延伸

可以引导学生阅读"生活中的启示"这一专题的文章，进一步运用阅读方法，拓展学生的阅读视野，提高学生的阅读能力。

在迁移式教学设计中，一要找准精读课文与略读课文之间的迁移点，二要善于创设迁移的情境。生搬硬套、按部就班地学习容易使学生感到疲倦，要创设有利于激发学生情感的情境，让学生享受阅读的快乐。

（二）基于已学课文的比较式设计

聋生的阅读不是零起点的。教学时要充分考虑聋生已有的经验和知识基础，把新课文的学习与学过的课文有机地结合起来。

《跑进家来的松鼠》写的是一只松鼠跑进作者家，把糖、面包皮等东西叼到大柜顶上储备冬粮等趣事，既反映了松鼠的活泼可爱，又赞美了人与动物和谐相处的美好关系。之前，学生已经学过了法国作家布封写的科学小品文《松鼠》，两篇课文虽然都是写松鼠，但在内容、语言等方面存在着很大的差异性。为此，可以在学生已学课文《松鼠》的基础上设计本课教学的基本思路。

1. 以旧引新，导入新课

出示松鼠的图片，让学生畅谈对松鼠的感受，引导学生回顾《松鼠》一文的内容，引出新课《跑进家来的松鼠》。

2. 初读课文，感知内容

请学生阅读课文，扫除字词障碍后，想一想：课文主要写了什么？文中的松鼠给你留下了怎样的印象？让学生明白《松鼠》是从样子、活动、搭窝等几方面介绍松鼠漂亮、驯良、乖巧的特征，《跑进家来的松鼠》则是选取了储粮、垫窝等事例来表达作者一家对松鼠的喜爱之情。

3. 细读推敲，感悟表达

在《松鼠》这篇课文中，我们知道松鼠是“十分警觉的，只要有人稍微在树根上触动一下，它们就从窝里跑出来，躲在树枝底下，或者逃到别的树上去”，但是《跑进家来的松鼠》这篇课文中的松鼠为什么能在作者家“整天满屋乱跑”？让学生细读课文，从有关语句中感受作者一家对松鼠的宽容、呵护和喜爱。

4. 熟读总结，概括提高

引导学生小结两篇课文在内容和写法上的相同点和不同点，鼓励学有余力的学生阅读《早安，小松鼠》等其他描写松鼠的诗文，并尝试进行比较阅读。

在比较式教学设计中，需要注意的是：首先，要开阔比较阅读的思路，可以是同一内容不同作者作品的比较，也可以是同一主题的不同作品、同一内容的不同体裁、同一作者的不同作品等比较。其次，要充分发掘已学课文的教学价值，不要把已学课文仅仅当作导入新课的引子，要引导学生从内容、结构、语言、情感等方面多角度、多层次的比较阅读，完善学生的认知结构。

（三）基于文前提示语的问题式设计

略读课是以聋生自主学习、交流讨论为主的课程形态。大部分教材在略读课文前面有“提示语”，提出一些引导聋生思考的问题，提示略读课文学习的要求和方法，激发聋生的阅读兴趣。在教授略读课文时，要积极发挥提示语的作用，培养学生根据教材中提出的问题进行阅读的意识。

《大瀑布的葬礼》有这样一段提示语："用比较快的速度读读下面的课文，想一想是什么原因造成了塞特凯达斯瀑布的悲剧，想象大瀑布以前和现在的不同景象，再联系实际和同学交流读了课文后的感想。"我们可以据此来设计本课教学思路。

1. 初读课文，感知内容

第一次看到这个课题，你会提出哪些问题？带着这些问题，快速默读课文，想一想文章讲了一件什么事。

2. 读提示语，明确问题

这篇课文可以怎样学呢？请大家读一读课文前的提示语，说一说我们可以讨论哪些问题。

3. 研读课文，探究问题

依据聋生学习的需求，讨论问题的顺序最好是先让聋生"想象大瀑布以前和现在的不同景象"，通过今昔比较阅读（曾经的瀑布 ______，现在的瀑布 ______）形成强烈的认知冲突，激起聋生对大瀑布曾经给巴西和其他国家的人民带来骄傲与快乐的赞叹之情以及对大瀑布现在正逐渐走向枯竭的惋惜之情。再让聋生找一找"是什么原因造成了塞特凯达斯瀑布的悲剧"，唤起聋生保护环境的责任心。

4. 熟读课文，延伸问题

阅读课文后，再让聋生想一想自己还有哪些问题需要和大家一起讨论。让聋生进一步理解巴西总统亲自给大瀑布举行葬礼的缘由，并联系生活实际畅谈感受，深化聋生的阅读感悟，提升聋生的认识水平。

教师要把握好提示语运用的时机，有的提示语适用在初读课文前，有的适用在细读课文前。另外，教师还可以对略读课文前的提示语进行二度开发，提高略读课文教学的实效性。

三、略读课文能否作为精读课文教

针对略读教材中一些经典美文是否可以作为精读课文来教这一问题，全国小语会会长、人教版教材主编崔峦先生认为："新课程改革以来，我们鼓励老师创造性地运用教材。略读课文作精读课文教，可以；反过来，精读课文作略读课文教，也可以。但要保证精读和略读的量，略读量的减少，会导致学生阅读量的不足，阅读技能得不到巩固和运用，势必影响语文能力的提高。而且，‘略’的要真略，‘精’的要真精。‘课标’对略读有明确的要求，即‘粗知大意’。”

总之，对略读课文的教学，可以达成这样一些共识：其一，略读课文在阅读内容上应“不求多解”，在阅读技能培养上更强调运用。略的是教师的教，不能略学生的学。其二，导读是确立教学目标的依据，教师要吃透导读所包含的教学要求，尤其要把握其中对阅读方法和技能的要求，并以此为重点或主线展开阅读。其三，一篇课文究竟是精读好还是略读好，不同的略读课文又该有怎样不同的“略”，还需要在教学中根据学生的实际，自主把握。其实，万变不离其宗，说到底还是一句话：关注聋儿的需要，才是最根本的。

思考问题

1. 精读课文的流程是怎样的？略读课文的流程是怎样的？
2. 精读课文的理解包括哪些方面？
3. 阅读教学主要有哪些课型？
4. 怎样教记叙文、说明文？
5. 怎样教古诗文？
6. 选取不同体裁的课文，分别设计教学流程。

第三章　阅读教学的备课与课堂教学

第一节　备课的重要性及内容

备课，是老师的常规工作。备好课，是上好课的前提和保障，也是一个老师应该具备的基本能力。“凡事预则立，不预则废”，认真备课是提高教学质量的关键，老师应该在此下大功夫。

语文老师到底该怎么备课才能提高实效性？笔者认为可从以下几个方面入手。

（一）课标解读

课程标准是国家课程的基本纲领性文件，是国家对基础教育课程的基本规范和要求，是教材编写、教学、评估和考试命题最主要的依据，是国家管理和评价课程的基础。它体现了国家对不同阶段的学生在知识与技能、过程与方法、情感态度与价值观等方面的基本要求，规定课程的性质、目标、内容框架，提出教学和评价建议。语文课怎么上，其根本指导方针全在新课程标准里面。所以，认真地解读课标、领会课标的思想是提高备课质量的重要前提。

（二）通览教材

就备课跨度而言，备课分学期备课、单元备课与课时备课。通览全册教材是学期备课的主要内容。通览教材教师应该做到以下几点：

1. 钻研全册教材，领会编辑意图，熟悉全册教材的知识范围与整体结构；明确各个单元的目的要求以及它们之间的内在联系，同时掌握全册教材的重点、难点，分清主次，作出课时划分。

2. 单元备课。进一步熟悉与掌握教材内容，领会本单元编排的目的与意图，确定单元的教学目的与要求；妥善地处理教材，配备习题，安排授课时数及教学步骤；根据教材重点、难点、关键点，确定主次、先后与详略；以单元为单位，把讲、读、写、练和综合实践恰当地结合起来，通盘考虑培养学生的能力。

3. 课时备课，其主要任务是进一步熟悉教材，写出具体教案学案，确定课时教学目的、教学方法、板书计划及设计课内外练习题等等。

（三）钻研教材

钻研教材是备课中最重要的一环。我们拿到一篇教材，不是立即去找教学参考，而是首先做一个读者，反复地朗读，大声地朗读，读出自己对文本的感受和理解，只有这样，我们才能更好地在课堂上指导学生朗读。其次是把自己当成作者，从原作的高度和角度掌握这篇文章的体裁、主要内容、文章思路、文章的中心思想、文章的语言特色、文章的表达方法和体裁等。再次是把自己当成编者，认真学习教参，领会本学期、本单元、本课需要达成的教学目标及教学重难点，这样才不会造成面面俱到而结果收效甚微的局面。我曾读过于永正老师的文章《我怎样备课》。于老师认为，备课最重要的就是钻研教材，而钻研教材首先要理解字词句在课文中的意思，对生字、拿不准读音的字、拿不准意思的词，要查字典弄明白。知识性的东西，不能有半点含糊。于老师备课时有朗读课文的习惯，不读到“其意皆出吾心”“其言皆出吾口”是不罢休的。

（四）了解学生

备课不仅要备知识，还要备学生。如果教师真正认识到学生是教学过程中学习活动的主人，那么，教师在备课时就必须自始至终地考虑学生的具体情况，必须考虑确定什么样的教学目标、创设什么样的问题情境、如何引导学生的思路、师生之间选取什么沟通方式才能让学生真正成为主人。陶行知先生说过：“教的法子必须把握学的法子。”“怎样学就怎样教。学得多，教得多；学得少，教得少；学得快，教得快；学得慢，教得慢。”“先生不但要拿他教的法子和学生学的法子联络，必须和自己的学问联络。”备学情包括：

1. 了解班级基本情况，如学风、学习习惯等。

2. 学生个体自然情况。

3. 学生学习基础，如了解学生已有的知识、兴趣等，预测教学难点。

4. 了解学生对教学方法的掌握情况。

5. 了解学生个性差异。

6. 关心学生的变化与进步，对学生进行鼓励。

7. 了解聋生的特殊心理特点，如注意力的稳定性较差、形象思维较强、观察力的整体性不强等。

（五）选择教法

教师在熟悉教材的基础上，还要进一步研究教法。只有通过恰当的方法把学生教会，才是好的教学效果。因此，备课时要反复琢磨怎样形象直观地讲解、怎样布局板书、怎样讲练结合。只有方法得当了，才能教得生动、学有所得。教师应熟悉了解多种教学方法、多种上课的类型和各种教学模式，知道它们的功能，这样才能在设计教学过程时，根据教学内容的逻辑顺序、学生掌握知识的认知程序、师生之间和学生之间信息交流的活动形式，设计出一节课的教学步骤。“教师在备课时，在估计学生将要做些什么和想些什么时，应该从以下的角度看待自己的工作和学生的工作，即教师所考虑的一切在多大程度上将成为学生的探索和发现？这一切将以什么方式进行？如何教会孩子们思考？”[①]了解学生，以学生为本，是教学之本。教学方法有讨论法、情景体验法、朗读法、提问法等，这些方法因教材的不同而异。

除了备教材、备学生、备教法外，老师还要备感情、备语言、备教态、备教具。所以说，课堂教学的生成必定以前期的目标设定、文本处理、教法选择等为基础。

案例

心中有本，目中有人

——《女娲造人》教后反思

语文课教师教什么，学生学什么？怎样让课堂达到理想的境界？对于这两个问题，每个人都有自己的答案。对我而言，昨天、今天、明天的答案也不尽相同，这是一个不可能有终极答案的问题，但却是我每天都必须面对、必须思考，并且又必须做出自己答案的问题。

---

① 苏霍姆林斯基. 培养集体的方法[M] // 苏霍姆林斯基. 苏霍姆林斯基选集：第1卷. 蔡汀，王义高，祖晶编译.北京：教育科学出版社，2001.8.

阅读教学，无非就是教学生学会读书。我总结了五大目标：读准——识字；读懂——理解内涵；会思考——发展思维；记得住——积累背诵；用得上——读写结合。这五方面不是孤立存在的，需教师结合文本，联系学生实际，再按教学设计重组，潜移默化地完成。

一、研读文本

新理念指导编写的文本既简单又不简单。说它简单，是因为没有给你限定条条框框，即便教参上也不再赫然列出教学目标；说它不简单，因为对教师来说是一种挑战，没有了教参的指导，课堂该教些什么，学生学什么，全在自己把握，难免有些茫然。

所以，一篇课文翻在手中，匆匆看一遍后便马上埋头写教案、做课件，这样做肯定不行。教师要暂时忘却自己的身份、忘却教学任务，而是以一个普通读者的心态来放松地欣赏作品，获得真实自然的感受和体验。就文本进行前伸和后延，了解与文本相关的内容，对课文中的每个字、每个词、每个句都不能轻易放过，必要之处加上批注与着重号，此过程为“品读”。接下来再跳出具体的字句，整体把握文章的主旨，如想想圈划出的一些重点词在文中起什么作用，慢慢融入文本，适时还原生活，回想自己所经历的相似的人生，一边读一边到现实中去看，此过程为“感悟”。最后还要进行换位思考：咱们的聋孩子读这篇课文能读懂多少，有哪些地方读不懂，有哪些地方会误读，读不懂的该想什么办法，怎样调动学生的自身体验去理解，哪些词句该让学生读读背背，哪些可借鉴或模仿的写法应让学生在读的过程中体验它的精妙从而自觉地进行语言实践……此过程为“揣摩”。这样，教师要在研读文本的基础上，在头脑中形成大致的教与学的目标。

当代著名特级教师霍懋征老师曾经说过，她40多年从教的主要精力就是放在钻研教材上的。我想：唯心中有本，才能设计出好的教路与学路；唯心中有本，教师才能应对学生各种疑难问题；唯心中有本，教师才能在课堂上挥洒自如，“潇洒走一回”。所以就备课来说，个人踏踏实实地钻研是上好课的关键，集体备课、资源共享，起打磨上光的作用，但代替不了个人的研读作用。

二、设计教学活动

文本已经烂熟于心，备课时已经将学生读不懂、需调动自身体验参与理解的急需积累的词句、需点拨的写法进行了预设，教师要统筹安排，设计好自己要教什么、学生要学什么。教学活动与学生活动要对应，层次要清楚，要充分发挥教师的主导作用，突出学生的主体地位，循序渐进地落实教学目标。

1. 课前充分预习

教师可将自己研读文本的方法和经验告知学生，在课前自读的基础上通过预习题引领学生自己与文本对话。以《女娲造人》为例，就学生可能读不懂的内容和本课的重难点布置三个预习题，每一个预习题引领着课堂的一个教学目标。

（1）课前比较阅读，课上讨论把握神话的特点，初步体会想象的作用。

这个问题对聋生来说有些难，为避免学生产生畏难的情绪而放弃思考，可采取降低难度的方法。预习时让他们把《风俗通》中写到的句子在课文中划去，剩下的就是丰富的内容，再让他们根据上节课所讲的神话的特点联系具体内容，并在此基础上概括出来丰富了哪些内容。在了解学生的预习情况后，课上再降低教学难度，让大多数学生体验成功的快乐。

（2）课前思考“女娲是一个 ________”，课上结合具体的文本，在交流中丰富女娲的形象。

课上学生的答案精彩纷呈，我引以为豪，而这不是一日之功。刚开始进行这方面的训练时，学生仅会从课文中找出类似句式中的词语进行填空，或仅仅停留在表象，不会在头脑中对人物的形象进行加工重组和凝练概括。慢慢地，学生发现原来老师并不满足他们从课本中找现成的词，而是鼓励他们自己去概括，只要靠谱，老师都会送一个夸张的“好”字。学生的思维解放了，思维活动就调动起来了，呈现的答案就丰富多彩了。当然学生可能为了赢得老师的表扬而刻意地翻阅手中有限的课辅资料，这也是学习的过程，我同样鼓励。所以我觉得我的课堂是宽松的、民主的，是鼓励学生自己思考自己总结的，是能时刻闪耀学生思维火花同时又能给我带来快乐与惊喜的，而这得益于调动起学生积极性而进行充分的课前预习。

（3）课前找出文中对女娲所造人的称呼，课上表面看是体验情感，而实际上是通过斟字酌句进行读法与写法的指导。

平常学生的日记能平铺直叙地把事情讲清楚，但大多数缺乏情感的渗透，不是说咱们的学生缺乏情感，而是茶壶煮饺子——有口倒不出。怎样让学生学会表达情感不是一节课就能教会的，关键是需要在日常教学中有意识地渗透。如在本课中，我抓住称呼及人物的动作、神态、心理活动的简单描述让学生体验情感，依次说教：读要入情；写要移情。怎么读怎么写？学生能结合课文有所感悟。一次说教可能效果不明显，但若每一节课都有类似的训练点，时间长了，我想石头也会开花的。

2. 课上突出语言交往功效

《女娲造人》内容相对简单，较易理解，所以“会思考”“记得住”“用得上”就成了本课的训练点。课堂上借助对话教学、板书和各种形式的读，发展学生的语言，提升学生的思维水平。

教师的课堂语言要精练，问要问得有挑战性和吸引力，讲要适时适当，避免“满堂问”“满堂灌”。要把着力点放在搭设学生与文本沟通的桥梁以丰富对女娲形象的认识上，以问激趣，把每个学生的积极性调动起来，让他们都能充分地实践，并从课堂上获取成功的体验。

在对话教学的同时要“言过留书”，及时板书，呈现出作者完整的思维方式和思维结构，更重要的是将教师的讲解清晰地印在学生的大脑中，让学生结合板书能串讲出课文是怎样按事情发展顺序安排故事情节的，是怎样围绕神性和人性选择材料和组织材料的，这样以读反观写：让学生学会作者的写法，发展学生的思维能力。

语文课不能缺少读书声，蕴含情感的句子要在读中感悟，精妙的动词要在活动中读中体验，每次安排读都要有目的，在读中积累，在读中感悟。学生词汇贫乏，我就结合语境，给予他们一些词，如“浅尝辄止”第一次不懂，简单讲讲，第二次说可能就有学生对这个词有印象，第三次说就有人能到黑板上写出来。同时创设机会让他们想更多的词，记得住更要用得出。

师生共同参与，学生说不出的教师要能补得上，及时呈现在黑板上。平常这样的训练多了，学生课上的思维活跃了，词汇就丰富起来了，即使学生说得不准确也不要打击他们，毕竟他们积极思考了。

所以，教学情境的创设要服务于目标的完成。“每堂课都是新的”，教学内容是千变万化的，为师者不能以不变应万变，但只要目中有学生、有自己，关注学生的思维和情感，充分利用自己的才华采用灵活多变的形式，创设浓重的课堂情趣，让学生对每堂课都充满期待，产生强烈的愿望去阅读、去思考、去积累、去运用，聋而能言也不是什么神话。

其实我们每一位老师的教学实践都在有意无意地做着属于自己的诠释和演

绎，理想的课堂需要理念、胆量和学识，更需要我们脚踏实地去实践。

《女娲造人》教学设计
第二课时

教学前思

首先，将课文与《风俗通》中的短文比较，在交谈中把握神话的特点，初步感受想象的作用。

接着，在探究阅读中，从分析女娲形象入手，把握想象的特点，学生可随即将讨论结果明确在黑板上，这样既调动了学生的积极性，又能够很鲜明地从整体上全面把握女娲形象，争论后得出：女娲是有人性的神。品读课文，完成对语言的积累，深入讨论，结合板书形象地展现想象的两个要求：大胆奇特、合情合理。

最后，在对女娲所造的人的称呼解读中体会美好情感，即女娲对人类充满爱意，从人类诞生后的欢呼及女娲的神态、心理活动中体会人类诞生的喜悦感，以此指导学生读书、写作要入情。

教学目标

1. 比较阅读，把握神话的特点。

2. 探究阅读，体会神话故事中想象的魅力；在分析女娲形象的同时，全体学生积累文中词句。

3. 体会人类诞生的喜悦感及女娲对人类的爱意。

教学重难点

探究女娲的形象，了解作者如何借助想象，让这一形象既显神力又现人情。

教学过程

一、导入

师：问大家一个问题，人，从哪里来？有关这个问题，各民族有不同的传说故事。在中国，人们一般认为是女娲造人（导入课题），这是一篇神话故事，有关神话的特点，上节课我们已经做了介绍，这节课我们继续学习这篇课文，争取完成下列目标（出示教学目标）。

二、比较阅读，把握神话的特点

思考课后第一题：将课文《女娲造人》与《风俗通》中的两则短文比较阅读，问：你喜欢哪一篇？为什么？

师：因为袁珂写的《女娲造人》想象更丰富，情节更具体，表达了一定的情感。课前大家已经将丰富的内容标出来了，现在交流一下课文丰富了哪些内容（以选择的形式完成）。

（女娲为什么造人、造人的具体过程、人类诞生的喜悦感及女娲的情感描述）

师：美好的故事不能浅尝辄止，接下来我们一起探讨女娲的形象，体会在神话故事中想象的魅力。

三、探究阅读，体会神话故事中想象的魅力

1. 交流课前预习题：女娲是一个 ______，在她身上都有哪些特点？（学生交流，板书）综合大家的意见，探讨女娲到底是神还是人，归结为是一个有人性的神。

2. 抓住“神通广大”，体会表现在哪些地方？

（1）一天当中能够变化七十次。

（2）她会造人。

师：课文是怎样具体描写她造人的过程的？（指读第 5、6 自然段）画出动词，然后填空：（出示）

她顺手从池边（　　）一团黄泥，（　　）了水，在手里（　　）着，（　　）着，（　　）成第一个娃娃模样的小东西。

她把这个小东西放在地面上，说也奇怪，这个泥捏的小家伙刚一接触地面就活了过来，并且开口就喊“妈妈”。

师：这两段是写女娲如何造人，女娲为了造更多的人，还用了哪些方法？课文哪几个自然段写的？自己读一读，画出动词，背一背，看谁记得快。

出示填空：

她从崖壁上（　　）一条枯藤，（　　）一个泥潭里，搅成昏黄的泥浆，向地面这么一（　　），泥点溅落的地方，就出现了很多小小的（　　）人儿，和先前用黄泥捏成的小人儿，模样（　　）。

师：大家评价一下，这是一个（　　）的方法，从中可见女娲还是一个（　　）的神（可填：智慧、聪明、有创新精神等）。即使聪明的神也会遇到难题，女娲遇到的难题是什么？她又想出什么办法解决难题的？（学生以读代答，教师板书）（怎样才能使人类继续生存下去？让人类自己繁衍。）

师：在叙述这些内容的过程中作者的想象有什么特点？（大胆奇特）

师：（教师圈出女娲作为神的一些特点）借助作者大胆奇特的想象，我们感受到了女娃身上的神力。其他的特点是作者赋予她的人的特点，是体现她人性的一面。（针对前面学生的板书，跟故事情节的发展需要，适当补充相关词语，如孤独寂寞、勤劳、有爱心、伟大、疲倦、遇到难题等。）

师：课文哪些内容表现她的这些特点？（学生交流）

师：从这些内容中了解到女娲不但有人的面容和身影，还有人的心理、情感和生活体验，作者的这些想象是合情合理的。

师小结：看，在神话故事中的想象既要大胆奇特，又要合情合理，才能塑造出女娲这样有人性的女神形象。按照事情的发展顺序来安排故事情节，这样故事也就更吸引人。

四、体会情感，指导读法和写法

1. 从课文第 8、11 自然段的句子中体会人类诞生的喜悦感，组织学生交流，指导学生带着感情读。

2. 从文中找出作者对女娲所造的人的称呼，交流从词中体会到怎样的情感。

师：作者将这种情感融入文章，我们读时就能体会到。写文章时，也要像作者那样，把情感融入到每个词、每个句中，才能写出动人的好文章，所以阅读写作要入情。

五、总结课文

这节课，我们一起了解了女娲造人的全过程，学习了作者借助丰富的想象塑造形象的方法，激起我们强烈的好奇心和求知欲。你想知道在西方国家有关人的起源的传说吗？

六、布置作业

1. 复述课文，试着扮演女娲，回答同学的“采访提问”。

2. 搜集有关人类起源的传说故事。

教学反思

1. 这堂课的板书呈现出的是作者完整的思维方式和思维结构，通过老师的讲解清晰地印在学生的大脑中，让学生结合板书能串讲出课文是怎样按事情发展顺序安排故事情节的，是怎样围绕神性和人性选择材料和组织材料的。这样以读反观写，让学生学会作者的写法，发展学生的思维能力。但在这堂课上，我仅仅是呈现出了板书，并没有以此训练学生的语言，因此学生难以领悟老师这样板书的用意。

2. 在这堂课上，在读这一环节上老师处理得很仓促，学生读得不够充分，老师唯恐放得过大难收局面，难控课堂节奏，唯有把主动权牢牢拽在自己的手中才能在40分钟内完成本课的教学任务，说到底，仍是老师的理念问题。从思想意识上确实关注到学生是课堂的主人，但在教学方法的设计中仍然有些环节的处理欠妥当。

（山东省烟台市特殊教育学校　吕建华）

第二节　备课流程

备课流程包括目标设定、文本处理、流程安排、教法选择、教具准备等环环相连而又相互区别的各个环节。

一、目标设定——简要可测量

现在的教学目标在设定和表述上存在着“三化”倾向。一是内容复杂化。“知识能力”“方法过程”和“情感态度价值观”原本是一个目标的三个维度，它们相互融合，构成一个整体，可有的老师硬是把它们割裂成三个目标，造成人为的复杂化。二是陈述模糊化。诸如“通过教学培养学生的阅读能力”“感受春天的美”“提高想象能力”之类用词，相对比较含糊，这样的目标很难为教师的教和学生的学提供指导，也无法为教学目标达成度的测量和评价提供参照和指标。

三是陈述模式化。从低年级到高年级，从第一篇课文到最后一篇，教学目标所描述的内容大同小异，少有年级的特点和课文的特点，有的教师甚至就是直接照抄教参上的目标，根本不考虑学生的具体情况。一个真正的好学科教师应胸怀整个学科的教学内容，对每个年级的学点、教点了然于心。基于此，才能真正确定简明有效的符合学生具体实际的教学目标。

如何实现目标设定的“简要可测量”呢？不外乎宏观和微观两个方面。从宏观上说，要根据语文学科“工具性与人文性统一”的特点，根据知识能力、过程方法、情感态度价值观三维目标融通整合的要求，对教学进行整体立意；探明课文作者真实的写作意图以及独有的表达形式；把握住学生学习该课文的真实需要；明确教学功用，采取适宜的课型、教法和教学策略。只有这样，阅读教学才具有清晰的价值取向和能力训练层次，才能进入和谐圆满的境界。从微观上说，可借鉴行为主义心理学家马杰提出的行为目标理论与技术。马杰认为，写得好的行为目标应具有几个要素：一是教学对象；二是学生的行为；三是确定学生行为产生的条件；四是程度，即说明通过教学后，学生能做什么或说什么（这是老师要写出来的，能看得见、可测量的教学目标）。

如第十一册《荷花》一课的教学目标可为：

① 学生能查字典或联系上下文读准7个生字的读音，理解词义，并能正确听写。② 正确、流利、有感情地朗读课文，学生在读中深入体会作者的情感，用读表达对荷花的喜爱之情。③ 理解课文内容，学生在想象中感悟荷花的特点，体会作者对荷花的独特感受。④ 能背诵和默写课文。⑤ 根据课文第2段仿写一段话。

目标①中的“读准”“正确”“理解”，明确又具体地规定了生字学习的达成度；目标②中的“读”规定了体会文章情感和表达自己感情的基本手段和方法；目标③中的“在想象中感悟”阐明了教学的主要策略是“想象”，达成目标是“感悟”和“理解”；目标④是在前面理解的基础上背诵和默写；目标⑤是在背诵和默写的基础上仿写（知识学完了不用，永远不能内化成自己的东西，所以一定要写）。这样的目标简明、清晰、扼要，既方便课堂的教与学，又利于教后的检测和反馈，且对学生的要求层次清楚，步步深入。课堂教学就根据这个目标去教，课后检测就依据这个目标去测量。

二、文本处理——简约有度

现行教材中的高年级课文多是选文型课文，内容涉及到方方面面，可讲可学的知识相当多，教学时不可能面面俱到地“倾囊相授”，这就要求语文教师必须学会舍弃(其实不论哪个年级,既使低年级只学拼音“a”,也应有所“为”的突破口,以“a”的读写为所“为”的点,聚焦、发散,使学生扎实地会读“a”,会写“a”)。一个优秀的教师应该善于在研读中寻找可为之处，舍弃不为之处，并且能扎扎实实地聚集、放大、凸显所“为”的地方(做到长课文短教，难课文简单教)。只有这样，才能删繁就简、突出重点，才能够钻进教材、跳出教材、驾驭教材。对一篇教材内容的处理要做到简约有度，不外乎以下几个方法。

1. 聚“点”。文章整体与局部是对立统一的一对矛盾体，教师应善于抓住牵一发而动全身的“牛鼻子”展开教学，其余内容则一带而过。如《小站》是一篇状物记叙文，它展现了一个由小屋、小栅栏、小布告栏、小宣传画、小月台、小喷水池、两三个农民、两位工作人员构成的人物共融和虽地处山区无人注意但却充满生机的火车小站的全景，令人在作者“小”的描写中倍感温馨。一位教师教学时，把“小”字作为教学的着眼点，重点抓住课后思考练习中的“小站的小表现在哪些地方，作者是按怎样的顺序观察的”这个问题，引导学生按照描写顺序阅读感悟，从中体会小站虽小，但让读者感受到了生机和活力。既学习了文章的表达方法，也给心灵以温馨和启迪。即使“小”也精心布置，即使小事也精心做，使文章的工具性与人文性相统一。

2. 拎“线”。就是纵向的深层的整体把握,犹如串珍珠,就要抓住串珍珠的线。一是结构线，即要善于理出文章的结构线索，去皮肉见骨干。二是主旨线，即不仅要准确地归纳出主旨，而且要悟出体现主旨的层次，去其骨见其魂。三是情感线，即要悟出主要人物或动物、次要人物或动物以及作者的情感变化。比如《小蝌蚪找妈妈》这篇课文有两条线，一是明线，一是暗线，一明一暗交织在一起就像一枚硬币的正反两面。一条线是课文的题目，揭示了小蝌蚪找妈妈的经过,另一条线索就是在“小蝌蚪的变化过程”——从小蝌蚪怎样变成青蛙的。教学时，就可以抓住重点句“小蝌蚪游啊游，过了几天，长出了两条后腿——

前腿——尾巴变短了——尾巴已经不见了”，两线并进，使低年级的孩子在小蝌蚪找到妈妈的喜悦中了解小蝌蚪变化成青蛙的科学知识。这是较清晰简单的两线课文。其实这样的课文还有很多，如《背影》《荔枝蜜》《驿路梨花》《挑山工》等等。而大多数文章就是很清晰的一条线，如《田忌赛马》，马的出场顺序不同，则比赛结果也不同，《记金华的双龙洞》则是典型的游览的顺序。不管是结构线、主旨线还是情感线，总有一条，“拎着这条线”引导学生读、说、想、划、写、背，做到长课文短教、难课文简单教。而只有文本处理到位，才能真正达到事半功倍的教学效果。

3. 联“体”。把两三个相互关联的学习内容整合在一起，以捆绑的形式进行整体性教学。这样，不仅实现了信息的整合，扩大了教学容量，而且有助于学生对文章情感的深度把握和体会。中高年级学生在有了基础的情况下，循序渐进地使用这个方法进行语文教学。聋校教材从第十三册开始，便安排了 5~10 篇阅读材料。如，在学习《卓越的科学家竺可桢》时可以与后面的阅读材料《大科学家的小故事》联“体”，再延伸到让学生去图书馆、上网搜集科学家的故事。这样，课文、阅读材料、教师学生自己搜集的资料三者联“体”，使学生既理解中国科学家竺可桢勤奋工作的态度、献身科学的精神，又横向了解国外科学家爱因斯坦遇事爱思考、珍惜时间、生活俭朴的品质，更通过让学生自己查阅资料深度了解科学家，体会不论古今、不论中外，科学家们的优秀品质，然后再办一期以科学家为主题的手抄小报，将学生自己知道的所有资料展现出来，既检验了本组课文的学习情况，又有效地实现了知识的共享，让学生既横向延伸，又纵向深化，让学生在深刻的学习中，将中外古今科学家的故事深刻脑海中，同时习得语文知识,并获得科学家优秀品质的感染和激励。可以说这样的学习深、透，让学生永世难忘！这样的联“体”需要教师对教材的整体把握，需要丰富的阅读积淀，更需要将学生的主动性发挥出来的理念做指导。联“体”不仅是教师的事，更是学生的事，一定要引导他们真正地参与进来。只有这样才是成功的联“体”，而这也正是普教课改正在推行的主题教学模式，也是聋校语文教学的必由之路。当然，不同类型的课文适合不同的方法，不能千篇一律，而是要因文而异。

三、流程安排——简洁流畅

结构复杂、程序繁杂、氛围嘈杂是近年来比较常见的课堂教学景观，特别是课堂上教师忽视聋孩子的特点，一味追求形式上的热闹和结构上的变化，离语文课发展聋孩子的语言能力的基本目标越来越远。有位教师教学《画风》，设计了听风、说风、试风、看风、画风五个步骤，老师忙活着繁杂的步骤，独独忽视了语文课的根本，剥夺了聋孩子读、说、写、背的机会。一篇本不复杂的课文，经教师这么一折腾，反倒变得复杂起来了，更何况我们大多数的孩子根本听不到风的声音。这么一闹的结果是，把有限的教学时间给浪费了，冲淡了聋孩子语言的学习和感悟，课已不课，得不偿失。那么，该如何给阅读课“减肥”“瘦身”，实现教学流程的简洁流畅呢？我们必须学会删繁就简，整体架构。就是以课文中的情感变化，或以情节发展，或以人物行为，或以文章结构为主线，抓住一两个重点内容进行板块式教学。这样做的最大优点在于避免了教师面面俱到的分析，避免了繁琐的串联式提问，有助于从整体上把握课文内容，突出教学重点（这些方法在前面的文本处理中已经谈过了）。比如人教版五年级上册中《地震中的父与子》的教学，一位老师就是以“一条主线”“两个板块”整体规划的；一条主线就是父与子始终信守的诺言“不论发生什么，我总会跟你在一起”；两个板块就是“父亲的了不起”和“儿子的了不起”。再借助初读探讨、细读深究感悟、理解后感情朗读内化、想象写话等教学手段，让学生体会父子的伟大之爱。这样设计，就把对教材的线性梳理变成了立体式的整体架构。

流程是活的，决不是教师设计的硬性东西，它必须在课堂上与学生动态生成。老师拎着线，以线为辐射，引导学生多读、多说、多写、多背，在这个过程中，动态生成立体的、生动的、丰满的、有效的课堂。

四、教法选择——简要实用

多读、多说（背）、多写是聋校语文教学永远的方法。读，即多种形式的读，使学生由语言到内容，理解教学内容；背，即每节课的教学内容都有一个重点，而这个重点的内容一定是必须背会的，引导学生在理解的基础上背诵；说，即由读到背，是最基础的方法，还要通过学生理解的说，来加深对教学内容的理解，只有真正理解了才能说得出。能读、能背、会说之后，要通过写把教学内容内化为自己的新知。

从聋生学习语言这一角度出发，在众多教法和备课准备中，朗读法应该是第一位的。特级教师于永正老师特别重视学生的朗读，他认为："读，尤其是朗读，是学生感悟语言、获取语言、发展语感的重要途径。"他常说"书是读懂的"。在实际的教学中他常常用一节课的时间来引导学生读课文，而且是让学生单个朗读，耐心聆听，及时鼓励，适时指点。他有时用真切平实的语言为学生创设情景，渲染气氛，使学生身临其境入情地朗读文本，受到感染，产生共鸣。于永正老师在教学中重点强调用"读"来理解课文，品味人物，在他的课堂上也许没有煽情的背景音乐，也许没有动人的诀别画面，但是就凭借着他深厚的基本功，一段范读经常能催人泪下。

对健全儿童尚且如此，更不用说聋生了。

当然，任何一种教学方法都有它的适用范围。在某一种具体情境下是最优的方法，在另一情境下未必也最优；反之，在一种情况下是低效的方法，在另一种情况下却可能很有成效。再好的教学方法也不可能是"包治百病"的"灵丹妙药"，只有在适合的条件下，才能显示其效果和威力。所以，那种不管什么内容，不论教学是否需要，一味使用所谓时髦的"最好"方法的做法是不可取的。在这一方面，一些名家的做法就很值得我们借鉴和学习，如普校的于永正老师、贾志敏老师等。上海四聋的吴蓓芬老师曾经执教第七册《雨天》时，既没有做课件（利用电脑把课文打出来，起到了一个大字课文的作用），也没有繁杂的环节，只是朴实地引导学生读、说、写，却获得了听课老师的由衷佩服，让人久久回味，这其中有三个方面的原因，一是教师自始至终引导聋孩子多读，二是教师对关键词语、句子的理解和处理，三是将黑板完全交给了学生，让学生去写（学生要写出来就必须整理思路，然后再表达出来，这无形中也促使着学生一定要好好听课）。

这些经典的课例给我们的启示是，真正的好课不是靠花样翻新的游戏、表演塑造出来的，也不是依赖声、色、形俱全的现代媒体包装出来的，而是在读、说、写、背的语文实践活动中自然催生出来的。学习语文要有几招硬功，不是左分析右分析，也不是训练这训练那，关键是要把学习的权利还给我们的聋孩子，相信我们的聋孩子，给他们机会，再给他们机会多读、多背、多写。

五、教具准备——实用有效

能直观的就一定要直观，让聋生能看得见、摸得着，如苹果等；确实需要媒体才能突破的，就用媒体，如《火烧云》一类的课文。使用媒体时注意要适量、适时、适度。

有关备课，前面讲了很多，目的只有一个，那就是追求朴实有效的课堂教学——一个学生在学以致用的认识和实践过程中获得全面发展的课堂。学生不仅是学，更重要的是因学而会用。教师们必须由传统的知识课程教学的“传授–接受”式结构，转变为“学以致用”的教学结构（因为教的目的是学生会学，学会的标准是会用）。只有这样才不会学了那么多年的语文知识，进行了那么多的语文训练还是不通、不顺。

以人教版全日制聋校实验教材第九册第一单元的教学为例，说明怎样按照学以致用的原则调整教材。

教材是课程理论和学科课程标准的具体体现，是教师、学生进行教学活动的主要材料和依据。教材质量的好坏，对于课程的实施，对于学生的发展，是一个具有决定性影响的重要条件。因此，作为教师，必须认真地研究国家教材，结合学校和学生实际生活，按照国家课程标准的要求，补充、调整处理好教材。因为教材受教学时间的限制，永远是有限的；教材受编者认识的局限，永远是片面的；教材受编写周期的制约，永远是滞后的。为了有相对而言能最好发展学生的教材，我从结构改革入手，按照有效课堂学以致用原则的要求，对本单元教材的结构进行重新设计（早在2002年我们就曾经尝试在个别班级使用普校教材，初步尝到了甜头后，我们广泛学习其他兄弟学校的经验，借鉴香港聋校和普校课程改革的成功经验，提前一步采用课程剪裁、筛选的方法进行课程改革的尝试：立足聋校教材进行剪裁，把一些不适合的内容去掉，然后将现行普校教材进行筛选、补充进来）。本单元原有四篇课文，两篇看图学文《两只小狮子》《小壁虎借尾巴》，两篇课文《怎样写日记》《看瓜地》，其中《看瓜地》是阅读课文，与学生的生活实际联系较小，但课文的心理描写非常好，我们仍然作为阅读课文保留，但放到课外让学生阅读并写阅读笔记（四年级时学生已经在我们的校本阅读课上养成了课外阅读和写阅读笔记的习惯）。《怎样写日记》放在五年级明显已经落后了，我们从三年级起就已经开始培养学生写日记，并已经教给他们写日记的方法，所以这篇课文只作为带领学生回忆性的阅读，将生字词学会即可。再从普校教材山东版一年级下册选择《荷叶圆圆》和《四个太阳》补充进来，并将普校教材中“我的发现”“日积月累”“口语交际”三个板块与聋校教材的基础训练整合完成本单元的总结复习与拓展（聋校和普校教材各有所长，聋校教材知识点训练扎实，所以基础训练内容一定要保留，普校教材词句积累拓展丰富性强，所以二者结合）。

这样我们就按“教”“学”“用”三环节处理教材，组织学生学习，把教学过程变成学以致用的过程。

宏观上，将本单元的总的教学目标确定为：

每篇课文皆将“教、学、用”融入整个课堂，但侧重点不同，循序渐进地培养学生达到“用”的能力：《两只小狮子》《小壁虎借尾巴》以“教”为重点，引导学生多读、多说、多背、多写，要求学生会用词造句、会仿写句子；《荷叶圆圆》以“学”为重点，在教授前两篇课文的基础上，体味学法，半扶半放，引导学生主动多读、多说、多背、多写，要求学生不仅会用词造句、会仿写句子，而且试着仿写句段；《四个太阳》以“用”为重点，在前三篇课文的基础上，大量引导学生主动多读、多说、多背、多写，要求学生用词造句、会仿写句子，还要能够熟练地仿写句段。

这是一个循序渐进的目标，重在学知识的基础上培养能力。每一课可测量的微观目标如下：

《两只小狮子》

教知识，更教学习的方法，“教”“学”“用”结合，以“教”为重点：

1. 学会本课五个生字和新词。会用“懒洋洋”“慢吞吞”说句子。

2. 能正确地观察图画，理解句子的意思，理解课文内容。懂得从小要刻苦学习，学会生活的本领。能分出课文第二段讲了几层意思，主要讲什么。

3. 能把排列错乱的句子整理成一段通顺的话。

4. 能背诵和默写课文第二、三自然段。

5. 能按要求预习课文。

《小壁虎借尾巴》

“教”“学”“用”结合，以“教”为重点，半扶半放：

1. 学会本课三个生字和新词。能用“难过”“告诉”造句。

2. 能正确地观察图画，理解句子的意思和课文内容。懂得壁虎的尾巴断了会再生出新尾巴，了解小鱼、黄牛、燕子尾巴的用途。

3. 能看图复述小壁虎借尾巴的故事。

4. 能有表情地、流畅地朗读课文，能背诵和默写课文。

5. 能按要求预习课文。

《荷叶圆圆》

在前面学习的基础上，引导学生会“学”，掌握学的方法，“教”“学”“用”结合，以“学”为重点：

1. 认识“荷”“珠”等9个生字，会写“坪、珠、机、是、晶、美、荷”7个字。理解每句话的意思，能用重点词语造句，能试着仿写句段。

2. 初步掌握正确、流利、有感情地朗读课文的方法，能够通过各种形式的读理解课文内容。背诵课文。

3. 通过课文中具体的句子感受、体验生活的童真、童趣，并触发对大自然的喜爱之情。

《四个太阳》

此环节，能力较强的学生可以完全放手，甚至让他们来教，能力较弱的学生可由教师继续帮扶，“教”“学”“用”结合，以“用”为重点：

1. 认识“挂”“街”等12个生字，会写“团、因、园、伙、伴、冻、脸”7个字。能主动模仿课文中的句子来说话。

2. 能够正确、流利、有感情地朗读课文，理解课文内容。背诵课文。

3. 通过文中具体的句子感悟到作者通过画不同太阳所要表达的美好心愿。这个目标是：我教你学，扶放结合，以扶为主（前两篇文章）；你学我教，先放后扶，以学为主（荷叶圆圆）；你学我助，放扶相携，以用为主（《四个太阳》）。真正实现教、学、用相结合。

课堂教学将“读读、想想、议议、画画、说说、写写、背背”贯穿于整个教学之中，特别强调：读、写、背。

下面以《荷叶圆圆》第二课时为例，具体介绍是如何在“读读、想想、议议、划划、说说、写写、背背”的过程中实现“教”“学”“用”结合，引导学生以“学”为重点，形成“用”的能力的：

案例

《荷叶圆圆》教学设计

教学目标

1. 认识“荷、珠”等9个生字，会写“坪、珠、机、是、晶、美、荷”7个字。理解每句话的意思，能用重点词语造句，能试着仿写句段。

2. 初步掌握正确、流利、有感情地朗读课文的方法，能够通过各种形式的读理解课文内容。背诵课文。

3. 通过课文中具体的句子感受、体验生活的童真、童趣，并触发对大自然的喜爱之情。

4. 试着仿写句段。

教学重点

初步掌握正确、流利、有感情地朗读课文的方法，能够通过各种形式的读理解课文内容。背诵课文。

教学难点

通过课文中具体的句子感受、体验生活的童真、童趣，并触发对大自然的喜爱之情。

教学准备

课件、头饰

教学方法

引导学生“读读、想想、议议、画画、说说、写写、背背”，在课文环境中学习语言、运用语言。

教学过程

一、激趣导入，创设情境

1. 同学们，你们喜欢猜谜语吗？老师这儿就给大家准备了一个有意思的谜语，看（听）话（聋校传统的好做法一定要坚持下去）：

“圆圆大绿盘，浮在水面上，水珠拿它当摇篮，小鱼拿它当凉伞。”（让学生写下来）

猜一猜，这是什么？（荷叶）

2. 这篇关于荷叶的课文题目——荷叶圆圆（让学生到黑板上写）

看媒体图片，荷叶美不美？那我们来把题目读得美美的。

3. 导语：夏天的池塘里长满了圆圆的、绿绿的荷叶，可美啦！瞧！这三个小朋友都乐呵呵的，是什么把它们吸引住了？（出示课件）

二、讨论学习课文

（一）学习前面两篇看图学文的方法，先看图，学习课文第一段。

1. 看课文插图，用自己的话说说荷叶是什么样子的？再看看课文是怎么写的？

2. 学生板书句子：荷叶圆圆的，绿绿的。（全班齐读）

3.（出示荷叶课件）看到这些荷叶，你觉得荷叶美吗？我们该用怎么样的语气来读好这句话呢？自己试试。

（指名读——评价——集体读）

过渡：课文讲了荷叶和哪些小伙伴发生的事情？学生回答后板书。（小水珠、小蜻蜓、小青蛙、小鱼）那么你最想知道荷叶和谁的故事？

（二）学习第二自然段

1. 美读小水珠

（1）抽读，评价

（2）个人再体会读（想想老师教的读的方法——正确、流利、有感情，让学生知道我就应该这样读课文，老师有目的地指导个别学生读）

（3）再带着问题读。“小水珠把荷叶当做什么？”（板书：摇篮）来，咱们轻轻闭上眼睛，想象一下躺在摇篮里是什么感受呢？（舒服）理解词语“摇篮”（看图）。

（4）在理解的基础上读：让我们读出舒服的感觉。

（5）（课件）大家看，小水珠正舒舒服服地躺在荷叶上，眨着亮晶晶的眼睛，谁能看着图复述这段话？（开始引导学生由复述到背，让学生学会在课堂上高效学习）

2. 朗读小结：大家读得好，用心体会得好，复述得也很好，下面继续用这样的方法来看荷叶和其他小伙伴的故事。

（三）学习第三自然段（这一段让学生说说我们应该怎样一步一步地学）

1. 小蜻蜓飞累了，会怎么样？读文中句子。

2. 它把荷叶当作什么？（板书：小蜻蜓）

3. 有感情地朗读课文。

（四）同样的方法学习第四、五自然段，巩固前面的学习方法。

1. 小青蛙唱得可开心啦，让我们来学学它的样子。（学生趴在桌子上呱呱叫）

2. 小鱼游得可高兴啦，谁愿意做这条可爱的小鱼？读读课文，我们一起来做这条快乐的鱼吧。（一边读，一边做做动作）

3. 用激励的方法给学生时间去背课文：四个小伙伴我们都认识了，小朋友，小声告诉老师：你最喜欢谁？好好读读写它的那段，读的时候可以做做动作，谁能够背下来，待会儿请谁上台表演。

4.（课件出示全图）抽学生看着图上台表演。（佩带上相应的头饰，表演不是目的，而是让学生有趣地背）

刚才同学们不但读得好、背得好，演得更好，相信说得会更好。（看着黑板上的板书，复述或背课文，教师随着把板书完整起来）

四、延伸

想一想还有哪些小伙伴会到池塘里来，仿照课文写一写。

五、分层作业

1. 画出你想出来的小伙伴，写出句子。

2. 把自己眼中的荷叶画下来，在旁边配上句子。

3. 画出课文中的小伙伴，写上句子。

教学反思

《荷叶圆圆》这篇课文用对话的形式描写了盛夏季节，河里那圆圆的荷叶给小动物和小朋友们带来了无比的欢乐。文章各小节结构相同，想象丰富，充满童趣，读来琅琅上口，学生非常喜爱。结合本课的特点，在教学中我以朗读课文为主，采用多种形式让学生“充分读”，在学生把课文读正确、读流利之后，再读一读自己喜欢的段落，说一说为什么喜欢读这一段。从学生的回答，可以知道学生已经悟出了文章的语言美和意境美。教师有意识地指导朗读，既帮助学生理解课文内容，又让学生在阅读理解的基础上感受到荷叶给大家带来的快乐。

除了朗读，我设计了较多的说话练习，给学生提供说话的机会，从而积累语言文字。如在导入课文时，让学生说说荷叶的形状颜色；在听老师范读课文后，让学生说说荷叶引来了哪些小客人，在又圆又绿的荷叶上发生了什么有趣的事；让学生自己读读课文，画出小动物们对荷叶说了什么；然后出示“（谁）把荷叶当作（什么）”的句式进行说话训练；最后，出示小鱼图和小蚂蚁图，让学生看图开展想象，选择一幅图，学着课文的样子来说说小鱼、小蚂蚁会把荷叶当作什么、会怎么做，并出示“小鱼说：‘……’蚂蚁说：‘……’”的句式帮助学生练习说话。在此基础上，再完成课后练习。学生在交流发言时，我耐心、仔细地倾听，用多种方法表扬、鼓励学生大胆说、放心说，说出自己的所悟所得。一次次的说话练习，给学生提供了人人说话的机会，而且说话要求一次比一次提高，难度一次比一次加大。由于说话练习的设计照顾到不同层次的学生，难度有梯度，加上有课文内容做铺垫，所以学生并不觉得很难，大家学习的积极性很高，发言积极，能各抒己见，大胆练习说话。

低年级是学习语言的最佳时期，抓住这一时期对学生进行扎实的语言训练，关键在于教师要善于抓住有利时机，对课文中的语言和形式进行迁移和拓展。练习的设计要结合课文内容、要根据学生年龄特点，由浅入深，适合不同层次的学生，这样，才能让学生从“敢说”到“会说”，相信学生的语言表达能力一定会逐渐得到提高。

（山东省烟台市特殊教育学校　李娜）

（本课获全国聋校语言教育论文及录像课一等奖）

第三节　集体备课六步法

苏霍姆林斯基在给青年教师建议中提到："我建议你们每月都要购买三种书籍：(1) 关于你所教的基础知识的科学书籍；(2) 关于作为青年楷模的人的生平和斗争的书籍；(3) 关于人，特别是儿童和男女青少年的心灵的书籍（心理学的书籍）。你们的个人藏书中有这三类书籍，你的知识每年都会加以充实。你在教学工作满十年时，应觉得教科书像识字课本一样简单。只有这样你才能说，你一辈子都在为教好书而备课。"

从上面这段话中分析可知，教师应这样终身备课：读专业书籍，学优秀师者，钻学生心理。这段话也告诉我们，教师应有丰厚的专业知识和教学经验，我们教师要做的事情很多，首先要做的是一点一滴地积累教育者的智力财富和教育智慧。

集体备课使优秀教师的经验和智慧得以共享，这种方法在普校已广为推广使用，深受老师们喜爱。但聋校每个年级只有一个教学班，很难像普校那样集体备课。这是对我们的教师提出了更高的要求：要紧紧把握一个学段的知识点而非一个年级，如何在这种情况下取得更好的备课效果，真正做到备有所得、备有所值呢？我们在结合实际深入思考后提出具有聋校特色的"六步备课法"：集体研读教材、个人备课、集体研讨教案、二次复备、课堂教学动态完善、反思完成定稿。

（一）第一步：集体研读教材

1. 明确课标要求：研读整个学科课标、本年级课标、本册教材课标、本单元课标及本节课的具体教学目标。通过集体研读落实课程标准，做到"国家课标校本化"，使课程标准适当地具体化。

2. 领悟教材编者意图：新课标指导下的教材编排采取模块结构，每个单元都是围绕某一主题来选取教学内容的。要理解本单元教材结构，具体到这一节课教学内容的要点是什么。

3. 理清教材结构：集体备课很重要的一个任务就是要理清教材的结构，这包括整个学段的知识结构、一册书的知识结构、一个单元的知识结构，甚至是一篇文章或一节教材的知识结构。这种知识结构不仅包括同册书横向的知识联系，还包括不同年级纵向的知识联系，要把整个知识串联整合起来，形成一条很清晰的知识线。前边已经学过了什么，现在要学什么，后边还要学什么，教师清楚，学生明白，讲课时就不会糊里糊涂地跟着感觉走，教学效率也会大幅度提高。

4. 设计教学思路：具体到一节课，集体备课一个很重要的任务就是讨论课堂教学的思路。具体到教学环节，每个人可以不一样，教学方法也不要求整齐划一，但基本思路却要大致统一。目前的教学模式和方法很多，但总的来说无非是"先学后教"或"先教后学"。新课改提倡培养学生的自主学习与合作探究能力，所以在教学环节的设计上要尽量给学生提供自学的空间。上课的基本原则是：只要学生能够自学的，教师就不要讲，先让学生自学；学生不会的，可通过小组合作来解决；小组不能解决的，教师再点拨，教师一定要退到最后一步。

在设计教学思路时，还要树立"效率"意识。对于基础知识、基本概念要力求做到"堂堂清、人人清"，"提高课堂教学效率"是向40分钟要效率，而不是向24小时要效率，在设计教学环节时一定要做到当堂课问题当堂课上解决。

5. 精选练习题目：在集体备课时很重要的就是要精选练习题，要做到夯实基础、稍微拔高。教师可以从好的教辅资料中精选一部分练习题，也可以自编练习题，总之一定要做到适量，适合学生的能力水平。

（二）第二步：个人备课

在集体研读教材之后，个人分四步静心完成备课案初稿。

1. 回顾课标要求：对集体研读的课标要求再回味，将之真正内化。

2. 个人深读教材：带着课标精神，深入研读教材，把握教材重难点，思考突破重难点的有效方法。

3. 考量学生水平：分析班级整体状况，充分考量每个学生的个体特点，以"每个学生都在本节课有所发展"为导向，思考具体的施教措施。

4. 完成教学设计：在前三步的基础上，下笔完成自己的教学设计初稿，内容包括教学前思、教学内容分析、学生情况分析、教学目标、教学重难点、教法和学法、教具准备及自己在备课中依然困惑的地方等。

（三）第三步：集体研讨教案

1. 说教材：就这一课的教材说其与整个学段、这册书、这个单元的联系和地位，说自己对具体的教材的理解，引领教师把握课标、理解把握教材，深化集体备课的效果。

2. 说学法：从学生和具体教材的角度，以学定教，以“学案”的形式进行完整的学法引导。

3. 说教法：重点讲清为什么要采取这种方法教和采取这种教法的预期效果。

（四）第四步：二次复备

在集体研讨教案的基础上，大家互相借鉴，更深入地理解了课标，更好地把握了教材，对教法和学法也可能有了新的想法，在此基础上完成教案的二次修改，准备课堂尝试。

（五）第五步：课堂教学动态完善

教案是死的，课堂是活的，再完美的教学设计都需要在课堂上与学生互动中进行再创造、再生成。所以要注意教学中反思，再完善教案。

（六）第六步：反思完成定稿

课后以教研组为单位，从教课和听课两个角度反思，仔细分析成败点，完成教案的最后修改，并真正掌握备课的方法，指导自己今后的备课和课上教学。

经过上面六步集体备课后，使教师真正找到理解课标、把握学生和教材的方法，使备课深度有效。组内教师互相交流，智慧共享，真正实现自身的专业化成长。

案例1 低年级语文组六步备课研讨

集体研读教材

活动主题：集体研读教材，针对《雨点儿》说课。

活动成员：李娜　孙振波　冯莎莎　吴建宏

活动时间：2010.10.12

活动过程：

一、教学理念

根据学生的年龄特点，在教学中创设情境，引导学生在情境中活动，在情境中合作，在情境中学习；重视朗读指导，让学生走进文本，在朗读中感悟，并进行拓展延伸，进而培养学生的思维能力和审美情趣。

二、教材分析

《雨点儿》是一篇科学童话。课文用拟人的手法，通过大雨点儿和小雨点儿的对话，告诉学生从云彩里飘落下来的雨点儿，滋润了万物，花儿更红了，草儿更绿了。

三、学情分析

能借助拼音读通课文，但朗读能力有待提高。A 类学生对语言文字的理解能力比较好，能够结合实际生活说句子；B 类学生对语言文字的理解力还较差，需要老师的有效引导。

四、教学目标

1. 知识目标：读懂课文，知道雨水与植物生长有密切关系。

2. 能力目标：能正确、流利地朗读课文，会有感情地读好对话。

3. 情感目标：通过学习课文，激发学生对自然科学的兴趣。

五、教学重难点

理解课文内容，正确朗读课文，并通过朗读让学生知道雨水与植物的关系。

六、教学流程

（一）复习旧知，导入新知

授课前，进行看（听）话说词语练习，一方面复习“数不清、飘落、云彩、有花有草的地方、没有花没有草的地方”的意思，另一方面培养学生的听话和看话能力。

（二）初读课文，整体感知

通读全文时随时正音，为孩子们创设宽松、和谐、民主的学习氛围，努力使学生获得成就感。

（三）品读课文，朗读感悟

在第一自然段的教学中，我先让学生自读课文，结合课件理解“数不清”和“飘落”（展示课件），让学生说一说生活中还有什么数不清，什么东西飘落，并依据课后作业的安排，进行语言文字训练，出示句子“雨点儿从云彩里飘落下来”。让学生展开想象，模仿该句子说说：小草从____________，______从____________等。

学习第二、三、四自然段时，看图说说大雨点儿和小雨点儿在干什么，重点理解“问”和“回答”。1. 文中写的是谁先问谁？问什么？ 2. 交流，指导朗读，问：“你要到哪里去？”（怎么读？师示范。）3. 读课文，找一找小雨点儿是怎样回答的。4. 辨析：“你呢？”这句话是不是小雨点儿在回答大雨点儿。（如果不是，那是什么呢？）理解“回答”，指导朗读。5. 读课文找出大雨点儿回答小雨点儿的句子，读一读。6. 学生理解后，出示填空：大雨点问小雨点：“______？”小雨点儿回答：“______。”小雨点儿回答后又问：“______？”大雨点说：“______。”在此基础上分角色朗读并表演。

学习第五自然段时，提出问题：为什么“有花有草的地方，花更红了，草更绿了。没有花没有草的地方，长出了红的花，绿的草”？让学生回答。

（四）课文延伸，彰显个性

课文最后，提出问题：小花、小草得到雨点儿的滋润，会对雨点儿说些什么？通过创造情境，引导学生表达自己独特的感受、体验和理解。教师提供给学生机会，搭建起他们展示的舞台，让学生充分发挥自己的想象力和创造力，让他们再次体会到大自然的美好和可爱。

（五）板书设计

本课的板书设计，是对课文的一种再创作，符合聋生学习语言的特点。

12、雨点儿

小雨点儿 —去→ 有花有草的地方 —不久→ 花更红了，草更绿了

大雨点儿 —去→ 没有花没有草的地方 —不久→ 长出了红的花，绿的草

《雨点儿》教案

——第一稿（略）

李娜

集体研讨教案

针对李娜说课情况，教研组集体研讨，提出以下几点建议：

一、学完第二、三、四自然段，应让学生仿照课文结合自己的实际生活说句子：如：××问××："______？"××回答："______。你呢？"××说："______。"

二、学习第五自然段时创设两个情境

第一个情景：

小雨点儿去了有花有草的地方，花和草身上变干净了，也喝足了水，不久，他们发生了变化。你知道发生了什么变化吗？一起读读课文中的句子（"不久，有花有草的地方，花更红了，草更绿了。"哪个字告诉我们小花小草不一样了？）

第二个情景：

大雨点儿去了没有花没有草的地方，不久，那里也发生了变化，你能说说吗？"没有花没有草的地方长出了红的花，绿的草"，多美啊！你能把这句话读美吗？

三、学生理解雨水和植物生长的关系有一些难度，教师创设一些情境，通过看图让学生理解雨水和植物生长的关系。如：被雨水滋润过的蔬菜水果长得水灵灵的，而缺乏雨水滋润的田地干裂了，花草树木枯死了。

四、作业部分增设两个问题，有助于学生思维能力和创新能力的发展

1. 如果你是红花绿草，你会对雨点儿说什么？

2. 如果把雨点儿换成雪花和树叶，你将怎样改编课文？

《雨点儿》教案

——二次复备稿（略）

李娜

《雨点儿》教案

——第三次修改稿

李 娜

教学前思

本节课将通过形象直观的课件让学生理解词语意思，并能正确使用；理解课文意思，懂得上下文之间的联系；知道雨水和植物生长的关系。在教学中，要求A类学生在理解课文意思的基础上能联系自己的实际生活仿照第二、三、四自然段说句子。

教学目标

A类

1. 理解课文意思，懂得上下句之间的联系，能正确流利地朗读课文。

2. 懂得雨水与植物生长有密切的关系。

3. 能仿照课文第二、三、四自然段说句子。

B类

1. 理解课文意思，能正确地朗读课文。

2. 能在老师和A类学生的引导下理解上下句之间的联系，懂得雨水和植物生长的关系。

教学重难点

1. 重点：理解文中句子的意思，正确流利地朗读课文。

2. 难点：让学生通过读课文知道雨水与植物生长的关系。

教学用具

课件

教学过程

（一）复习旧知，导入新知

看（听）话说词语

数不清 飘落 云彩 有花有草的地方 没有花没有草的地方

（二）初读课文，整体感知

（三）品读课文，理解感悟

1. 学习第一自然段

（1）雨点儿从哪里飘落下来？还有什么是从云彩里飘落下来的？

（2）雨点多不多？课文用了一个什么词？（数不清）

雨点儿很多很多，没有办法数清楚，这就是——（数不清）生活中还有哪些东西多得数不清？（树叶、雪花、车、星星、头发……）

（3）指导朗读

数不清的雨点儿，从云彩里飘落下来。

2. 学习第二、三、四自然段

看图，大雨点儿和小雨点儿在干什么？（说话）

（1）理解“问”与“回答”

① 文中写的是谁先问谁？问什么？

② 交流，指导朗读，问：“你要到哪里去？”（怎么读？师示范。）

③ 读课文找一找，小雨点儿是怎样回答的。

④ 辨析：“你呢？”这句话是不是小雨点儿在回答大雨点儿。如果不是，那是什么呢？（理解“回答”，指导朗读。）

⑤ 读课文，找出大雨点儿回答小雨点儿的句子，读一读。

⑥ 现在老师想看看同学们是不是清楚大雨点儿小雨点儿的对话了。

大雨点问小雨点儿：“__________？”小雨点儿回答：“__________。”小雨点儿回答后又问：“__________？”大雨点儿说：“__________。”

⑦ 仿照第二、三自然段说句子。（A 类学生回答）

（2）分角色朗读并表演。

① 男女生分角色读。（男生读大雨点儿，女生读小雨点儿，师来读提示语）

② 分角色表演。

3. 学习第五自然段

（1）第一个情景

小雨点儿去了有花有草的地方，花和草身上变干净了，也喝足了水，不久，他们发生了变化。你知道发生了什么变化吗？一起读读课文中的句子。“不久，有花有草的地方，花更红了，草更绿了。”哪个字告诉我们小花小草不一样了？（“更”）指导朗读第 1 句。

（2）第二个情景

大雨点儿去了没有花没有草的地方，不久，那里也发生了变化，你能说说吗？

“没有花没有草的地方长出了红的花，绿的草”，多美啊！你能把这句话读美吗？指导朗读第 2 句。

（3）为什么“有花有草的地方，花更红了，草更绿了。没有花没有草的地方，长出了红的花，绿的草”？

因为有了雨水的滋润，所以“有花有草的地方，花更红了，草更绿了。没有花没有草的地方，长出了红的花，绿的草”。

看图理解雨水和植物生长的关系。（蔬菜水果有了雨水的滋润，长得水灵灵的，而缺乏雨水滋润的田地干裂了，花草树木枯死了。）

（四）拓展延伸，升华情感

如果你是小花小草，你想对雨点儿说什么？

（五）布置作业

A 类

1. 朗读并背诵课文。

2. 假如你是雨点儿，你会到哪里去？

3. 如果把雨点儿换成雪花和树叶，你将怎样改编课文？

B 类

1. 朗读并背诵课文。

2. 假如你是雨点儿，你会到哪里去？

板书设计

12. 雨点儿

小雨点儿 —去→ 有花有草的地方 —不久→ 花更红了，草更绿了

大雨点儿 —去→ 没有花没有草的地方 —不久→ 长出了红的花，绿的草

教学反思

李娜：讲课反思

孙振波、吴建红、冯莎莎：听课反思

走进学生的心灵

——《雨点儿》教学反思

《雨点儿》这篇课文是一篇科学童话，通过大雨点儿和小雨点儿的对话，告诉学生雨点儿是从云彩里飘落下来的，雨水滋润了万物，花儿更红了，草儿更绿了。本课的教学重点是正确流利地朗读课文，了解课文内容，理解大雨点儿和小雨点儿的对话，懂得雨水与植物生长有着密切的关系。陶行知先生说："我们必须会变成小孩子，才配做小孩子的先生。"因此，在《雨点儿》的授课过程中，我尝试走进学生心里，尽量使自己具备"学生的心灵"，即用"学生的大脑"

去思考，用“学生的眼光”去看待，用“学生的情感”去体验，“用学生的兴趣”去爱好。用“学生的需要”去选择。

一、朗读体验，领悟课文内容

著名特级教师于永正指出：“语文教学就是要以学生诵读原文的练习为主线，就是通过多种方式联系学生的原有知识和经验去领悟课文的内涵。”在教学中，我始终坚持把“朗读和说话作为学生学习和探究的重要手段”。根据低年级语文课堂教学的特点，我精心设计读的形式，有个体读、分自然段读、师生分读、分角色读、表演读等，使学生很好地体验课文所表达的内容和情感，同时也使我及时检验出学生对课文的理解情况（对课文不理解的学生常常把词语和句子读破）。例如，在学习课文第二至四自然段时，我让学生在充分体验和感知的基础上，读出大雨点儿和小雨点对话时的语气，培养学生语言的感悟力；当看到学生自由地将内心对雨点儿或喜爱，或感激，或佩服……的情感释放于朗读之中时，我由衷地感到高兴。这不由得使我想起刚刚接触短篇课文时的学生，那时的他们不知道什么是分角色读、什么是表演读、什么是师生分读，他们找不出文中描写语言、动作的句子，体会不出课文的情感，对老师的朗读要求更是不知所以然，我不得不耐心地进行一次次的训练。渐渐地，学生们会读了，他们在读中学会了合作，在读中学会了理解，在读中学会了悟情。

二、积累运用，让生活走进课堂

低年级的孩子语言匮乏，语言的积累运用是教学的重中之重。在教学过程中，我重视词句的理解运用，精心设计，相机而行。如课文的第二至四自然段写了大雨点儿和小雨点儿的对话，对话是“问—回答”的形式，什么是问，什么是回答，特别是回答后又接着用“你呢”来问，这对低年级的孩子来说更是个难点。为了解决这一难点，我从最简单的问起：“课文写的是谁先问谁？”“小雨点儿是怎么回答的？”学生把“我要去没花没有草的地方。你呢？”当成是小雨点儿的回答。我指着“你呢”和旁边的问号说：“这是回答吗？不是回答又是什么意思呢？”申晓杰第一个举起了手：“是小雨点儿问大雨点儿‘你要到哪里去？’”我强调说：“‘你呢’也是‘你到哪里去’的意思。”学生们似乎明白了。这时，为了检验学生的理解程度，我又将课文内容稍作改动，让学生填空，大雨点儿问小雨点儿：“__________？”小雨点儿回答：“__________。”小雨点儿回答后又问：“__________？”大雨点儿说：“__________。”学生们填得很正确，我知道他们已经懂了。能否把学到的知识用起来呢？紧接着，我让学生仿照课文第二至四自然段说句子。在我的提示和引导下，孩子们说出了很多句子，如徐爽问我："你吃饭了吗？"我回答："吃了。你呢？"她说："没吃。"我问郭福斌："你的作业写完了吗？"他回答："写完了。你呢？"我说："我也写完了。"贴近生活的教学内容，使学生产生了一种身临其境、似曾相识的感觉，整个课堂焕发出勃勃的生机，充溢着浓浓的温情。我感觉这样的设计既体现了教学形式的"活"，也体现了教学内容的"实"。

三、创设情境，化解课文难点

创设情境，是从学生出发，尊重学生个性的教学形式，形象直观的情境教学特别有利于低年级孩子学习语文。在教学中我经常围绕课文难点创设课堂教学情境，引发学生思考，突破重点，化解难点，实现学生对知识的深刻理解，有效达成教学目标。在创设情境的过程中我首先考虑以下两点：一是创设的情境是学生生活中经历过的，这样会让他们觉得非常亲切；二是创设的情境与课文的语言是有联系的，这样他们就能用词语去描绘，这就非常自然地促使学生运用课文语言。如在学习课文第五小节时，我首先利用多媒体课件和语言描述为学生创设了这样一个情景：小雨点儿去了有花有草的地方，花和草经过雨水的冲洗变得干净了，也喝足了水，不久，它们发生了变化，你知道发生了什么变化吗？很快，学生找出了它们的变化，"不久，有花有草的地方，花更红了，草更绿了"。学生同时说出了花更红、草更绿的原因。接着，我趁热打铁，让学生观看了三组图片：看到了雨水滋润的蔬菜、水果、庄稼长得水灵灵的，而缺少雨水滋润的田地干裂了，花草树木枯死了。当我把学生带入这个情境中，我发现学生情绪高昂，他们很容易地将情境中浸染着情感的表象与相应的词语、句子联系起来，词语伴随着形象，进入他们的意识，使他们真正明白了雨水和植物生长之间的密切关系。这样由"难"变"易"的情境教学使学生的思维能力、创造能力都得到了发展。

四、以疑活思，丰富学生想象力

想象力是创新活动的根本。在教学过程中，我注重激发学生情感，以疑活思，为学生提供想象的领域，培养了学生的创新思维。例如在课文最后部分，学生理解了雨水和植物生长之间的关系后，我提出一个问题："如果你是红花绿草，你会对雨点儿说些什么？"学生们有的说："雨点儿，快来吧，我渴了。"有的说："雨点儿，我想喝水了。"有的说："雨点儿，你给我洗了澡，我身上干净了。"还有的说："雨点儿，谢谢你！"在课后作业部分，我又设计了两个问题："如果你是雨点儿，你会到哪里去？""如果把课文中的雨点儿换成雪花或树叶，你怎样改编课文？"学生的想象力真不可小瞧，他们各抒己见，有的说："雨点儿落到菜园里，菜园里的菜长得更高更绿了。"有的说："雨点儿落到大森林里去，森林的树叶更绿了。"有的说："雨点儿落到小河里，小河里的水更多了。"对于第二问，更是让A类学生显示出自己的水平。葛楠写到："数不清的树叶，从树上飘落下来。红枫叶问黄枫叶：'你要到哪里去？'黄枫叶回答：'我要到草坪上。你呢？'红枫叶说：'我要到小河里。'不久，河里的红枫叶飘来飘去，像一条条小船。草坪上的黄枫叶被大风吹起来，像一只只蝴蝶在飞。"徐爽写到："数不清的雪花儿，从云彩里飘落下来。半空中，大雪花儿问小雪花儿：'你要到哪里去？'小雪花儿回答：'我要去屋顶上，你也去吗？'大雪花笑眯眯地说：'我不去，我要去地面呀！'不久，地面上铺了厚厚的雪，屋顶上也铺了厚厚的白雪。"像这样找准学生最近发展区，把握好教学的梯度，立足文本，又超越文本，启发学生质疑解疑、想象和体验，使他们能跳一跳摘到桃子，学生的创新能力和想象能力才会不断提高。

五、发展语言，平日下功夫

记得领导曾多次说过："学生语文水平的高低，不是一两节课的教学促成的，它来自于教师平日里点点滴滴的努力和付出。"我始终如一地履行着。多年的教学经验使我感觉到学生语言能力的训练应是长效的，应贯穿于整个语文教学，应渗透学生的课内、课外、校内、校外各个生活环节。举个最简单的例子，学生脸上长了个疙瘩，如果你不告诉他这叫"疙瘩"，他是永远不会知道的。在和学生相处的每时每刻，我都是从类似这样的一个个细节做起的。经过"细水长流"的训练，通过"润物无声"的锻炼，渐渐地，学生的知识储备越来越多，自然而然地产生了一系列令人惊喜、令人自豪的变化：课堂上作为主角的学生在你的引导下，小手此起彼伏地举起来，回应着一个又一个的问题，一堂由师生一起构建、协同生成的有效课堂就这样形成了。

回想这节课，收获还真不少，但也存在着一些不足：

1. 认真批阅学生的当堂测试后，我发现B类学生虽然理解了授课内容，但笔答问题时，在语言的运用方面还存在一定问题，今后需要加强个别辅导。

2. 对教学时间的把握应更加到位，不能因为在某个环节学生想说而不加限制，导致其他环节的学生活动时间减少。

回想自己的教学，我觉得：教师只有情真，才能以情动情；只有热心，才能点燃智慧的火花；只有意远，才能引领学生开拓思路。让我们立足每一堂课，积极营造民主、平等、和谐的教学氛围，使学生在教师搭建的平台上展现生命的色彩吧！

（李娜）

《雨点儿》听课反思

一、以读代讲，读中领悟

《雨点儿》是一篇科学童话，课文用拟人化的手法，通过大雨点儿和小雨点儿的对话，告诉学生雨点儿是从云彩里飘落下来的，有了雨水的滋润，才有草长花开的美丽景象。我们的生活离不开雨水，雨水和植物生长有密切的关系。课文内容浅显，李老师在教学中“把朗读和说话作为聋生学习和探究的重要手段”，运用多种形式，不断地调动、激发学生的研读兴趣，让学生充分地读，在读中理解课文内容，在读中体验课文所表达的情感。

二、情境激趣，突破难点

在教学中调动学生的学习兴趣，让学生愿意学，这对这低年级的学生尤其重要。教学《雨点儿》时，教师设计了这样的情境：课件演示雨点儿落下后大地的美景，学生被眼前美丽的景色深深地吸引住了，顿时进入了学习情境。教师马上提问：你看到了什么？孩子们的手就如雨后春笋一般立在桌上。他们在脑海中搜集词语来描绘眼前所看到的景象，他们争着发言。在老师设计的情境中产生了迫切的求知欲望。通过直观表象，他们很好地理解了雨水和植物生长的关系，突破了本节课的教学难点。

三、落实训练点，体现工具性与人文性的统一

语文是工具性与人文性的统一。本堂课的教学中时刻洋溢着浓浓的人文色彩，无论是教师亲切而富有激励性地评价，还是学生那充满童趣的回答都充分体现了语文的人文性。课堂中语文工具性落实也很到位，如“问”与“回答”的句式训练等都是工具性的最好体现，而且老师能够很好地将工具性与人文性融为一体。如让学生进入角色，以红花绿叶的角色进入课文，说说自己会说些

什么，学生们有的说："雨点儿，快来吧，我渴了。"有的说："雨点儿，我想喝水了。"有的说:"雨点儿，你给我洗了澡，我身上干净了。"还有的说:"雨点儿，谢谢你！"这是多么富有生机、灵动的课堂呀，学生的思维充满生机而又富有创意，这不仅仅是对学生进行说话的训练，更从小培养了学生热爱大自然的美好情感。

四、多元评价，促进发展

听了这堂课，感觉心里很畅快，我想在那里上课的学生心里就更高兴了。整堂课，始终都能听到老师那充满童趣而又准确地评价，如："真是一个乐于助人的雨点儿""你真了不起"，而且对于学生回答得不对的地方能够委婉地指出并加以引导。我想听课的老师都会为李老师的教学机智所折服。

总之，听了这堂课我受益匪浅，在今后的教学生涯中我还需不断努力，去探索去实践！

（冯莎莎）

听李老师讲《雨点儿》反思

听了李老师教的《雨点儿》，感觉李老师的教学态度是那么自然，语言是那么生动，课堂是那么精彩。

一、深挖文本，促进对话

《雨点儿》是一篇科学童话。课文内容浅显，学生易于理解，李老师在教学时能够充分挖掘教材，通过创设情境，不断地调动、激发学生的学习兴趣。例如：李老师针对低年级聋生的特点，重点帮助学生分清"问"和"答"。她先让学生通过各种形式充分朗读课文中小雨点儿和大雨点儿的对话，然后课件出示填空，让学生进一步区分"问"和"答",最后让学生仿照课文,联系生活实际进行对话。这样一步步、一环环推进，使学生在不知不觉中懂得了如何来问，怎样来回答。

二、创设情境，体验感悟

在追求自主感悟、个性体验，人文熏陶的新课标环境下，我们的语文教学应该给学生的学习提供美丽畅想的情境和空间。在本课教学中，李老师充分运用多媒体课件，为学生学习创设美好的想象空间。如李老师通过课件图片让学生对比缺水的田野和雨水充足的田野有什么不一样，从而让学生感受到有雨水滋润的可贵。紧接着问学生："假如你是红花和绿草，你会对雨点儿说什么？"

于是学生们根据自己的感受说出了“雨点快来吧，我需要你！”“雨点儿，我喜欢你”……这是多么富有生机、灵动的课堂呀，学生的思维充满生机而又富有创意。这不仅对学生进行了说话的训练，还培养了学生热爱大自然的美好情感。

三、营造和谐课堂，增强学习兴趣

兴趣是最好的老师，这对低年级学生来说尤为重要。在整堂课中，李老师始终面带微笑，耐心地引导学生说出他们心中的感受。她时时对学生说“你说得真棒”“你说得真完整”“你怎么那么聪明”“同学们，我们为他鼓掌”……在一声声鼓励赞扬中，将学生带入愉快的学习氛围之中，为学生营造了一个无拘无束地互相尊重、互相信任、互相合作的空间，使学生真正成为学习的主人。

（吴建宏）

听李娜老师《雨点儿》课后反思

一、巧提问题，理解课文

本节课的提问特别有技巧，“在半空中，大雨点儿对小雨点儿说什么”“小雨点儿要到哪里去”“大雨点儿要到哪里去”。引导学生读课文，把整个课文的重点理得特别清楚，非常有助于学生理解课文。

“如果你是红花和绿草，你会对雨点儿说什么？”“如果你是雨点儿，你会到哪儿去？”引导学生借助已有的生活经验进行合理的想象，开发学生的思维，使学生们各抒己见，极大地提高了学生的语言能力。

二、恰当运用多媒体

本节课中所选择的多媒体图片，都非常恰当鲜明地表现出课文内容，形象生动地诠释了课文内容，特别是水灵灵的蔬菜水果和干旱土地的图片，与枯死的禾苗图片相比突出了课文的重难点，使学生更好地理解了雨点儿的作用。

三、重视语言的积累运用与升华

在授课中老师根据课文内容设置了对话练习，不断提高同学们运用语言的能力。通过同学们与老师的对话，可以看出本班同学的词汇量很丰富，有了较好的运用语言的能力。在小结课文的同时，教师又适时地补充了一段话：“因为有了雨水的滋润，所以有花有草的地方，花更红了，草更绿了；没有花没有草的地方，长出了红的花绿的草。”虽然这段话只是简单地变换了一下课文内容，但是符合学生的知识水平，对丰富学生的语言储量，引导学生灵活运用所学语言起到不可低估的作用。

四、朗读形式丰富多彩，提高学生的语言表达能力

本节课中，教师引导学生通过男女同学比赛朗读、分角色朗读、同桌朗读等方式朗读课文，了解熟悉课文内容，理解课文并达到运用课文的目的，对提高同学的语言表达能力起了很大的作用。

（孙振波）

案例2 中年级语文组六步备课研讨

集体研读教材

活动主题：针对《莺》的备课说课。

活动成员：邢淑朋　吕建华　李德岩　杨美华　徐克英　刘爱霞

活动时间：2010.11.20

活动过程：

一、教学理念

根据学生的阅读能力和体验，引导学生以读为本，在读中把握课文，品味语言和情感。注重语言的积累和迁移，以读导写。尊重学生的主体地位，发挥学生的主观能动性，实现学生的自主合作与探究。

二、教材分析

本学期阅读课的主要任务：整体领会课文的主要内容，理清课文脉络，体验生活，以文中的思想情感熏陶感染学生，训练学生快速读课文。本单元的课文主要是对自然世界进行科学探索的内容，整体要求用较快速度默读课文，抓住主要信息，概括课文的内容要点，激发求知欲望，培养学生勤于观察、善于观察的习惯和探求未知世界的兴趣。

《莺》是一篇科学小品文，作者用文学的笔调，描绘了莺的活泼好动、生性胆小、善于歌唱等特点，字里行间流露出作者对莺和大自然丰富多彩的生命世界的由衷喜爱和赞美，文章给人轻松愉快的阅读感受。讨论课时，着重让学生概括莺的特点，与课后的练习二进行对比，学习本文作者用生动形象的语言描绘莺的特性的方法。

三、学情分析

学生中有半数人能在老师引导下自主阅读，可以发挥学生的小组合作作用。老师引导学生自主、合作、探究，激发学生对莺和大自然的由衷喜爱和赞美之情。A 类、B 类学生可自主阅读，概括要点，了解莺的特点，学习作者生动形象、准确丰富的描写方法。C 类学生了解课文内容，体会莺的特点以及描写的语言。

四、教学目标

1. 练习概括要点，了解莺的特点。

2. 学习作者生动形象、准确丰富的描写方法。

3. 激发对自然对一切生命的热爱之情。A、B 类学生掌握以上要求，C 类学生了解课文内容，体会莺的特点以及描写的语言。

五、教学重点

学习概括归纳文章内容，学习作者的表达方法。

六、教学难点

1. 体会语言的优美。

2. 从语言描述中了解莺的特点。

七、教学流程

导入：《中国大百科全书 生物学》中对莺的介绍和课文对比。

《中国大百科全书 生物学》中对莺的介绍注重科学性，是纯粹的知识介绍，课文中作者布封生动形象地介绍了莺的特点。

（一）读课文，了解莺有哪些特点。

1. 学生读课文第 2~6 自然段，找相关词句。

自主交流。

提示：莺有活泼、灵巧、轻盈、好动、生性胆小、无忧无虑、喜爱唱歌的特性。

2. 老师启发学生交流补充。

3. 再读课文，从哪些语句可以看出莺喜爱唱歌？

学生读课文找相关词句，或小组讨论。

自主交流。

老师启发学生交流补充。

根据学情提示：作者最后写黑头莺叫得最好听，只是个别现象（板书），那一般（板书）的莺爱唱歌表现在哪儿？

明确："到处能听见它们欢畅的歌声"说明其爱唱，而"总是以几支歌结束"又是爱唱的表现。第 5 段中，"一旦危险过后，它们又变得欢乐愉快，又唱又跳"，这是爱唱的表现。第 6 段以黑头莺为例，极力描述其叫得"最好听"，声音"最流畅"，听之使人动情，真是杰出的歌唱家。

文章从鸟类写到莺再写到黑头莺，采用了由_____到_____的逻辑顺序。（一般；个别）

（二）在对比中感受作者生动的描写，学习作者趣味性的描写方法。

上课前，我们看了《大百科全书》中有关莺的介绍，对比"练习二"，弄清文章抓住莺的什么特征进行说明？哪一句是写它爱唱歌？和课文相比，你觉得表达上有什么不同？你更喜欢哪个？为什么？

（课文在生动形象的描写中，说明了事物的特点，使描写的事物生动形象，富有感情。）

作者主要运用了什么方法？（拟人）

找例句。你能分析一下这样表达的好处吗？

复习提示：拟人，就是把物当做人来描写，把物人格化，突出它的_______特点，生动形象，表达作者的_______感情。

你能读出作者的喜爱之情吗？

（三）语言积累与感知，体会作者对自然生命的热爱之情。

请同学们有感情地朗读课文，找出文中你喜欢的拟人句，体会其好处。

1. 点拨学生读出作者的喜爱之情。

2. 体会写作的好处。

如：（1）……所有的动作看上去都富有感情，叫声中透出喜悦，玩耍中隐藏爱情。

提示："玩耍"把莺人格化，突出它的_____特点，生动形象，表达作者的_____感情。

（2）……他们的打闹并不过火，争斗也是天真无邪，结果总是以几支歌结束。

（3）他们的歌喉轻快纯洁，尽管音域不太宽广，但十分美妙动听，婉转而富有层次，这歌声仿佛涵养了树林的清新。

（四）总结归纳

作者运用拟人比喻的手法，描写了莺的特点，使莺“活”起来，让我们感受了这自然界生命的可爱。正如作者最后写道：“听到这些大自然的幸福鸟歌唱，谁能不为之动情呢？”

（五）拓展延伸

作者的《自然的分期》是一部史诗，他对狮子、老虎、豹、狼、狗、狐狸和松鼠，都用了形象的语言，拟人的描写，生动活泼，至今仍为人们所喜爱。

下面老师出示几个词，你能想到什么动物？

乖巧、驯良、警觉

（六）开心一练

作业：

1.（针对所有学生）摘录本文优美的句子。

2.（针对A、B类学生提出要求）从“乖巧”“驯良”“警觉”中，选择一个词语，写一段话，描述一种小动物。（针对C类学生）选择一个词造句。

板书设计

莺

莺的特点　　　　　　　　语言特点

活跃、灵巧　　　说明　　拟人、比喻的方法

生性胆小　←——————

——————→　　生动形象

喜爱唱歌　　　　概括　　准确丰富

《莺》教案

——第一次备课稿（略）

邢淑朋

集体研讨教案

针对邢淑朋说课情况，教研组集体研讨，提出以下几点建议：

一、导入过长，不如直接呈现目的

导入：课下，同学们对《中国大百科全书 生物学》中莺的介绍和课文对比，

你更喜欢哪个？为什么？（课文更生动，更有趣，而《中国大百科全书 生物学》中对莺的介绍注重科学性，是纯粹的知识介绍。）上节课我们知道了鸟类的回归给毫无生气的大自然带来生机。（删除）

二、出示阅读要求，直接表明并圈画

1. 用笔圈出课文中概括莺特点的词语。加上小提示，学生更明确学法。

2. 用波浪线画出从哪些语句可以看出莺喜爱唱歌。

三、体会本文语言特点的时候，给学生一些提示

本文主要的写作特点是运用拟人方法，体会拟人这一方法的好处时教给学生方法。

加提示：拟人，就是把物当做人来描写，把 _____ 人格化，突出它 _____ 的特点，生动形象，表达作者 _____ 的感情。

学生针对句子谈表达的好处。如："它们的歌喉轻快纯洁，尽管音域不太宽广，但十分美妙动听，婉转而富有层次，这歌声仿佛涵养了树林的清新。"先让A类学生根据提示说拟人的好处，再找B类同学说。

四、作业降低难度

1. 通过学习课文，先选择莺的一个特点，用课文中的语言描述。

2. 先找A类学生根据提示描述特点，再找B、C类同学说。

3. 根据情况从"乖巧""驯良""警觉"中，选择一个词语写一段话，描述一种小动物，写不出来的同学选择一个词造句。

《莺》讨论课

——二次复备（略）

邢淑朋

《莺》教案

——三次定稿

邢淑朋

教学前思

《莺》是一篇科学小品文。作者用文学的笔调，描绘了莺的活泼好动、生性

胆小、善于歌唱等特点，字里行间流露出作者对莺和大自然丰富多彩的生命世界的由衷喜爱和赞美，文章给人轻松愉快的阅读感受。讨论课时，着重让学生概括莺的特点，与课后的练习二进行对比，学习本文作者用生动形象的语言描绘莺的特性。引导学生自主、合作、探究，激发学生对莺和大自然的由衷喜爱和赞美之情。

教学目标

1. 练习概括要点，了解莺的特点。

2. 学习作者趣味性的描写方法。

3. 激发对自然、对一切生命的热爱之情。

根据以上教学目标，A、B 类学生能概括莺的特点，C 类学生了解莺的特点并记住；A、B 类学生能够自主品悟识记生动的语言，C 类学生识记生动的语言。

教学重难点

学习概括归纳文章内容，学习作者的表达方法。

教学步骤

导入：

上节课我们知道了鸟类特别是莺雀的回归，给毫无生气的大自然带来了生机。今天我们就一起走进莺的世界，真切地感受自然界生命的可爱。

一、初读感知课文内容，概括莺的特点

出示要求一：

读课文第 2~6 自然段，用笔圈出课文中概括莺特点的词语。

1. 学生读课文找相关词句，或小组讨论。

2. 引导学生交流莺有哪些特点。

3. 老师启发学生互相补充，板书补充全面。

4. 联系自己的体验，畅谈莺的特点。

针对板书的内容，明确莺的特点：活跃、灵巧、轻盈、好动、生性胆小、喜爱唱歌。

师过渡：如果只允许用其中一个词来形容莺，你会用哪个词语？

师过渡：刚才很多同学都说到喜爱唱歌，这也是本文作者笔下的莺最突出的特点。

出示要求二：

从哪些语句可以看出莺喜爱唱歌？用波浪线画出来。

1. 学生读课文找相关词句，或小组讨论。

2. 引导学生交流从哪些语句看出莺爱唱歌。

3. 老师启发学生互相补充。

交流重点："到处能听见它们欢畅的歌声"说明其爱唱，从"到处能听见""欢畅"一词感受到小鸟爱唱歌。

"观看它们叽叽喳喳相互追逐好似看一场节目，它们的打闹并不过火，争斗也是天真无邪，结果总是以几只歌结束。""结果总是以几只歌结束"这句话将莺人格化，突出莺唱歌，表达作者对莺的喜爱之情。

提示：以上句子用拟人的方法，把莺人格化，突出它唱歌好听的特点，生动形象，表达作者对莺喜爱的感情。

危险一旦过去，一切便抛至脑后，用不了一会儿，它又变得欢乐愉快，又唱又跳。

在莺类中，黑头莺叫得最好听，声音最流畅，有些像夜莺。我们可以长时间地享受它美妙的歌声，甚至在春天的唱诗班销声匿迹之后，仍可以听到树林里黑头莺的歌。它们的歌喉轻快纯洁，尽管音域不太宽广，但十分美妙动听，婉转而富有层次，这歌声仿佛涵养了树林的清新，描绘了恬静的生活，表达了幸福的感受，听到了这些大自然的幸福鸟歌唱，谁能不为之动情呢？（从这一段中引领学生感受莺爱唱歌的特点，感受作者语言的生动形象、用词的准确丰富，感受作者的情感。）

总结：作者运用拟人的方法，准确丰富的词语，生动形象地写出了莺爱唱歌的特点，表达作者的喜爱之情。你能读出作者的喜爱之情吗？先找A类同学读，再找B类同学读。

点评学生读的情况。

二、在对比中感受作者生动的描写，学习作者趣味性的描写方法

师过渡：上课前，我们看了《中国大百科全书》中有关莺的介绍。

对比“练习二”,弄清文章抓住莺的什么特征进行说明。哪一句写它爱唱歌?和课文相比，你觉得表达上有什么不同？你更喜欢哪个？为什么？

出示要求三 :《中国大百科全书》中有关莺的介绍 :

雀形目鹟科的一亚种。本亚科鸟类体形短小或中等；嘴形尖细，有时微有缺刻；体羽大都为纯色，仅少数非洲种彩色较多。共 61 属 345 种，中国有 19 属 83 种。是旧大陆著名的鸣禽,仅少数种类(如戴菊莺、北极莺)超过白令海峡，到达阿拉斯加，但冬季仍返回菲律宾和马鲁古群岛越冬。

明确 :《中国大百科全书》仅注重科学性，是纯粹的知识介绍。课文在生动形象的描写中，说明了事物的特点，使描写的事物生动形象，富有感情，

三、语言积累与感知，体会作者对自然生命的热爱之情

请同学们有感情地朗读课文，找出文中你喜欢的拟人句，体会它的好处。

点拨学生读出作者的喜爱之情，体会写作的好处。

提示 :“________”把莺人格化，突出它的________特点，生动形象，表达作者的________感情。(教师引领学生根据提示，找到的句子中哪个词突出莺的什么特点，表达作者怎样的感情。)

先找 A 类学生根据提示说拟人的好处，再找 B、C 类同学说。

如 :(1)……所有的动作看上去都富有感情，叫声中透出喜悦，玩耍中隐藏爱情。(突出莺惹人喜爱)

(2)……他们的打闹并不过火,争斗也是天真无邪,结果总是以几支歌结束。(突出莺惹人喜爱 : 活跃、爱唱歌)

(3)他们的歌喉轻快纯洁，尽管音域不太宽广，但十分美妙动听，婉转而富有层次，这歌声仿佛涵养了树林的清新。(突出莺惹人喜爱 : 爱唱歌)

(4)早晨可以看见它采集露水,在夏季短暂的雨后,它常来到湿润的树叶上,摇晃树枝洗淋浴。(突出莺活跃、胆小)

(5)处处能看见它们飞来飞去的欢快身影。(突出莺活跃)

……

选择莺的一个特点,用课文中的语言描述。先找 A 类同学根据提示描述特点，再找 B、C 类同学说。

四、总结归纳

作者运用拟人、比喻的修辞方法，描写了莺的特点，使莺“活”起来，让

我们感受了自然界生命的可爱。正如作者最后写道：听到这些大自然的幸福鸟歌唱，谁能不为之动情呢？

五、拓展延伸

作者的《自然的分期》是一部史诗，他对狮子、老虎、豹、狼、狗、狐狸和松鼠，都用了形象的语言和拟人的描写，生动活泼，至今仍为人们所喜爱。

师过渡：下面老师出示几个词，你能想到什么动物？

“乖巧”“驯良”“警觉”

点评学生的观察细致。

六、布置作业

1.（针对所有学生）摘录本文优美的句子。

2.（针对A、B类学生提出要求）从“乖巧”“驯良”“警觉”中，选择一个词语，写一段话，描述一种小动物。（针对C类学生）写不出来的同学选择一个词造句。

板书设计

19、莺

莺的特点		语言特点
活跃、灵巧	说明	拟人、比喻的方法
生性胆小	←	
	→	生动形象
喜爱唱歌	概括	准确丰富

教学反思

邢淑朋说讲课反思，其他老师说听课反思

《莺》教学反思

本节课教学目标主要是了解莺的特点，体会本文的语言特点，在品读课文的时候体会作者表达的感情。

从课上学生的表现看，学生能够找到与莺的特点相关的语句，对拟人的句子掌握得较灵活。学生朗读很到位，感情充沛。

讲完课，慢慢体会，一时未能感受到得失所在。看了学生对本文相应知识点考试的答卷，再回顾课堂，一点点回忆，发现课堂的收获与问题所在。

答卷的第一个问题：通过阅读课文，你知道莺有哪些特点？从课文中找出描写莺特点的相关语句。很多学生能够准确概括莺的特点，而且对应的句子找得很准确，但也有个别学生没有写第二个问题，读题不仔细是一方面，另一方面是学生对这一问题体会得不深刻。如果在讲课的时候挖得再细一点，就更好了。

问题二：文章采用了什么修辞方法？从文章中找出两个这样的语句，并说明使用这种方法的好处。这一点学生掌握得较好，学生都找出了拟人的方法，在对这种写法好处的体会中学生抓住了“形象生动”这一点。如果老师在引领学生体会句子的时候，按照提示：拟人的方法，“玩耍”一词将莺人格化，生动形象，突出它____的特点，表达作者____的感情。

如果细细体会每一个拟人句，学生在答卷时就更具体了。

值得高兴的是学生在做第 3 题时，既能联系相关动物，又能具体描述。刘燕写道：“狐狸是一种狡猾的动物，它常常在路上装死，骗过农夫的追杀。”这说明学生掌握了概括与描写的方法，也是略感欣慰的地方。

讲完课感到自己的教学机智还有待锤炼，当学生出现问题时，不能优化应对。比如：徐艳琳在答课文中“这歌声仿佛涵养了树林的清新，描绘了恬静的生活，表达了幸福的感受”是比喻句时，在否定的同时我如果适时引导学生体会莺歌声的清新，作者描写的形象会更好，说明自己的课堂驾驭能力不够，不管学生发挥得怎样，老师应该本着学习语言的目的，扎实赏词酌句，迁移运用。

（邢淑朋）

《莺》听课反思

《莺》是一篇科学小品文，虽然文质兼美但这类课不太好教。这堂阅读课中，邢老师主要抓了两点：一是从说明文的特点出发，练习概括文章要点；二是从课文的文学性出发，学习课文生动的语言。由于指导比较具体，训练很扎实。

1. 用笔圈画出概括莺特点的词。在说明文的教学中，邢老师放手让学生自己读自己画，同时刻意地在培养学生的概括能力，我觉得非常必要。

2. 说说作者描写最多的是哪方面的特点。在引导学生品读“莺爱唱歌”这一特点时，邢老师着重引导学生体会拟人、反问的修辞方法的好处，学习课文生动的语言，并指导学生有感情地朗读，从而体会作者的思想感情。由表及里循序渐进，将学生的理解引向深入。通过练习体会作者用词的准确性和丰富性，若能读得更充分些，乃至达到成诵的地步，效果会更好。

3. 通过比较阅读，再次体会文章中大量运用拟人写法的好处，并调动学生组织语言表达出自己的阅读体验。这种把分析、概括的思维变成语言表述的过程，本身就是学生的独立创造。每个学生驾驭语言的能力如何，有没有对文学作品的穿透力，张口就能得到验证。对聋生来说确实需要大量开展此类训练。

4. 依文说句，并试着迁移运用。邢老师读写结合的教学意识很清晰，但受课上时间的限制，这一环节处理得有些匆忙。

另外，邢老师课堂娓娓道来，教态大方自然，很有亲和力，这都是值得我学习的地方。

（吕建华）

《莺》听课反思

一年一次的校级公开课在本学期的第 13 周拉开了序幕，我们组从 14 周开始，先是邢老师的《莺》，接着是吕老师等其他几位教师的公开课。每一位老师的课都给我留下了深刻的印象。下面以邢老师的《莺》为例谈几点自己的感受。

邢老师教的《莺》是一篇科学小品文。对于聋生来说，这种题材的课文不太好理解，对于老师来说，这类课同样也不太好教。但这堂课中，邢老师的指导比较具体、到位，训练扎实、有效。

先说成功之处：

1. 教师思路清晰，课堂一环扣一环，很好地完成了教学目标。邢老师本堂课确立了两个教学目标：第一，培养学生的概括能力；第二，学习课文生动的语言。课堂上邢老师在整体感知课文的基础上，让学生概括了莺的特点，从学生的回答中，可以看出学生已经初步掌握了概括要点的能力。

2. 在品味课文生动的语言方面很有特点：一是通过比较来让学生体验的。通过比较《大百科全书》相关条目，引导学生品味小品文的语言特征，并指导学生自己从课文中找出具体的语言例子，学生基本能够完成。二是找出具体句子，体会分析好在哪儿。

3. 注重了学法指导。怎样阅读这类说明文？教师抓了两点：一是从说明文的特点出发，练习概括文章要点；二是从课文的文学性出发，学习课文生动的语言。对在说明文的教学中，指导学生如何阅读十分重要。邢老师在这方面做得很好。

4. 注重语言训练。语言训练贯穿于整个课堂教学之中。

不足之处：

在展示学生画的句子时最好使用大字课文，这样更清楚，也给C类学生一个清晰的答案。

（李德岩）

《莺》听课反思

邢老师的课有很多地方值得我在今后的教学中借鉴和学习。

1. 教学思路清晰，层次分明，结构严谨。本节课的教学内容在安排上有独到之处，首先让学生从课文的第2–6自然段开始研读，让学生初读感知课文内容，概括莺的特点。然后让学生通过比较《大百科全书》相关条目，引导学生品味小品文的语言特征，并指导学生自己从课文中找出具体的语言例子。在对比中感受作者生动的描写，学习作者趣味性的描写方法。接着让学生有感情地朗读课文，找出自己喜欢的拟人句，进行语言积累与感知，体会作者对自然生命的热爱之情。最后进行拓展延伸，让学生根据词语想象动物。从总体看，教学思路非常清晰，内容丰富而有条不紊，目标明确，重难点突出，语言文字训练扎实有效，体现了聋校语文学科的教学特点，表现了邢老师高超的整合教材、驾驭教材的能力。

2. 以读为本。授课过程中邢老师非常重视读，读的形式丰富多彩，而且学生的朗读富有感情，这与邢老师平时扎实的训练是分不开的。

3. 邢老师教态大方，语言有亲和力。整节课邢老师始终面带笑容，对学生的发言能及时地给予鼓励，评价的语言也很丰富，给学生营造了一个非常宽松和谐的学习氛围。

4. 板书精当，既不繁杂，又提纲挈领；既有课文内容主旨，又有学法和写作方法。

不完美的地方：

1. 课件中的句子句末应加句号。

2. 林子慧、孙萌回答问题时面向大家效果会更好。.

以上是我对邢老师的课的几点粗浅的看法，如有不到之处，还请邢老师诚恳地提出来，共同交流，共同提高。

（杨美华）

《莺》听课反思

《莺》是一篇科学小品文，既具科学性又具文学笔调。文章通过介绍莺科动物的动作、外形、生活习性、叫声等有关知识，告诉我们莺是一种可爱的小动物，它活跃、轻盈、灵巧、好动、生性胆小、爱唱歌等。授课过程中，邢老师紧紧围绕这一点，通过学生的提前预习和课上默读，让学生在读的过程中用笔圈画出莺的特点的词语。这一过程实现了“由教师讲变学生学；由学生被动听变学生自主学;教案变学案，教学变导学”的课堂模式，实现了“学生自主探究学习，教师课堂进行导学”的教学改革。学生参与的积极性很高，问题理解得也比较到位。

邢老师这节课紧紧围绕两个中心问题来理解文章。一是感知莺的特点，二是感受文章语言的特点。在感受文章语言特点时，邢老师引导学生读文章找出描写莺喜爱唱歌的语句，从这些语句中体会到运用拟人手法的妙处，并进一步细读课文，找出文中的拟人句加以朗读体会，同时把课文和《大百科全书》中对莺的说明进行比较，让学生再一次感受到文章生动形象、富有感情的描述，准确地了解了科学小品文科学性与文学性兼顾的文体特点。整个课堂看不出教师有半点说教灌输，学生在老师的引导下进行朗读、自我感悟，确实做到了学生自主探究、教师课堂导学。

邢老师在课堂上兼顾到了各类学生，尤其是对C类学生的关注。课堂上通过一些设计巧妙的小练习、小体验让C类学生展示了自我，增强了自信。A类学生富有感情地朗读更是给大家留下了深刻的印象，成为B、C类学生范读的样本。整个课堂，学生参与面较广，师生互动默契融洽，给人以亲切、自然、流畅之感。

还有一点是，邢老师的练习设计比较巧妙，如在充分理解感知课文之后，邢老师说出动物特征，让学生想象动物名称，这既丰富了学生的想象，又打开了学生的思路，为最后的小练笔打下了基础。

总之，邢老师的这堂课让我受益匪浅。在今后的教学中，我将尝试着把课堂放手交给学生，让学生真正成为课堂的主人，让学生会读、会思、会说、会写。

（刘爱霞）

在反思中提高，在提高中发展

——听课反思

上周听了本教研组7位教师的公开课，我受益匪浅，从每位教师的课上我都学到了书本上找不到的经验，同时也觉得这次教学活动的意义所在。作为教师，如果不经常交流学习，只满足于自己的一套教学方法，这是相当浅陋的。只有多吸收、借鉴老师们优秀的教学方法，才能有创新、有进步。现就听邢淑朋老师执教的课文，谈谈我的收获。

一、导入的语言简练，直入主题

教学环节过渡自然，六步法的教案备课，呈现得很清晰。不论是新课的导语，课文的学习，还是课文内容的拓展延伸，教师都把握得恰到好处。例如在初读课文感知内容，概括莺的特点这部分教法时，教师让学生联系自己的体验，畅谈莺的特点，并要求学生运用自己学过的词语来形容，再让学生从中选出最适合莺特点的词语。这样一问一点拨恰巧给了学生一个思考的空间，既积累了知识又拓展了知识，使学生在对比中感受到作者生动的描写，同时也学习了作者的写作方法。

二、重阅读、重积累、重练笔

为使学生理解掌握所学知识内容，教师还从《大百科全书》中选出关于介绍莺特点的知识。通过比较，学生会对本课生动形象叙述、作者富有感情的描写领会更深入。在体会写法时，能将大量拟人的句子集中起来体会，将学过的修辞方法再现给学生，在理解后加以积累。作业布置时，要求用所学到的描述方法，也来描述一个自己喜爱的动物。这些都是培养学生积累应用的好方法。

三、课堂氛围和谐，教师过度句亲和力强

师生关系的和谐，使课堂氛围更和谐，课堂上看到的是教师和蔼自然的教态，听到的是教师亲切的言语、教师对学生善意的提醒、及时的鼓励。如有一位同学回答的问题有些不准确，老师只是微笑着说：“你请坐，再思考思考。”这种和谐的课堂氛围、亲密的师生关系，能激发学生学习语文的积极性，会更好地掌握所学知识。

另外要提的建议是：在学生默读第 2~6 自然段后，找学生到黑板上写描述莺的特点词语时，我觉得不要那么多学生到黑板上写，显得黑板前满档档的，由于人多写得慢，有的同学还在等，找两三个人即可，剩下的在座位上站着说。这样有写的、有说的，黑板前不至于那么满。

总之，通过这次听课，我感觉眼前一亮。真是“特教事业在改革发展，我们走在路上”。教师们相互学习交流，我的收获颇多，感慨颇多，这对我的教学活动会有更大的启发和更新。

（徐克英）

案例 3 高年级语文组六步备课案例

《藤野先生》讨论课第三稿

石志霞

教学目标

1. 引导学生通过研读课文，走近藤野先生，感受藤野性格。
2. 学习文章如何通过人物描写和具体事件表现藤野形象。

教学重点

感受藤野先生性格特征

教学难点

理解中心段

教学设想

在回顾文章结构基础上，引导学生找出文中直接描写藤野先生形象的句子，使学生有个总体印象，然后结合作者在第 37 自然段对藤野先生的评价，以此为线，感受文中表现藤野先生的四个事件，从而全方位感受藤野的性格。在这个过程中，老师指导学习一件事，学生代表引导学习另一件事，阅读讨论自学两件事。最后进行学法总结。

教学过程

一、导入——回顾文章结构

在东京（第 1~3 自然段）：写清国留学生赏樱花、学跳舞。

在仙台（第 4~35 自然段）："我"与藤野先生的交往。

离开仙台（第 36~38 自然段）："我"对藤野先生的怀念。

导引目标：这节课我们就走进课文，走近藤野先生，通过具体事件，感受他的性格特征。

二、自主阅读，体验发现——走近藤野先生

（一）课件出示：课文如何描写藤野先生的形象？（第 6~10 自然段）

1. 学生看课文并讨论

外貌：黑瘦、八字须、戴着眼镜

动作：挟着一叠大大小小的书，将书放在讲台上

声调：缓慢而很有顿挫

语言："我就是叫做藤野严九郎的……"

掌故：穿衣服太模糊了，有时竟会忘记带领结；冬天是一件旧外套，寒颤颤的，有一回上火车去，致使管车的人疑心他是扒手，叫车里的客人大家小心些。

2. 语言实践：学生交流

小结：藤野先生是个外貌（普通）、知识（渊博或丰富）、语言（风趣）、衣着（简朴）、生活（马虎或模糊）的人。

（学生讨论后交流）

（二）感受藤野性格

1. 感受课文中心段

通过刚才的讨论交流，我们感受了外貌（普通）、知识（渊博或丰富）、语言（风趣）、衣着（简朴）、生活（马虎或模糊）的藤野先生，但是作者在第37自然段却是这样评价藤野先生的：

（课件出示）但不知怎地，我总还时时记起他，在我所认为我师的之中，他是最使我感激，给我鼓励的一个。有时我常常想：他的对于我的热心的希望，不倦的教诲，小而言之，是为中国，就是希望中国有新的医学；大而言之，是为学术，就是希望新的医学传到中国去。他的性格，在我的眼里和心里是伟大的，

虽然他的姓名并不为许多人所知道。（板书：性格）

从这段中，我们可以感受到作者对藤野先生的感情是什么样的？

学生答：感激、怀念、尊重等。

为什么作者又说“他的性格，在我的眼里和心里是伟大的”？

2. 阅读第 11~35 自然段，想一想：“我”和藤野先生交往的事件有哪些？（教师板书：事件）

语言实践：一学生陈述，另一学生到黑板上板书四个事件。

事件：添改讲义，改正解剖图，关心解剖实习，了解中国女人裹脚。

3. 感悟藤野性格

（教师结合课件）作者说“他的性格，在我的眼里和心里是伟大的”，为什么这样说？我们结合这些事件来分析吧。

（1）交代学习流程

老师指导学习一件事；学生代表引导学习另一件事；阅读讨论自学两件事。（学生自主选择）

（2）学习过程：

学习第一件事——添改讲义：

（课件出示图片）这是藤野先生给鲁迅添改过的讲义，请大家用课文中的语句给这个讲义配上文字说明。

（学生读课文并讨论）

学生交流后，课件出示：我的讲义已经从头到末，都用红笔添改过了，不但增加了许多脱漏的地方，连文法的错误，也都一一订正。

我拿到讲义看时，有什么样的反应？为什么？从中你能感受到藤野先生怎样的工作态度？

课件公示：我拿下来打开看时，很吃了一惊，同时也感到一种不安和感激。

师追问原因，生回答：藤野先生竟然为一个外国留学生细心地添改讲义。我的讲义有“许多脱漏的地方”，有“文法的错误”。

生讨论后回答：认真负责（另一生板书）

探讨第二件事——改正解剖图：

（一名学生做老师，引导学生学习）

（课件出示）还记得有一回藤野先生将我叫到他的研究室里去，翻出我那讲义上的一个图来，是下臂的血管，指着，向我和蔼地说道：“你看，你将这条血管移了一点位置了。——自然，这样一移，的确比较的好看些，然而解剖图不是美术，实物是那么样的，我们没法改换它。现在我给你改好了，以后你要全照着黑板上那样的画。”

（学生自主提出问题，可以由指导的学生提问，学生间也可以互相提问。）

教师视情况补充问题：藤野先生为什么让“我”改正血管的位置？他的表情是什么样的？你从中感受到他什么样的性格？（教师板书：严谨治学）（允许学生发表其他见解）

第三、四件事情学生小组合作讨论后汇报：

关心解剖实习

（课件出示）解剖实习了大概一星期，他又叫我去了，很高兴地，仍用了极有抑扬的声调对我说道：“我因为听说中国人是很敬重鬼的，所以很担心，怕你不肯解剖尸体。现在总算放心了，没有这回事。”

问题：藤野先生为什么担心，怕我不肯解剖尸体？他为什么又放心了？这说明他什么样的性格？（学生回答并板书：热情诚恳）

了解中国女人裹脚

（课件出示）他听说中国的女人是裹脚的，但不知道详细，所以要问我怎么裹法，足骨变成怎样的畸形，还叹息道，“总要看一看才知道。究竟是怎么一回事呢？”

藤野先生为什么要问我中国女人裹脚的事，他叹息什么？为什么要看看？这说明了他什么样的性格？（教师或学生板书：求实精神）（这里教师要合理引导）

（3）教师结合板书小结

正因为藤野先生和中国留学生鲁迅的交往中认真负责，治学严谨，热情诚恳，具有求实精神，所以作者认为他的性格是伟大的。同时，文章通过具体事件中人物语言、行为的描写，突出了人物的伟大性格。（板书）

4. 作业：再回到中心段，体验藤野性格

（课件出示）但不知怎地，我总还时时记起他，在我所认为我师的之中，他是最使我（感激），给我（鼓励）的一个。有时我常常想：他的对于我的热心的（希望），不倦的（教诲），小而言之，是为（中国），就是希望中国有（新的医学）；大而言之，是为（学术），就是希望（新的医学）传到中国去。他的性格，在我的眼里和心里是（伟大的），虽然他的姓名并不为许多人所知道。

（1）文中说“他的性格，在我的眼里和心里是伟大的”，结合对全文的理解，请简述其原因。

学生思索、讨论后交流。（语言实践）

教师归纳总结：藤野先生没有民族偏见，真诚关心和帮助中国留学生。

（2）为什么“为中国”，“希望中国有新的医学”是“小而言之”；“为学术”，“希望新的医学传到中国去”是“大而言之”？

学生思索、讨论后交流。（语言实践）

教师归纳总结：“小而言之”是为了中国的进步，指一个国家；“大而言之”指为学术、为科学，指的是人类进步。

三、本课小结：整体把握课文（语言实践）（出示 PPT 填空）

（一）总结内容

课文写的是鲁迅留学日本的故事，鲁迅先在（东京）学习，因为厌烦（清国留学生），后来转到（仙台），在那里他遇到了（藤野）先生，他外貌（黑瘦、八字须、戴着眼镜），衣着（太模糊），但是对我很关心，他帮助我改（讲义）、改（解剖图）、询问（解剖实习）、询问（中国女人裹脚），在我遭遇到（匿名信）事件、（看电影）事件，不学医学的时候送我照片“惜别”，叮嘱我常常写信。我认为他是我的老师中最使我（感激），给我（鼓励）的一个，他在我的眼里是伟大的，让我至今难忘。所以，鲁迅写了这篇文章来纪念老师藤野先生。

（二）总结学法（语言实践）

教师引导学习能力较强的学生总结学法：阅读—分析—感悟，结合人物的外貌、语言、动作的描写，通过赏析具体事件感悟人物性格特征。（板书）

四、学习反馈（语言实践）（出示 PPT）

阅读第 11~23 自然段，回答下列问题：

1. 这部分讲述的主要内容是<u>“我”与藤野先生的相处</u>。

2. “这样一直继续到教完他所担任的功课”中的“这样”是指：<u>“我”的讲义已经从头到尾都用红笔添改过了……也都一一订正</u>。

3. 藤野先生对鲁迅的关心是见诸行动的，而且极为认真负责的，这从他看鲁迅抄的讲义中得到了具体的体现。其中最能表现“及时”的词语是<u>“第二三天”</u>；最能体现“全面”的词语是<u>“从头到尾”</u>；最能体现“细致”的词语是<u>“一一订正”</u>；

最能体现“始终如一”的词语是“一直”。

4.“我拿下来打开看时，很吃一惊，同时感到一种不安和感激”，“我”“吃了一惊”是因为：藤野先生竟然为一个外国留学生细心地添改讲义。“我”“感到一种不安”是因为：“我”的讲义脱漏和错误多，让先生费神。

5. 反映“我”对藤野先生相处的前两件事的态度是很吃了一惊，同时也感到一种不安与感激；还不服气。（用文中语句回答）

6. 本文段主要通过语言、行动的描写来表现人物形象，记叙顺序是顺叙。

五、拓展延伸

在你的学习和成长过程中，有哪位老师给你你印象最深？他（她）是什么样的人？你能不能说说老师在教育你过程中让你印象最深的事件？

六、课堂收尾

鲁迅原是抱着“学医救国”的希望到日本求学的，有幸遇到藤野先生这么好的老师，他很有希望成为出色的医学家，可后来他为什么又“弃医从文”离开仙台呢？下节课我们再来探讨这个问题。

板书设计

藤野先生

鲁迅

事件 ————→ 性格

添改讲义	认真负责
改正解剖图	严谨治学
询问解剖实习	热情诚恳
了解中国女人裹脚	求实精神

学法：外貌、语言、动作 } （人物描写方法）

人物性格特征

通过具体事例 }

案例 4

博观而约取 厚积而薄发

——我的备课心得

本学期，我们组在教导处的指导下进行了“集体备课六步法”的实践和研究。我在学习和实践过程中，深切感受到备课的重要性。只有备好课才能上好课，才能谈得上提高教学效率。下面，谈谈我的备课心得。

一、集体研读教材

特级教师黄爱华说过：“备课时要对三套不同的教材来回比较，从而选择确定一种较适合学生的教学内容和方法。70% 左右要紧扣正在使用的教材，30% 左右要纵横渗透，综合整合，作相关发挥。”

我们职专班语文教材现在使用的主要是鲁教版初中语文七年级到九年级，共六册。在此基础上，我们针对考大学的学生讲解人教版高中语文必修一。在处理教材时，我们充分发挥了集体研读教材的优势。在领导的指导下，我们对这套教材进行了删减改造，对所有课文进行了重组，根据每个班的情况，确定了每学期的教学计划。具体地讲，就是抓住重点课文，自学阅读课文，贯穿阅读写作教学。既节约了课堂时间，又能给学生最大的阅读信息量，突出培养学生自学能力。

这学期，我们班制定的班规是“博观而约取，厚积而薄发”。用在语文学习上，就是要广泛阅读，大量积累。我们的备课也是这样。研读教材就是从整体上“博观”，然后针对具体课文“约取”，每篇课文只需要抓住一个点就行了。语文涉及知识面广，容易把握不住重难点，这时候就最需要集体的力量。大家一讨论，问题就容易解决了。

二、分头备课

分头备课就是在集体备课的基础上，然后个人进行自己本学期的备课。在分头备课中，我感受最深的一点是“备课要深入了解学生的现状与需求，广泛搜集相关资料，合理取舍讲课的内容，只能讲授学生可能懂的内容，不能讲授学生无法理解的内容”。

职专班的语文教材大都有一定的难度，尤其是一些文言文很难讲。在讲授《鸿门宴》时，我遇到很大的难题。学生对课文中的情节、人物、座次、称呼、背景、政治斗争等都很难理解。在备课时，我就把握这样几点：一是以读文为主而兼顾读史，把握故事情节；二是利用视频资料，再现宴会上的剑拔弩张；三是结合人物对话与行为，进行形象分析；四是在把握文章内容基础上，了解古汉语知识。在了解学生的基础上，采用了适当的方法，课堂的教学效果就有了较明显的转变。大部分学生理解了“生活中鸿门宴”及“项庄舞剑意在沛公”的涵义，智力较差学生或者了解了故事情节，或者把握了人物形象，或者学到了古汉语知识。我的体会是，备课时一定要从学生的角度出发，想方设法让课文知识易于学生理解。

三、集体备课研讨

在集体备课研讨中，我们教研组进行了一次说课演练。我进行了《石壕吏》的说课。说教材、说学情、说教法、说学法、说教程、说反思……说完后，大家进行了讨论，提出这堂课应抓住“吏夜捉人”这一场景，让学生体会人物的感情。另外，大家还提出了我设计的“创设情景，导入新课”—“戏剧表演，语文实践”—“背书接龙，事半功培”三步教学法还应该结合聋生的特点，不要对学生提出过高的要求，不能要求学生当堂就能表演到位，分析出人物形象，要分两课时进行，先指导学生诵读，然后再进行表演。通过大家的讨论，我得到了不少启发。

在说课中，我体会到说课的目的是提高我们自身知识水平与教学能力。说课结束后，教学设计在胸中也就一目了然了，在课堂上就可以取得事半功倍的效果。

四、二次复备提升备课质量

在集体说课后，我们回过头来又开展了二次复备提升备课质量的活动。这次，我们主要是针对教学重难点，研究突破重难点的小方法和小策略。重点是研究学生，按照学生分类情况，进行个别化的教学，把教案目标进行再分解，看看学生到底能学习到什么程度。

学习巴金的《小狗包弟》这篇反思“文革”的文章时，学生对“文革”背景知之甚少，人性反思更是难点。基于这一点，我在教学设计时注重了两个方面：

1. 尊重阅读规律，尊重学生的独特体验和感受。

首先提出了两个问题：读过课文后你有什么感受？（读懂了什么）对文章还有哪些疑惑？能读懂的内容让学生交流，略讲，有疑惑的内容教师重点讲，引导学生通过讨论自己悟出来。学生自己质疑有利于激发其思考探求的欲望，探求所得容易成为学生的独特体验和感受。再如，通过艺术家和狗的故事来讲“文革”背景，给学生的不是概念上的“文革”，而是“文革”具体形象的体验和感受。

2. 通过语言品味，彰显语文课的特征。

教学中把品味语言作为理解探讨文章的主要手段。如学习第 1 段时，引导学生重点品味“揪、批、斗、打、说”等词语，通过这些动词的赏读，使学生从字里行间中体会到“文革”是一个没有法制、没有人性的时代。再如品味“逆来顺受”一词，让学生感受巴金解剖自己人性的弱点时的忏悔之情。品味“满园的创伤”这一短语，让学生体会“文革”的罪恶和巴金的良知。品味“又”字，把学生的思维引向更深的层次。

五、课堂教学实践

课堂是检验我们备课成果的阵地。因此，在上课时要心中怀揣着教学设计与学生进行交流互动。黄爱华老师曾说：“教学过程的关键是‘交流—互动’。要依据教学内容和学生实际，尽可能让学生自己活动。学生的听、说、读、写、议、辩、练、评要交替进行。”实际上，我们课前所有的备课都只是自己的“一厢情愿”，学生接受不接受还要看课堂实践。因此，我们的教学设计只是个脚本。在课堂操作中，还要根据学生反应进行灵活变通。

学习《小狗包弟》时，学生质疑作者为什么开头写艺术家和小狗的故事。于是我将这个故事与巴金和包弟的故事放到一起，让学生自己比较，他们读出了悲伤、愤怒、崇敬之情，对艺术家遭遇的悲伤，对打人凶手的愤怒，对小狗的崇敬与怜悯。通过讨论，发现在相同的历史背景下两个故事截然相反，前者是狗不抛弃人，而后者是人抛弃狗，学生轻而易举看出了对比的手法，更体会到巴金对于抛弃小狗的自责、忏悔。

六、备手语

手语是我们课堂上与学生交流的重要手段。在备课中要练就能胜任教学的娴熟生动的手势、丰富的面部表情和贴切的体态。因为充满韵味、简洁到位的视觉语言在聋生教学过程中具有特别重要的作用。

最后，我想引用《学记》中的一段话与大家共勉：“君子既知教之所由兴，又知教之所由废，然后可以为人师也。…… 善歌者，使人继其声；善教者，使人继其志。”

让我们与学生一起在课堂上咏其心、畅其言、歌其志，“手之舞之足之蹈之”，不亦乐乎！

（石志霞）

第四节　学案式教案设计

学案式教案兴起于本世纪课改。依照课改新理念，课堂教学应该倡导学为主体，实现学生在课堂中的主动发展，废止教师“一言堂”与“满堂灌”，由此引发教师备课的深度改革，将以“教”为主的备课改为以“学”为主，由主要关注“怎样教”转型为主要关注“如何学”。这就是学案式教案产生的深刻时代背景。

在聋校，聋生作为有特殊需要的学生群体，由于其先天的听觉缺陷，制约了其对外部世界的正常认知。他们不可能通过听觉接受由语言传达出来的全部信感，只能靠眼睛来凝视或注视要注意的对象，这种缺陷使其在课堂中注意发生的稳定性和持续性比正常学生差得多。在这种情况下做好课堂组织工作难度更大，任务更重。从课堂管理角度看，传统的以教师讲授为主的课堂组织，更容易出现教师“一言堂”，学生一问三不知，启而不发的现象。学生在课堂上被动学习，兴趣不高，学习效率低下。所以，强调学为主体、主动发展的学案式教案在聋校更有其实施的紧迫性。

《义务教育语文课程标准（2011版）》指出：“阅读是运用语言文字获取信息、认识世界、发展思维、获得审美体验的重要途径。阅读教学是学生、教师、教科书编者、文本之间对话的过程。阅读是学生的个性化行为。阅读教学应引导学生钻研文本，在主动积极的思维和情感活动中，加深理解和体验，有所感悟和思考，受到情感熏陶，获得思想启迪，享受审美乐趣。要珍视学生独特的感受、体验和理解。教师应加强对学生阅读的指导、引领和点拨，但不应以教师的分析来代替学生的阅读实践，不应以模式化的解读来代替学生的体验和思考。”“我们的教育应该使儿童感到自己是知识的探索者和发现者”，而且“学生通过独立思考而得出结论会感到十分自豪，这种自豪感是学生自我肯定的巨大源泉。”[①]从这一角度出发，学案式教案既有必要性，也有科学性。

通过学案式教案的编写，改变了语文教学的程序，由以往的“先教后学，以教为主”，“先讲后练，以讲为主”改变为尝试“先学后教，以学为主”，“先练后讲，以练为主”。可以这样说，学案式教案为聋生语言学习，在时间、空间、接受信息量上提供了保障，将课堂学习前伸到课前自我体验学习，学生通过学案了解学习内容和探究重点后，可以主动阅读、主动探索，通过前期体验学习，找出自己学习中的问题，促使教师掌握学情，及时调整教学思路，精讲多练，提高了课堂效率。

设计“学案”（又称导学提纲）是“学案式”教案的一大特色，也是教案中最主要的板块。每篇课文可以按照“解决字词—了解结构—探究问题—赏析语言—巩固运用”的步骤设计学案，一般分为：预习导学，探究导学和巩固延伸三部分。

“预习导学”主要是让学生按照学案的要求自读课文，了解作者及文章的主要内容，通过查字典、工具书或其他学习资料自行解决字词障碍，梳理文章的结构，同时提出自己困惑的问题。预习重点是引导学生自读课文，感知课文内容及文中表达的情感、态度，同时留出空白，及时填写学生自己发现的重点字词、阅读疑问、学习方法等。

“探究导学”这部分主要是根据文章内容和学生的初读情况精心设计的。在预习课文的基础上，通过不同层次的问题提示，引领学生自主阅读，使学生积极主动地探究自己能够解决的问题，赏析重点句段。在设计的学案中，这一部分内容仍要留有空白，以利于学生写出自己阅读时提出的问题或学习方法。

“巩固延伸”部分主要是针对课文中重要语段，通过练习巩固，查找一些和与课文有联系的课外资料延伸阅读，让学生能用课堂上学到的阅读方法自主去读去悟，提高学生阅读的能力。

以学案导引学生阅读的难点，首先是启动学生自己感知材料。通过初读，理解课文的大概，尝试自己解决问题，同时初步解决遇到的种种疑难、困惑、想法。所以教师在起始阶段，应有足够的时间、足够的力度，将学生的学习纳

① 苏霍姆林斯基.培养集体的方法.苏霍姆林斯基选集[M].第1卷.蔡汀，王义高，祖晶编译.北京：教育科学出版社，2001.8.

入自学的轨道。然后，教师应提供时机，促使学生自己提出问题，交流收获。在学生自主运作的过程中，教师应扣紧教学目标，梳理问题，有计划、有步骤地进行质疑，引导学生探究，运用技巧突破难点。最后，学生根据理解，巩固、实践学过的基础知识和技能。在根据学案的学习过程中，预设的每一节课的学习流程一般分为前期自我体验学习、展示交流学习成果、教师点拨及拓展延伸等几个环节。

1. 前期自我体验学习。前期自我体验学习就是根据教学目标，启动学生自己学习课文的感知阅读，是老师引导学生学习，逐步教会学生自学的重要步骤。初步接触课文要通过预习，教师应根据课文特点，对预习提出明确的要求，以导学提纲渗透读写训练的目标,并在学习中提出疑难问题。根据老师设计的学案，学生读准字音，了解课文写了什么内容，联系上下文或借助工具书理解部分难懂的词语或句段。探究赏析课文时，要根据学案前期自我体验学习，自主阅读，探究解决问题，为下一步展示性学习做好铺垫，增强语言沟通的可能性。

2. 展示交流学习成果。心理学证明，每一位学生的内心深处都有强烈的“展示欲”。在“展示欲”的推动下，学生展示交流常常是课堂中最精彩的亮点。通过提前学习，学生尝试了自学和体验，为展示交流奠定了一定的基础。教师要认真了解学生的自学情况，要检查和组织学生交流。交流前，教师要有详尽的计划，明确交流的目的和内容，老师要组织好、主持好。通过交流，师生达成一致，哪些问题已解决，哪些问题可以当堂解决，哪些问题尚待解决，老师通过检查做到胸中有数，既检验学生对课文的理解程度，也锻炼学生听说的能力，在生成中找出下节课的重点问题。

3. 点拨性学习。通过前两个阶段的初读和探究阅读，学生对课文的理解程度同教材所要求达到的目标会有一定出入，要解决这一问题，还需要教师抓住教材的重难点，根据学生自学的情况，深思熟虑设计教学过程、教学方法、学习方式，引导学生细读深悟，努力使学生达到教材要求的目标。在学习过程中，教师要发挥主导作用，起到讲解、点拨的作用，指导学生读课文的重点部分，把重点读懂，把握内容，体会作者怎样用词造句表达事物。在指导时，教给学生阅读方法、学习方法、加强读写训练，让学生对读写结合的目标了然于心。

4. 练习拓展。练习是学生巩固知识和技能的有效途径，同时它还是检查、反馈一篇文章学习情况的重要方式，因此进行练习是阅读教学中每一节课必不可少的一项环节。教师要结合阅读教学的内容在学案中设计相关字、词、句、段、篇的基础练习，通过练习巩固积累字词、句段，并通过练习达到读写结合的目标。

学案设计引导学生自主学习，应遵照循序渐进的原则，各年级在不同层面上对每一步应逐步按照“教授学习方法”—“半扶半放掌握方法”—“运用学习方法”的顺序进行引导。如低年级侧重引导学生预习，解决字词，到高年级，只需在学案中点出关键字词，让学生自己解决。中年级侧重于细化探究问题，引导学生探究赏析课文的方法，以便到高年级引领探究课文的中心问题，使学生能自主找到解决问题的方法。总之，老师要根据学生在课上的表现情况，对学习中表现出来的难点及时引导、点拨，使课堂教学焕发主动、自主、探索的活力。

案例

《枯叶蝴蝶》学案

学习目标

1. 朗读课文，把握文章内容，理解作者的写作意图。
2. 体会作者用词之精妙，描写之细腻；揣摩文中重点句子的深刻含义。
3. 体会文中所蕴含的深刻哲理，认识到弄虚做假的危害性。
4. 初步了解文章的写作方法。

教学重难点

1. 学习重点：理解含义深刻的语句，体会诗意中蕴含的哲理。
2. 学习难点：学习课文由物及人，托物明理的写法。

学习方法

采用四步读书法进行学习，运用诵读法、圈点法等学习方法研习文本，在读、思、悟中学习课文。

课时安排

三课时

教学过程

一、复习四步读书法，明确学习目标

1. 初读课文，学习词语，整体感知。

2. 细读课文，品味语言，理解内容。

3. 精读课文，提炼主旨，概括中心。

4. 赏读课文，发散思维，拓展联想。

二、初读课文，学习词语，整体感知课文内容

1. 了解作者和枯叶蝴蝶的有关知识。（可查阅相关资料）

2. 初读课文，学习词语，完成下列题目（可查阅工具书）：

（1）给下面画横线的字注音。

阖起　收敛　逸出　枯槁　憔悴　翱翔　装模作样

（2）解释下面的词语。

装模作样：　阖起：

收敛：　逸出：

翱翔：　枯槁：

殊不知：　行径：

生生不息：

3. 初读课文，整体感知文章内容，思考：

（1）本文的主要内容是什么？

（2）这篇文章的体裁是什么？

（3）枯叶蝴蝶的产地在哪？

（4）枯叶蝴蝶名字的由来是什么？

（5）枯叶蝴蝶的主要特性是什么？

4. 把你阅读时遇到的问题和疑惑写在下面，以便课堂上交流研讨。

三、细读课文，品味语言

1. 思考：

（1）枯叶蝴蝶之所以“珍贵”的原因是什么？ 它最擅长什么？

（2）枯叶蝴蝶怎样伪装自己？（用原文回答）

（3）枯叶蝴蝶伪装自己的目的是什么？结果怎么样？导致这种结果的原因有哪些？从文中找出相应的句子。

2. 理解句子：

它收敛了它的花纹、图案，隐藏了它的粉墨、彩色，逸出了繁华的花丛，停止了它翱翔的姿态，变成了一张憔悴的、干枯了的，甚至不是枯黄的，而是枯槁的，如同死灰颜色的枯叶。

（1）画出这段文字中表示枯叶蝴蝶动作的词并体会其作用。

（2）画出这段文字中表示颜色的词并体会其作用。

（3）比较“枯黄”和“枯槁”的不同。

不仅因为它的美丽，更因为它那用来隐蔽它的美丽的枯槁与憔悴。

（1）这个句子中用了什么样的关联词？说明什么？

（2）语言训练：不仅因为……更因为……

有一种生物比它还聪明，这种生物的特技之一是装假作伪，因此装假作伪这种行径是瞒不过这种生物——人的。

这里的两个“装假作伪”各是写谁的？这句话表达了作者什么样的感情？

四、精读课文，概括中心

思考：

文中说明哲理的句子是哪些，画出来联系课文内容理解。

1. 做什么要装模作样，化为一枝枯叶蝶，最后也还是被售，反而不如那翅膀两面都光彩夺目的蝴蝶到处飞翔，被捕捉而又生生不息。

这句话是说：还是不装假作伪好，美丽就让她美丽好了，这样可以生生不息。

2. 我要我的翅膀两面都光彩夺目。

这句话运用了比喻的修辞方法，“翅膀两面”指人的内心和外在行为。这句话的意思是指做人要表里如一，不但要有外在美，还要有内在美。这一议论句，总结了全文，形象地点明了文章主旨。

五、赏读课文，拓展联想

思考：

由枯叶蝶的悲剧你联想到了什么？或者你有什么不一样的想法，说出来与同学分享。

（1）枯叶蝴蝶，我想对你说：“______________。”

（2）人类，我想对你说：“______________。”

（3）“徐迟先生______________。”

（4）我认为______________。

六、总结收获

1. 内容：______________________________。

（本文从枯叶蝴蝶装假作伪而导致绝种这一凄惨的命运，抒发了对装假作伪现象的憎恶，教育人们做表里如一的人。）

2. 结构：______________________________。

（本文前一部分记叙枯叶蝴蝶濒临灭绝，后一部分讲明蕴含的哲理，条理清晰。）

3. 写作方法：______________________________。

（先叙后议 托物明理。）

七、巩固练习

1. 品读“我要我的翅膀两面都光彩夺目”回答以下问题：

这句话运用了（　　）的修辞方法，“翅膀两面”指人的（　　）和（　　），全句可理解为做人要（　　）。

2. 在（　　）里填上恰当的动词。

它（　　）了它的花纹、图案，（　　）了它的粉墨、彩色，（　　）了繁华的花丛，（　　）了它翱翔的姿态，（　　）了一张憔悴的、干枯了的。甚至不是枯黄的，而是枯槁的，如同死灰颜色的枯叶。

3. 在（　　）里填上恰当的关联词。

它这样伪装，是为了保护自己。（　　）它还是逃不脱被捕捉的命运。（　　）它的美丽，（　　）它那用来隐蔽它的美丽的枯槁与憔悴。

八、作业

1. 选取文中你喜欢的两段课文背下来。

2. 从你读过的课外书中摘抄有关描写蝴蝶的语句和诗文。

（山东省烟台市特殊教育学校　孙吉凤）

第五节　聋校五环节课堂教学

由于听力缺陷对身心发展带来的影响，聋生的语言发展、认知能力不同于健听儿童，所以对聋校语文课堂教学有着特殊的要求。1997 年 9 月在上海召开的中国一体化教育研讨会上，来自全国的 150 位专家讨论后一致认为，有效的课堂组织要达到以下几点：一是明确而恰当的教学目标；二是全体学生积极思维，主动参与学习；三是课堂组织灵活，分层递进，达到各自的教学目标；四是为所有学生提供练习、实践和反馈的机会。我们的阅读教学旨在培养学生的阅读能力。教会学生阅读，精读课文的每一步的学习，均应根据学习阅读的客观规律，根据读写结合的规律，尊重学生的主体地位，发挥学生的主动学习的积极性，选择适合学生的学习流程。

据此，山东省烟台市聋哑中心学校推进课堂教学改革，积极尝试适应聋校语文课的“五环节课堂教学”：目标导引、体验发现、应用实践、反思学法、拓展内化。这种有效的课堂组织能集中学生注意力，调动学生的学习主动性和积极性，建立良好的课堂秩序，保证课堂教学顺利进行，实现课堂教学的“两个高效”，即每一位学生的高效、每一分钟的高效。

五环节课堂教学分别是：

第一，目标导引，明确方向。即教师教学前先让学生明确本节课的学习要求，确定本课的重点、难点，让学生和老师一起为目标而努力。目标导引要考虑学生年龄特征，启发他们思考，要考虑聋生的特点，语言要简洁，要迅速导入新课，不要耗费过多的时间和精力。根据聋生特点，导引目标可印于学案中，或载于多媒体，或提前进行板书。

第二，自主阅读，体验交流。

1. 激发学生自读质疑。在整体上让学生初步感知全文，了解课文内容，引导学生发现问题。如教师可以问：“你读了课文，你知道了什么？不知道什么？还想知道什么？”自学时，对 B、C 类学生可适当降低要求，对 A 类学生可适当提高要求。为便于学生自主阅读，在条件允许的情况下，可为学生印发或用多媒体展示简明实用的“导学案”，以指导学生更加高效地阅读体验。

2. 合作交流，引领点拨。在讨论交流中，教师要善于抓住机会，精心设问，并组织全班交流。在完成“自主阅读，体验发现”后，就应顺势实施合作交流。课堂上最常用的是分小组合作，交流生成。一般前后左右每四人为一组，交流自己的阅读体验。为了更有效地激发小组竞争活力，四人一组的小组人员构成可实行“组间同质，组内异质”的原则。小组合作的另一任务是讨论疑点、难点，仍不能解决的问题，可编成题目，留到下一步解决。

3. 创设情景，引导学生入境悟情。在自学体验与小组合作交流的过程中，学生感受深了，情感被激发出来了，他们会情不自禁地想读、想抒发自己的情感。这就要求教师应进一步深入课文角色，利用即兴演示、画简笔画、多媒体等手段创设情境，带学生一起去深化体验和感悟，使课文表达的情感与学生的情感产生共鸣，教师要顺势鼓励学生品评课文，反复诵读，使文中的语言内化成自己的语言。

第三，语言实践。讨论学习之后要依据目标、重难点和学生学习后的理解情况，设计有层次、多形式的练习题，由学生或老师拟出一组十分钟的自测题，进行语言方面的练习实践，帮学生巩固和运用所学知识，举一反三，顺向迁移，如画一画、填一填、写一写、读一读、做一做等。学生回答后互相评荐，纠正错误，检查学习效果。

第四，总结学法，交流收获。下课前几分钟，可先让每个学生在自己座位上总结一下这节课的学习方法和主要收获，再在 A、B、C 各类学生中分别选一两名交流总结，共享经验，使各类学生接收的信息都能得到及时的反馈。

第五，拓展延伸。根据课堂中学到的阅读和写作方法，适当拓展，进行课外阅读和写作训练。

实践证明，“五环节”课堂教学活动，能够有效激发学生学习兴趣，便于学生掌握自学方法，培养学生良好学习习惯，获得语文素养和语文学习能力的提高，是一种行之有效的聋校语文课堂教学模式。

案例

《爬山虎的脚》教学设计

教学分析

《爬山虎的脚》这篇课文讲了爬山虎的叶子、爬山虎的形状和特点以及它是怎样用“脚”爬的，启发人们留心细致地观察周围的事物。

课文围绕爬山虎的脚，把意思说得十分清楚，这是本文表达上的一个特点。结合本课的特点和本组课文的训练重点，教学过程中以读书训练为经，语言文字训练为纬，调动学生的多种感官参与学习过程，以学生饶有兴趣的说、演、画、议来代替教师单一的讲、灌形式，在艺术的熏陶下激发学生学习兴趣，力求最大限度地发挥学生的自主性、主动性、发展性、创造性，从而达到激发兴趣、理解感悟的境界。

学情分析

同学们对爬山虎这种植物并不陌生，但对爬山虎细心观察的同学却几乎没有。现在正是初春时节，此时在本地爬山虎还没有发芽，因此，我想先通过课件展示，利用学生们以往的知识经验，通过朗读课文学习本课。课后再留下观察作业，让学生通过观察校园里的爬山虎，进一步感受作者细心的观察以及表达方式，从而培养学生细心观察的意识。

教学目标

1. 认识6个生字，会写11个生字，正确读写“引人注意、均匀、重叠”等词语。
2. 正确流利、有感情地朗读课文，背诵全文（A、B类学生）
3. 了解爬山虎的特点，理清课文的叙述顺序。
4. 学习作者细心观察、具体表达的方法，培养学生留心周围事物的意识。

教学重点

通过对词语的理解，了解爬山虎脚的特点，理清课文的叙述顺序。

教学难点

学习作者细心观察、具体表达的方式。

教学学法

1. 教师通过指导学生朗读课文，联系生活实际，抓住文中重点词句引导学生进行理解。

2. 学生通过查词典、联系上下文，以及自己的生活经验理解课文、感悟课文。

教具准备

大字课文、课件、爬山虎向上爬的动画演示

课时安排

四课时

教学过程

初读感知

一、目标导引

1. 读准字音，不会读的字，通过查字典注音、读准。

2. 画出新词、不明白的词，通过查词典、联系上下文，结合生活实践理解词义。

二、体验发现

1. 指导学生朗读课文。

2. 学生自读课文，画出生字词。

3. 查字典，联系文中的句子，通过实际观察、演示理解词语。

均匀：指分布在各部分的数量相同。（通过作业本在讲桌上的摆放，进行演示。）

重叠：相同的东西一层层堆积。（进行演示）

空隙：中间空着的地方。

巴：紧贴。（动作演示）

痕迹：指墙上的痕迹。（认识）

牢固：结实。

费劲：费力。（耗费力量）

休想：别想。

萎：植物干枯。（实物认识）

漾起波纹（动画演示或现场观察）

4. 读课文

三、应用实践

1. 根据课文填空

爬山虎的脚（　　）的时候，六七根细丝的头上就变成（　　），（　　）墙。细丝原先是（　　），现在（　　）了，把爬山虎的嫩茎拉一把，使它（　　）在墙上。爬山虎就是这样一脚一脚地往上爬。

2. 用词造句

舒服——

均匀——

牢固——

四、反思学法

在教师的引导下，学生通过自读课文找出生字词，然后查词典、联系上下文以及自己的生活经验理解词义。

五、拓展内化

1. 在田字格本上写三遍词。

2. 做“语文训练”1、2题。

探究赏析

一、目标导引

1. 指导学生朗读课文，联系生活实际，抓住文中重点词句引导学生进行理解。

2. 学习作者细心观察、具体表达的方法，培养学生留心周围事物的意识。

二、体验发现

（一）请同学们看课文插图。

1. 你看到了什么?

2. 有什么特点?

3. 你能用一两句话把这些特点连起来说说吗?

4. 叶圣陶爷爷笔下的爬山虎的叶子是怎样的?

5. 自由朗读第二自然段。读了有什么感受?（美）哪些地方写的美?你喜欢哪句?

6. 自己感受一下风吹时爬山虎叶子的美。做一做拂过、漾起的动作，你能读好这句话吗?想欣赏一下风吹爬山虎的样子吗?（看视频）

7. 老师指导读出美来。可以采取老师读前半句，学生补充后半句的读法，也可以男女生分组读，让学生充分感受爬山虎叶子的美。

8. 作者为什么把叶子写的这么美呢?（认真观察）所以我们要学习作者认真仔细地观察事物的方法，养成良好的观察习惯。爬山虎的叶子之所以生机勃勃地铺满墙，这跟它的脚有密切的联系，爬山虎的脚又是什么样的呢?

（二）请同学们再看图，结合课文从以下几个方面观察爬山虎的脚：脚的位置；脚的样子；脚的颜色。

1. 谁来告诉老师你观察的结果。

2. 书上又是怎样写的呢?找出写脚的句子读一读。

3. 这一段哪一个词说明作者进行了认真仔细的观察?（注意）因为作者注意了，所以把爬山虎脚的特点写得这么具体。

爬山虎有自己独特的爬的本领，想尽快知道答案吗?那就请你们赶快学习第四自然段，聪明的你一定会找到答案的。

（三）根据以下几个方面分组学习，看哪一组同学学得认真，学得更快。

（老师巡视）

找出爬山虎爬的句子来；找出爬的动词；自己演示爬的过程。（怎样爬）

1. 谁来告诉老师你们学懂了些什么?（学生自由发表意见，其它学生补充，教师充分表扬）

2. 哪一组的同学能上来给大家演示一下爬山虎怎么爬的? 你们同意他的这种爬法吗?（让表演得不同的同学演示）

3. 你们想知道爬山虎究竟是怎么爬的吗?看大屏幕演示，学生可根据演示说出怎么爬。

4. 你们知道答案了吗？（长出一只脚，巴住墙，再长出另一只脚，再巴住墙，它要不停的向上爬，就要不断的长出新脚来，所以叶圣陶爷爷说“就是这样一脚一脚往上爬的”。）

5. 它是不是只往上爬的？你怎么知道的？它不只往上爬，还往左爬，右爬，爬满整个墙，所以才有叶圣陶爷爷在第二自然段中所描写的“一阵风吹过，一墙的叶子就漾起波纹，好看的很”。

触着墙的爬山虎的脚能爬，没触着墙的爬山虎的脚又怎么样呢？

（四）学习第五自然段。

1. 学完了这段，你知道了什么？（自由说）（没触着墙的脚萎了，触着墙的牢固，脚与墙有密切关系。）

2. 课文哪一个自然段还说明了这种关系呢？（第一自然段）作者运用了首尾照应的方法，使文章的结构显得更加完整，把第一自然段和第五自然段读一读。（男女分开读）

三、应用实践

1. 学了这篇课文，你知道了些什么？

2. 你要向叶圣陶爷爷学习什么？（留心细致地观察周围的事物）

3. 根据课文回答问题。（检验学生是否细心）

（1）爬山虎的脚长在什么地方？

（2）爬山虎是怎样一脚一脚往上爬的？

（3）根据自己的观察和学习，请画出爬山虎的脚，看谁画得最好。

四、反思学法

本课通过启发学生主动探究课文内容，自己提出问题，通过小组讨论解决问题。教师只是启发学生主动思考，加以适当点拨。

五、拓展内化

1. 背诵自己喜欢的部分。

2. 做“语文训练”“我爱探究”两部分习题。

3. 课后观察校园里的爬山虎的生长过程，并做好记录。

教学后思

为了了解学生对课文内容的理解情况，进而使学生对爬山虎的脚长在什么地方及爬山虎脚的样子有一个清晰的认识，讨论课中，我设计了这样一个环节：在学生充分地读书，在自读自悟的基础上，我提出了问题“爬山虎的脚长在什么地方，长得什么样子”。从学生举手的情况表明，多数学生都能够找到有关语句读出来。在文中第三自然段读出了“爬山虎的脚长在茎上”。“爬山虎的脚是什么样子？你能动手画一画吗？”第二个问题紧接着提了出来。同学们异口同声地回答：“能！”在学生看来，这是一件十分容易的事情。几分钟过去了，我巡视了一下，基本掌握了结果：全班几乎有一半的学生感到为难，即便是画出来了，画得也不准确。真没想到，一个看似十分简单的问题，却在学生中出现了问题。

为了能使学生真正理解文章内容，确保教学质量，我让学生重新品读第三、四自然段，抓住重点词语帮助学生理解内容。“叶柄的反面伸出枝状的六七根细丝，每根细丝像蜗牛的触角。”（生长位置，爬山虎脚的样子）“细丝跟新叶一样，也是嫩红的”。（爬山虎脚的颜色是嫩红的）“爬山虎的脚触着墙的时候，六七根细丝的头上就变成小圆片，巴住墙。”（爬山虎的脚好像长出“吸盘”了）然后让学生观看爬山虎的图片，增强对爬山虎的直观认识。最后让学生重新再画爬山虎的脚，这次多数学生画得比较好。

课后，我反思了学生画不出爬山虎的脚的主要原因是对语言文字的理解不到位。通过很多次实践证明，语言文字是阅读教学的根基所在，是我们在任何教学时候都不能轻视的。所以我及时修改了教案设计，确保了教学质量。

（山东省烟台市特殊教育学校　吴建宏）

思考问题

1. 备课备什么？六步备课怎样操作？

2. 课堂包括哪些环节？五环节课堂包括哪五环节？

第四章　课外阅读教学

第一节　课外阅读概述

一、课外阅读的重要性、目的和任务

语言是通过实践获得的，阅读能力是语言能力的一种，要获得阅读能力就必须进行大量的阅读实践。《义务教育语文课程标准（2011 版）》在教学建议中强调："要重视培养学生广泛的阅读兴趣，扩大阅读面，增加阅读量，提高阅读品位。提倡少做题，多读书，好读书，读好书，读整本的书。关注学生通过多种媒介的阅读，鼓励学生自主选择优秀的阅读材料。加强对课外阅读的指导，开展各种课外阅读活动，创造展示与交流的机会，营造人人爱读书的良好氛围。"据此，聋校应加强对配套课外读本的阅读指导，并鼓励聋生自主选择阅读材料，培养聋生广泛的阅读兴趣，提倡多读书、爱读书、读好书，增加阅读量，扩大阅读面。吕叔湘先生在《语文教学的两个迫切问题》中说："少数语文水平较好的学生，你要问他们的经验，异口同声地说得益于看课外书。"俗话说"操千曲而后晓声，观千剑而后识器"，这就说明只有量的积累达到一定的程度，才有质的飞跃。"一个人终其一生能够读完的书不会超过 2000 本，而且其中相当大的一部分（不少于半数）是应当在上学的年代里读过的。"（苏霍姆林斯基语）这就说明，保证聋生课外阅读具有特殊的重要意义，决不能松懈。因为我们的聋孩子就特殊在没有语言环境，他们失去听能，只能靠读来输入信息，所以我们要引导聋孩子自创良好的语言环境，促使他们的语言能力得以扎实发展。聋孩子语言遗忘得特别快，老师们常常感叹："上课我教得多认真、多用心、多累，可一下课他们就忘了！"孟子说:"行有不得者，则反求诸己。其身正，而天下归之。"

我们不能怪我们的聋孩子，而应该反过来检查我们自己的教学。所以我们一定要引导他们有意识地沉浸在语言环境中。因此，课外一定要加大阅读量！只有加大课外阅读量，才能让学生从狭窄的课堂教学中解放出来，体味到语文的丰富性、生动性和趣味性。只有开展课外阅读，才能促使学生开发智力，认识世界，体味人生，获得审美体验，从而塑造美好人格、美好人生。如果说课内是以课文为例子，与学生共同探讨阅读、写作方法，领悟其精妙之处，那课外则是以加大阅读量为手段，有序地引导学生运用课内方法去读、去悟。同时，在课外阅读量的积累到一定程度后，推动课内学习产生质的飞跃，培养学生个性品质，转差促优，开发智力，训练思维，弥补课堂教学的缺陷和不足。

二、实施课外阅读的困难

多年来，课外阅读对聋校语文教学一直是一个沉重而无奈的话题。课外阅读的难点在于：一是观念上的淡漠。聋校语文老师认为在现行的语文教学中无须进行课外阅读，能学好课本上的知识就不错了。二是时间的缺失。教师只盯着教科书不放，日复一日、年复一年地精耕细作，忽视语言的积累和语言能力的培养，把大量的时间花费在对语文知识的繁琐操练和机械重复之中，根本无暇顾及课外阅读。三是兴趣的缺失。学生只满足于学习书本上的知识，没有课外阅读的体验与兴趣。因此，学生越来越远离课外阅读。由于长期享受不到阅读的快感，阅读感觉越来越麻木，阅读的知觉越来越迟钝，人文素养贫乏，读写能力低下，由此形成了一个又一个恶性循环。四是课外阅读书籍难选择。

第二节　推进课外阅读的策略

从全面提升学生语文素养和语文能力的大目标出发，应确立“课外阅读是课内阅读教学的继续和补充”，“课内学得少一点、精一点、课外则多一点、广一点、深一点”等全新教学理念。各年级语文课堂教学中，教师要充分利用有限的时间进行精讲精练，与学生共同探讨阅读、写作方法，领悟其精妙之处。

课外则以加大阅读量为手段，结合课堂阅读教学内容，从报纸、杂志、课外书籍、网络等载体中选取题材贴近聋生生活、难度适中的文章，引导聋生进行阅读，引发他们的阅读兴趣。同时将阅读教学延伸到课堂外，充分重视对聋生课外阅读的指导，把聋生课外阅读计划列入到整个语文教学计划中，有序地引导学生运用课内方法去读、去悟、去写。因此，严格挑选供学生阅读的书籍，有效组织阅读，显得十分重要。靠某一个老师个人的力量，是无法面对如此大量的任务的。要将少数善于阅读的学生的经验，变成全体学生的经验，就要突破课堂的禁锢，突破课本的约束。

为了保证学生阅读的实效，要做到：读得有序——从时间上保证；读得有法——从指导上保证；读得丰富——从读物上保证；读得精彩——从活动上保证；读得有效——从评估检查上保证。

读得有序

要使课外阅读真正有效，就要在学生的阅读时间上有保证，以校本课程弥补语文课训练的不足。可以安排学生每天晨读十分钟，读课文；晚读十分钟，读课外读物。将课外阅读纳入课表，在课程表中每周安排两节阅读课，地点是教室或图书室，并有老师负责，以保证阅读有序进行。另外要坚持安排周末读书、节假日读书，学生处定时统计读书进展情况，使读书贯穿于学生生活的每一天。

读得有法

课外阅读是学生独立阅读材料，在聋生形成阅读习惯，展开具有个人特色的阅读活动之前，需要教师进行精心准备，让学生的每一步阅读得到有力的指导。教师要仔细选择阅读材料，积极挖掘社会资源和乡土资源，选择多方面的阅读内容以开阔聋生的视野，帮助他们了解社会、认识自然。选择阅读材料要生动有趣，在思想上具有积极意义。阅读材料的难度要低于课堂教学内容，必要时教师要动手进行改编。要激发学生的阅读兴趣，推荐难度适宜的读物，指点阅读方法，指导写阅读笔记，组织学生交流，培养阅读习惯等。教师的引导对聋生具有重要意义，学生应在教师的指导下，放手让学生独立阅读，在整个学习过程中，应保证学生能读、会读。根据学生的阅读水平，可以分别以以下课型引导学生有效阅读。

阅读方法指导课 由老师向同学们介绍一些基本的阅读方法，例如如何精读和浏览、如何做读书笔记、画手抄小报和电子小报积累语言、如何写读后感等。以下是整合微机课老师教学生制作电子好书导读小报的案例。

案例

活动主题——制作好书导读报

选用教材

泰山版《信息技术》初中第三册下

课前分析

1. 这是一节有关于Word知识的综合运用实践课，教师新授前可让学生自己通过预习，结合语文实践活动，动手操作，尝试完成一份好书导读电子小报。一方面让学生重温一下Word的相关知识和技能，另一方面可以让教师对学生学习本课遇到的问题做一个了解，在新授过程中可以更有针对性地讲授、解决问题。同时，结合语文阅读活动的开展，让学生以更丰富、更直观的形式进行交流和学习。

2. 根据教学内容和学生平时操作情况，教师预计“版面划分”这一步是学生学习的难点。此外，在“图片的格式设置”和“对象的组合和层次叠放设置”中学生也可能会遇到问题。

3. 根据学生自学一节课后操作完成的作品分析，学生会利用表格和文本框设置小报，但不会利用一张完整的表格来划分版面，学生只是插入几个简单的表格和文本框，因而作品大都缺乏整体性，版面都很单一，过于简单。因此，教师决定先从利用表格进行版面设计与划分着手进行新授。

授课过程

一、导入

教师：上节课我让同学们根据课本内容和我们前面已经学过的Word知识和操作技能，自己先动手制作一份电子小报，同学们在制作过程中感觉怎样？你们遇到了什么问题？

学生：比较困难。

教师：我找到了几张你们设计制作的手抄小报（展示），我们看每张制作得都很棒！每张小报都主题鲜明、布局合理、形式多样，而且图文并茂。那么，一份简单的小报应该包括哪几部分？

学生：报头、标题、专栏、文字、花边、插图等。

教师：我们在纸上制作一份手抄小报时，分哪几个步骤？

学生：……

教师：其实，我们在电脑上制作小报的操作步骤也是相同的，大体分为六个步骤：收集资料—规划版面—划分版面—填充内容—修饰—打印（预览）。我们在纸上进行“划分版面”时，利用铅笔和尺子等工具很容易就能完成，但在电脑上我们该如何动手去做呢？

学生：……

二、新授

教师：下面请同学们先看老师示范利用插入表格进行版面划分设计。

教师边示范边讲解。这一教授部分教师分别讲授了插入表格、合并或拆分单元格、利用表格工具添加线条或插入线条、把表格线的颜色设置为无色等内容。

插入文本框部分学生可利用教师提供的动画，自己复习和运用。

1. 练习：每一个学生根据自己所准备的好书资料动手实践操作，教师再根据学生实际情况进行辅导、小结。

2. 选择较好的作品展示评价，学习优点。

3. 小结：好书导读报版块要清楚，修饰要美观，但不可占用太大面积，要把主要内容“好书介绍”丰富起来。

教后反思

1. 在新授部分对于表格的格式设置讲解得过细，如怎样改变单元格边框和背景的设置可放在小报制作“第五步修饰”时再进行讲解。教师在这里有点心急，没有考虑学生的认知特点和规律，只是从讲解知识点是否全面去考虑，有些死板。

2. 教师还可让A、B类学生进行“填充”的操作，插入文字、图片和艺术字等。在最后的小结中可把学生课前和本节课中制作的电子小报进行比较，突出利用表格进行划分版面的优势，从而更直观地让学生感到利用表格进行版面划分使小报的布局更丰富和合理。

3. 在最后作业布置时，教师再把网上的小报作品展示给学生看，以对学生的制作有所启发，达到交流学习的目的。还可把学生做的优秀作品打印出来，在学校宣传栏上展出，既介绍了好书，又激发学生办电子小报的热情。

（山东省烟台市特殊教育学校　李胜男）

自主阅读课　让学生在教室里、图书馆或电子阅览室看自己喜爱或老师推荐的文章或书籍，学生在这种课里沉浸在书香之中，静静地徜徉于书海之中。学生所读之书，由老师把好质量关，读之前对全班的书目进行审查，符合求知、开智、立德、审美、养身标准的才可以阅读，坚决把不良作品拒于阅读的门外。

老师推介课　由老师对学生的阅读进行引导，推介大量的优秀作家和作品，激发学生的阅读兴趣，可以课内外结合，将课上所学内容向课外阅读延伸，如学习了《从百草园到三味书屋》后，推介鲁迅的《朝花夕拾》；学习了《窃读记》后，向学生推介林海音的《城南旧事》；也可以根据学生阅读兴趣，推介《安徒生童话》《格林童话》《中外寓言》和冰心的《寄小读者》等；还可以向学生推介名家作品，如老舍的《骆驼祥子》《朱自清散文集》等。在推介课上可进行较为详细的介绍，开拓学生视野，提高阅读品位。

自主推介课　这是一种由学生主持的课，由多个学生介绍他们在阅读过程中遇到的好书、好文章，来一个美文共赏，来一个精彩点评，这样既激发了学生的阅读兴趣，又训练了学生的口才。

主题交流课　当阅读开始掀起一股热潮之后，在班级内部自然而然地会形成一个阅读场，学生之间交流图书，互通有无，共同读一本书，一篇文章。这时，在课堂上将学生分成几个小组，把读同一本书、同一篇文章的学生组成一组，交流阅读体会，在交流中碰撞出智慧的火花。

学生们在进行阅读交流

自主鉴赏课　这种课由老师或学生提供阅读材料，课前先阅读，做好点评及读书笔记，然后课堂上在交流切磋中深化对作品的认识。

文学欣赏课　由老师选择名作进行欣赏。如教学《鲁提辖拳打镇关西》时，延伸阅读《水浒传》，通过对《水浒传》的背景、塑造人物性格的特色进行欣赏，从而培养学生的鉴赏能力和审美能力。

成果展览课　当阅读进行到一定的阶段之后，学生积累了大量的读书笔记，自办了许多图文并茂的手抄小报，教师要优中选优，进行展览和奖励，并组织学生学习参观，这种做法能有力地推动和延伸阅读的健康发展。阅读笔记和手抄报是读写迁移的纽带，是学生自我表现、实现自我价值的平台，特别是优生在展览中，体会到了成功的喜悦，更激发了他们的阅读兴趣，也激发了后进生奋起直追、迎头赶上的念头。

总结提高课　选出在阅读过程中表现较为突出的学生，由他们介绍阅读经验，或老师点评优秀个案，剖析优秀生的成功经验，让学生从身边鲜活的事例中获取教益。

影视欣赏　每天晚上，可以组织中高年级的同学定时收看《新闻联播》，每周二、五下午，低年级看动画片，中高年级看经典名片，在影视欣赏、时事关注的过程中实现另一种方式的“读”。

这些阅读课互相配合，使学生阅读得法，把学生的阅读活动引入更高的层次。

学生们在进行课外阅读

学生们在进行阅读交流

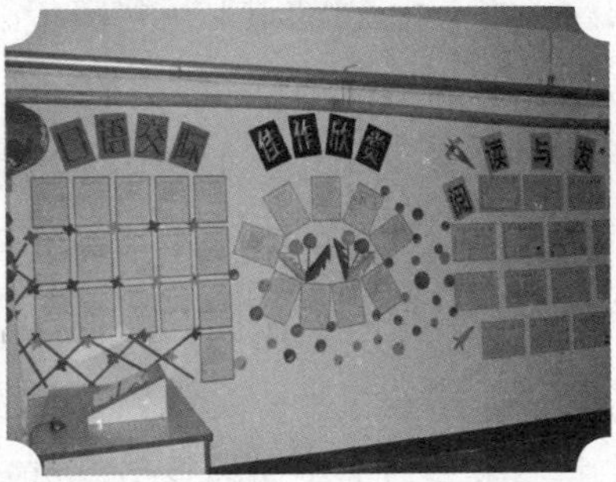

学生的特色作业展

老师们在进行阅读指导

读得丰富

读得丰富是指在读物上保证学生有书读，并且书的种类丰富，包括童话寓言、科普科幻、名人传记、少年文艺、古典名著、各种报刊等。每学期教导处可根据各个年级段的特点推荐阅读书目，如低年级的儿歌诵读、走进童话王国，一些图文并茂的注音读物如《幼儿智力世界》《童话世界》《儿童画报》《红蜻蜓》等刊物；中高年级的《古诗诵读》《小读者》《阅读与写作》《儿童文学》《读者》《意林》《青年文摘》等等。同时，拓展阅读渠道，从图书馆阅读再到网上阅读。拓宽阅读来源，由学生自发购书、订阅图书，建立班级流动图书馆；充分利用学校图书资源，做好学生的借阅工作；利用校内良好的网络资源，实施网上阅读。

在硬件环境、总体部署已初步具备的情况下，软件环境的创设靠的是各学科、各班级老师理念的更新及全心的投入。老师们要结合学生的实际情况，引导学生走出教材，将视线投向课外的广阔空间。每一步都需要各科教师的引导，大到学期初教学计划中读书计划的制定，小到每堂课的拓展延伸环节，都要有计划、有步骤、有落实地将读书活动渗透到学生的日常生活。需注意的是，即使在一个班内，学生的阅读水平也参差不齐，教师要充分运用硬件环境为每一个学生寻找适合其阅读的内容，以各种不同的形式调动各类学生的读书积极性，使其读得丰富。（学生阅读书目见附录：教导处推荐书目）

读得精彩

在阅读活动中要开展各种活动，让学生在精彩纷呈的活动中乐于读书，乐于展示。可以组织学生读儿歌、读古诗，与大师对话，与心灵交流，让各类与读书相关的活动丰富聋生的校园生活。

校园对诗会：根据诗文上下句提示背诗，根据图片画面意境背诗，或是两人竞赛谁背得好、背得多，你一首，我一首。

故事会：童话故事、科学家的故事、名人故事……通过一个个主题故事会，同学们能讲得活灵活现，大家也听得入迷。

名人名言我最多：“业精于勤而荒于嬉，行成于思而毁于随”“勤劳一日，可得一夜安眠；勤劳一生，可得幸福长眠”……这项活动使名人跨越时空来到校园，激励着每一个聋儿。

我会说句子：低年级的小同学就一个词语扩展开去，说出许多句子。展示实物，是一组句子；看一幅图，是一组句子；创设情境，又是一组句子。

词语接龙：这个活动促使一个个词语串成语言的长龙，串出孩子们心中积累的一个个词语，加强学生语言的积累。

成语擂台赛：通过比赛，学生的竞争意识会被激发出来。你说的成语多，我写的连成串，你理解得透彻，我讲的成语故事分外吸引人。

诵读小状元：老师每天指定背诵的内容（或学过的课文，或课外阅读的精彩片断），利用晨读、晚读及课余时间熟读成诵，评选出诵读小状元，并及时推广诵记经验，带动督促检查班级其他学生的诵读任务。

课本剧表演：《找春天》《灰姑娘》《西门豹治邺》等课文内容或大或小、或深或浅，孩子们用生动的表演诠释着对文本的理解。

阅读积极分子：每学期根据阅读表现和成果，推选出阅读表现较好的同学，树立阅读榜样，营造阅读氛围。

我是小主持人：专门成立朗读小组，小组人员要口齿清晰、语言流畅。在学校举行的活动中，如升旗、文艺汇演，由他们轮流参加升旗仪式的演讲、汇演的主持人、参观迎宾的解说等，让学生在大胆交流中增强自信。

学生们在进行对诗

学生办的古诗墙报

学生们在进行课本剧表演和诵读比赛

学生们在讲故事和进行辩论赛

案例

一堂与雪有关的聋高中语文活动课

活动背景

学期末，烟台又飘起了大雪。课间，我伫立于阳台边，凝视着这些天外来客，竟情不自禁地伸出双手去接那美丽的雪花儿。

这时，上课的红灯骤然亮起。在走廊里、操场上玩雪的学生们，在我的一再催促下朝教室里一步步走去，而眼睛始终关注着飘飘洒洒的大雪。

教室里，学生们的视线几乎都朝向了窗外，外面的雪花儿愈来愈大了，飘舞得也愈来愈起劲儿了，似乎故意在诱惑他们似的。

我的内心激烈地斗争着：这节课我有能力把他们的心思拉回教材的学习之中吗？还是任由他们的兴致，索性放纵他们一次呢？毕竟已近期末，况且是我校第一届聋高中班的学生，还要面临考大学……短暂的矛盾后，我的脑海中跳出了尊重学生、尊重学生的兴趣爱好以及最近在学校的读书论坛中学到的新课改理念“语文学习的外延等于生活”等启示。于是，我豁然开朗了。这样，一节完全没有预设的语文活动课就应“雪”而生了。

活动过程

一、打开窗户，把雪花迎进教室

师：生在烟台，我们都好有福气，每年都能看到大雪，今天我们的课就围绕着雪展开，好吗？现在是上课时间，我们不能到操场上，那就请打开北窗，让我们与雪花热烈拥抱一番吧。

（不怕冷的几个学生随即打开了窗户，而怕冷的学生旋即又关上了窗户。教室里一片喧哗）

师：大家究竟喜不喜欢雪？

生：喜欢！（异口同声）

师：那么，就让我们的精灵飘舞着来与我们拥抱吧。若怕冷，窗户开得小点儿，靠窗的同学可把课桌南移一些。

（极个别学生将课桌南移了点儿，有的反而把头紧靠在了窗沿上，张大了嘴巴，欲把雪花吞入口中……）

二、借助记忆，让雪花飘满教室

师：眼前这些美丽的精灵一定勾起了你脑海里的一些记忆、故事、诗句或其他与雪有关的什么吧，那就请同学们回忆一下，我们学过哪些和雪有关的课文？

生：我们刚刚学过的岑参《白雪歌送武判官归京》中的“北风卷地白草折，胡天八月即飞雪”，“纷纷暮雪下辕门，风掣红旗冻不翻”，“轮台东门送君去，去时雪满天山路”，“山回路转不见君，雪上空留马行处”。

生：宋濂《送东阳马生序》：“穷冬烈风，大雪深数尺，足肤皲裂而不。”

生：《卖炭翁》中的“夜来城外一尺雪，晓驾炭车碾冰辙”。

生：鲁迅《故乡》中的雪地捕鸟描写。（略）

师：能背一下吗？

（该生无语，其他同学也只能零零碎碎地背一点）

师：等一会儿我们去网络教室查阅有关的资料，复习一下，这可是相当精彩和重要的描写！

生：小时候学过一篇写雪的课文，写雪中、雪后的景色，我只记得“万里江山变成了粉妆玉砌的世界”这个句子。

师：对，你说的是五年级学的一篇课文《雪》，这么多年你还记得，不错！等一会儿我们找到原文再读一下。

……

师：刚才大家说的学过的与雪有关的课文很多，今天正好趁这个机会再展示一下大家的古诗诵读水平，请同学们回忆我们背诵的五十首古诗中，哪些与雪有关？

生：杜甫《绝句》中的“窗含西岭千秋雪，门泊东吴万里船”，柳宗元《江雪》中的“孤舟蓑笠翁，独钓寒江雪”。

师：你真棒！请你暂留一手，把机会留给别人吧。接下来每人只说一组诗句。

生：李白《塞下曲》中的“五月天山雪，无花只有寒”。

生：刘长卿《逢雪送芙蓉山主人》中的“柴门闻犬吠，风雪夜归人”。

生：王维《观猎》中的“草枯鹰眼疾，雪尽马蹄轻”。

生：卢梅坡《雪梅》中的“梅雪争春未肯降，骚人搁笔费平章。梅须逊雪三分白，雪却输梅一段香”。

生：高适《别董大》中的“千里黄云白日曛，北风吹雁雪纷纷”。

生：王安石《梅花》中的“遥知不是雪，为有暗香来”。

生：李贺《马诗二十三（其五）》中的“大漠沙如雪，燕山月似钩”。

生：卢纶《塞下曲》中的：“欲将轻骑逐，大雪满弓刀”。

……

师：真不错，同学们记得这么多写雪的诗句，那么，你能说出和雪有关的成语吗？

生：成语“雪上加霜”“雪中送炭”“阳春白雪”“雪泥鸿爪”“瑞雪兆丰年”。

师：“瑞雪兆丰年”是成语吗？

生：应该是短语吧。

师：对，这可得分清哦！继续。

生：“雪案萤窗”“雪案萤灯”“雪案萤火”“雪窖冰天”“雪窗萤几”。

……

三、网络阅读，制作以“雪”为主题的电子报刊

师：刚才同学们结合学过的课文、背诵的古诗和成语谈了许多和雪有关的话题，其实还远远不止这些。自古以来，雪就被人们吟诵着、描画着，那么到底还有哪些对雪的描写呢？让我们上网吧，查找与雪有关的图片、文字，然后结合你自己的所思所想，让我们制作一期和雪有关的电子报刊吧。

（将学生分为四个小组，用一节课的时间上网查找资料，制作电子报刊。）

注：因聋高中班的学生已有非常好的制作电子报刊的基础，所以利用下午第三节自由阅读课的时间就可以开始进行交流了。

四、盘点收获，将雪花铭记在心

师：我们因为雪回忆了和它有关的课文、古诗、成语，还制作了精美的电子报刊，我们与雪花的拥抱完美结束。

师：雪是易融易化的，但记忆是能久存的，就如大家刚刚所说的这么多诗文名句，展示的这么精美的图片。我们不仅可以将别人的诗文下载到自己的头脑中，我们还能用自己的生花妙笔描绘出自己眼中的雪以及所思所感。

今天晚自习的作业就是整理至少十五个带有雪的诗句，记录在阅读笔记本上，熟记掌握；写一篇以“雪”为话题的350~600字的作文，用上带有“雪”的各种诗句、成语等。

活动启示

1.这节课成功地开发了语文课程资源。《新课标》如是说：“各地区都蕴藏着自然、社会、人文等多种语文课程资源。”语文教师“要有强烈的资源意识，去努力开发，积极利用”，“创造性地开展各类活动，增强学生在各种场合学语文、用语文的意识，多方面提高学生的语文能力”。如果没有这纷纷扬扬的雪，就没有这一堂与“雪”有关的课，雪既是这堂课的诱因，也是这堂课的主角，正是这天外飞雪唤醒了储藏在学生脑海中那品种繁多琳琅满目的“雪”之魂魄。然而，如果没有教师的教学机智，最珍稀的资源也只能是一种浪费而已，特别是烟台年年下雪，可往往被我们熟视无睹，只有教师灵活机智地把握住了每一个可以利用的机会，并加以适当地策划、设计、组织、调控、引导，才能开发成绝妙的好课。由此可见，一个教师的教学机智在教学中所起的作用是多么的巨大，毕竟，教师乃教学活动的策划者、设计者、组织者和引导者。当然，假若

学生肚中无货或配合不积极，那么，这堂课也就难以展开、无法生成了。所以说，注重聋学生的语言积累，要从平日的一点一滴做起，丝毫不能放过任何一个细节。

2. 这节课充分体验了生成性这一新课标关于课堂教学特点的崭新理念，这节课学生所得到的远远大于45分钟的传统授课的知识量。

3. 这节课与信息技术整合，及时拓展了学生的知识广度和深度。

4. 这节课把握了学生心理动态（或者说搭准了学生的思维脉搏或者说充分尊重学生兴趣爱好），是一堂会使学生“永远记住”的“充满生活气息的语文活动课”。

5. 这堂课的不足之处是学生说雪、描雪、画雪的实践活动太少了，同时，书面的练习也不能在课堂上得到一定的训练，更未曾触及对雪的品评、欣赏等。这都是非常可惜的，是有待进一步拓广拓深的。

（山东省烟台市特殊教育学校　李岩）

读得有效

要提高语言表达能力，就要注重语言材料的积累。“书到用时方恨少”，恰恰是由于积累不足所致。儿童的语言多来源于听，而聋生主要靠从阅读中语言的积累，如果不保证学生将学到的词、句随时记录整理，那就只能是“小猴子下山”学一点扔一点。聋生的语言积累主要有以下几个渠道：课本中的语言积累；课外阅读中大量语言的积累；生活中的语言积累。课本也好，课外书籍也好，生活也罢，对于学习语文都是好的教材。“好记性不如个烂笔头”，要保证读得有效，不妨建立“五本”的语言积累法，构建“三多”的评价体系。

1. 建立“五本”的语言积累法

词语积累本　日常生活中，借助熟悉的生活、学习情景，逐步发展聋生的语言。捕捉生活体验，给学生补充语言，会极大地满足他们的表达需要，学习语言的兴趣浓了，效率也高了。引导学生随时将老师补充的词句整理在语言积累本上。在教室里根据不同年级的语文水平创设不同的语言文字环境，因为生活环境对聋生语言文字的影响也是很重要的。例如学校一日常规中早晨该先做什么，后做什么，晚上应怎么安排；一日三餐的菜谱、菜的名称，关注三餐中涉及到的植物蔬菜，并通过上网查询或问老师等方法及时了解如何种植、生长，成熟后又怎样加工成菜肴等；影视欣赏课时，及时通过板书或手语配上字幕，及时给学生补充语言。将生活常规形成文字，使聋生在校生活处处能学到语言。再如外出实践活动，教师事先要对活动内容、过程进行周密考虑，向学生提出活动要求、活动目的、过程、结果，活动时老师带上一些卡片、粉笔，学生带上小本子，看到什么就及时进行笔谈，回校后要求学生及时整理成文，提高他们的语言表达能力。生活中的语言积累同样在学期末评估、强化，整理在成长档案中，将自己的语言库储存丰富。

通过以上积累，学生的语言会日益丰富，厚积薄发。以二年级为例，一个学期在语文课的基础上，利用口语强化课为学生补充词语就能达 64 个、句子 44 个、对话 4 个、儿歌 2 首、古诗 1 首，这极大地丰富了学生的语言储备，提高了学生的语言表达能力。三年级有的同学能写出近 300 字的小短文，中心明确，语句流畅。

造句本 随着年级的不断增长，训练手段不断变化，二年级可以进行“每日写句”训练,三年级进行“看图写句”“景物写句”“看演示写句子”“随机写句”训练，高年级用词造句，用几个词写一段话等，这些都是丰富学生语言的极佳手段。学生在日常生活中的造句、写句也是很好的积累语言法。

阅读笔记本 因为有每周二节阅读课做保证，学生读得多了，要保证确有所获，就必须写读书笔记。读书时做笔记，使手脑并用，对所读的内容既加深了印象，也将自己的语言库丰富起来，为以后的查阅准备了资料库。笔记积累得多了，理解能力也就提高了，写作素材自然增多，写作能力随之提高。阅读课一定要指导学生写摘抄型、归纳型、感想型阅读笔记，使学生掌握正确的写阅读笔记的方法，使阅读笔记实用而非形式化。摘抄型阅读笔记要摘录文中的好词、成语、名言警句、含有修辞手法的句式、含有关联词的句子等，并要求学生反复诵读课外阅读时摘抄的优美生动语句、段落，使积累有效；归纳型阅读笔记，为学生提供构思的思路和方法；通过写读后感，提高学生对阅读作品的评价鉴赏能力，加强语言实践能力。教师对阅读笔记本每周定时检查，并作好统计，在班上公布，给认真的学生以激励，促使学生更自觉、更认真地进行阅读，保证学生阅读的数量和质量，提高学生的阅读兴趣。

日记本 从二年级开始就可以给每个学生建立一个日记本，引导他们从每天看到、接触到的事情中，选取一件或几件自己最感兴趣的事描述下来，随时随地锤炼语言，实现语言的迁移。例如：“雨停了，太阳出来了。”“今天中午，我们吃包子。”“昨天下午，老师举行拔河比赛。”“××× 回家理发了。”“姐姐给 ××× 买了一套新衣服”……随着年级的增加，逐步使内容更加丰满，语言更加流畅。到高年级后，结合语文教学实际和生活情景，进行“每天一日记”的写作强化训练。这样到初中毕业，学生就有近 2000 篇日记，语文知识和写作水平必然会有显著提高，聋学生的语言沟通水平会接近理想的目标。

沟通本 从一年级开始要求每位学生建立随身沟通本，以记录学生间、聋健儿童、教师和学生、学生和家长的交流记录，低年级同学对没学的字不强调会认、会写，只用拼音代替。从而让学生随时随地用所学的语言进行沟通交流，充分进行语言实践与积累，而且通过沟通小本的记录，教师能进行及时地评价与指导。这样尽量减少手势语带来的一些负面影响，加大语言的使用频率，提高所学语言的成活率，极大地促进学生自然语言的形成与发展。

学生的特色作业展示

学生在生活中进行语言积累

学生在沟通本上与海军辅导员沟通

沟通本展评

2. 保证读得有效的另一条途径是建立“两报”

两报指的是“画报”和“手抄报”，在阅读活动中，最能表现自我的就是办报，它带有强烈的个性倾向，这从主题、版面设计、内容安排、文章插图、书写特点等都能充分表现出来。

画报　画报是为低年级学生安排的读写展示。低年级的语文教材中有的有插图，有的没有插图，对于没有插图的课文可以让学生进行想象加上。也可以利用课余时间、活动课带领学生参观游览，做一些源于生活的游戏，让他们在活动中注意观察，或抓住人物的动作、表情，或抓住最精彩的情节，或领略大自然的风光，根据体验表达自己的所思所想，然后加上绘画，强化学生的形象思维。

手抄报　手抄报是为中高年级学生安排的读写展示。它是以摘抄、写作内容为主，学生自己办的小报。办手抄报的过程是学生自身价值体现的过程，它对激发阅读兴趣，提高阅读能力，培养阅读习惯起到很大的作用，它也能促进学生审美能力，陶冶道德情操。学生可就阅读材料摘录内容，根据想象画出图画，也可依据老师定的主题搜集资料或写段，内容写好后，再根据内容及想象配上插图。高年级学生主要是在阅读书报或体验生活的基础上编辑资料、写作、设计绘画、安排版面，也可以结合网上阅读，在微机老师帮助下办电子小报。

画报、手抄报、电子小报的主题可以自己定，也可以由老师定，按照一定的目的去创办，如实践活动类、传统文化类、科普类、风情类等。画报、手抄报、电子小报办完后一定要展览，通过展示，学生互相取长补短，水平不断提高。

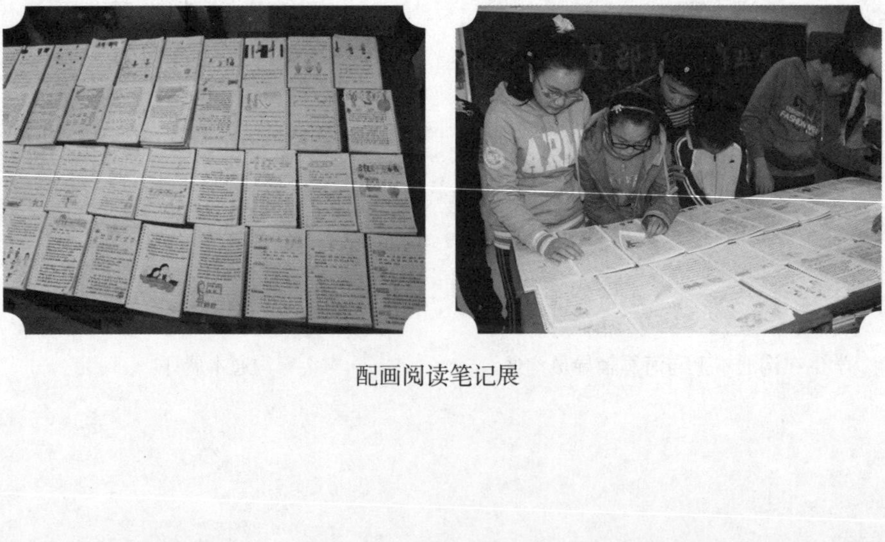

配画阅读笔记展

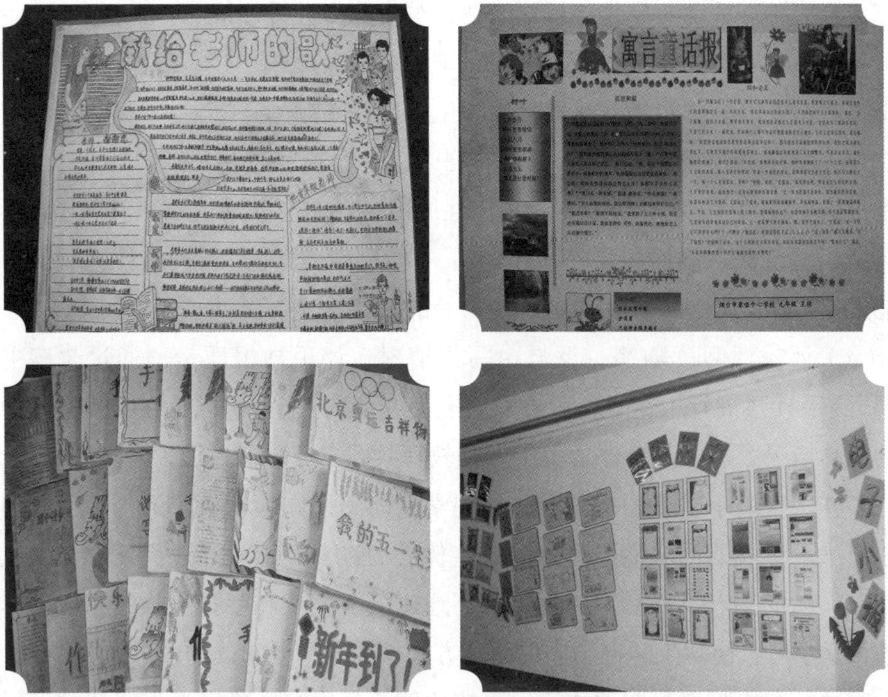

学生们办的手抄报和电子小报

3. 构建聋学生读写能力的“三多”评价体系：多形式、多阶段、多方位

对于学生的阅读要有检查，有评估，这是从制度上保证阅读的有效性。

多形式 对于阅读能力的评价应从知识与能力、过程与方法、情感态度与价值观几方面进行评价。在实践中采用动静结合，构建一套阅读课的检测和评价体系，整套评价体系包括四部分：一查，二听，三测，四评。

（1）查。查读书摘抄笔记，查阅读书目表，查学生手抄小报。每周对学生的阅读数量、质量进行检查、调控，并对阅读的状况进行评估打分。

（2）听。这是以寓教于乐的活动作为评估的形式，将评估内容巧妙地融入活动中，使学生在获得丰富体验的同时，不知不觉地完成评估，使枯燥的评估变成学生的乐趣、教师创新的新领域。如低年级语文组可以以“我会说”“课本剧”“词语游戏”“词语接龙”“串词成段”竞赛等形式进行词语积累、句子及句群的评估。

中高年级语文组可以以“为你介绍一本好书”“分角色朗读”“画文同步”“命题作文竞赛”“自由命题作文”“讲故事比赛”“课本剧表演赛”“我与大师对话”“读

书方法交流”等活动对学生的口语表达、写作能力进行评估。

老师听、看学生的自主阅读推介，听学生在讨论中的发言，听学生的阅读感受，听学生的朗读水平，这部分由学生组成评委打分。

（3）测。进行读写各方面能力的测试，遵循模糊性原则（即对阅读能力、阅读量进行评价）、重过程原则、主体性原则、导向与激励性原则对低年级学生进行口语、看话、词语积累、写作评估，对高年级学生进行阅读能力、语言沟通能力、写作能力、词句积累运用能力等的测评。

（4）评。评阅读随笔，评自由写作情况，评手抄报质量，通过“读书笔记展”“手抄报展评”，主要考察学生语言实际运用能力，以及在阅读过程中素养的提高情况，这一部分评估由学生和教师共同完成。通过展评，把内容丰富、形式多样、字迹工整、图文并茂，展现学生的阅读体验和丰富的内心世界的作品选出来。参观的同学们通过翻看这些优秀的读书笔记，通过品评交流，记住了优秀作品的亮点及以后努力的方向。通过读书笔记和手抄小报展，促进学生间的相互学习，使学生掌握更多的阅读方法，共同享受阅读的成果。

通过一查二听三测四评之后，再按比例评分，综合确定学生阅读的发展等级（ABCD 四等）。这样，加强了形成性评价，实现了定性评价与定量评价相结合，同时也注意到了教师的评价和学生的自我评价与学生间互相评价相结合。

多阶段 每学期教导处可进行两次评估，期中、期末各进行一次词语积累、读写情况抽查。在学期中每位教师根据本班、任教年级段的特点在教学过程中灵活评估。

加强形成性评价，采用成长记录的方式。每位教师每学期初制定学生的个别计划，写出综合情况分析及施教方案，学期中，收集能够反映学生语言学习过程和结果的资料建档，如低年级每个学生建立词语、句子积累、沟通成长档案，高年级针对阅读、写作、沟通进行测评建立成长档案。

多方位 形成学校、教研组、教师、学生、家长全方位参与的评价体系。教导处学期中与学期末的评估；教研组根据课题实验的总要求，结合本组的子课题进行行进性动态评估；每位教师根据本班、任教年级段的特点在教学过程中灵活评估；每学期召开两次家长会，通过“家长反馈表”，及时了解家长的意见并将好的方法进行交流。

为了让评估作用发挥到极致，可采用评估三步法。

第一步，看评估结果。通过看，发现问题。

第二步，反思。针对第一步看到的问题反思，教师、家长、学生同时参与，各自从不同的角度反思，教师从教的角度反思，学生从学的角度反思，家长从家庭教育的角度反思，共同思考解决问题的最优方案。

第三步，改进提高。将反思所得经验和改进措施在教与学中实施，从而使各个方面得以提高。

评估三步法改变“为评估而评估、只评估不改进”的形式主义做法，使评价成为每个学生老师进步的新起点。

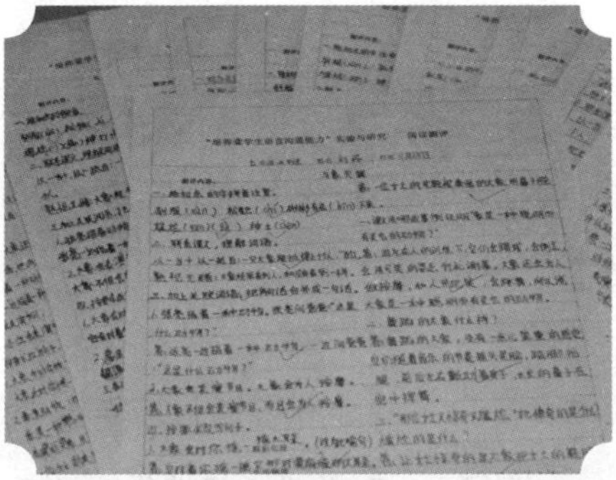

阅读评估

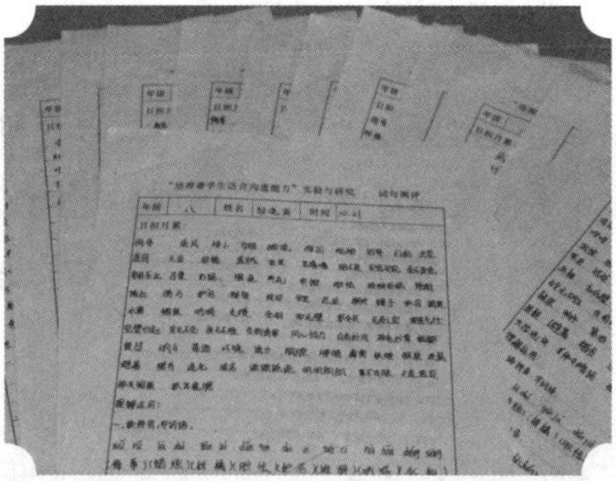

词句评估

学生的成长记录袋和语句积累本

画文同步展评

思考问题

1. 课外阅读的地位和作用怎样？
2. 课外阅读有哪些困难？
3. 落实课外阅读教学有哪些策略？
4. 怎样保证课外阅读的有序、有效进行？

附录1：

山东省烟台市聋哑中心学校
2003~2006年度课外阅读书目参考

2003~2004 第一学期教导处推荐读书书目

推荐教师书目：

1.《大教育家孔子》 2.《图说中外教育史》 3.《泛舟诲海》

4.《新教育理念》（袁振国，教育科学出版社） 5.《教育的经济价值》

6.《普通教育学》 7.《中国教育名著读本》 8.《德育新论》

9.《外国教育家评传》 10.《教育过程》（美国，布鲁纳）

推荐家教书目：

1.《好父母 好家教》 2.《告诉孩子，你真棒！》 3.《好习惯是培养出来的》

4.《知心姐姐》 5.《告诉世界，我能行》 6.《做人与做事》

推荐学生书目：

1.《成语故事》 2.《中国神话故事》 3.《中国童话故事》

4.《中国少数民族民间故事》 5.《中国古代寓言故事》

6.《中外历史故事》 7.《格林童话精选》 8.《伊索寓言精选》

9.《安徒生童话精选》 10.《克雷洛夫寓言精选》 11.《西游记》

12.《小学生必背古诗 70 篇》 13.《水浒传》 14.《朝花夕拾》

15.《骆驼祥子》 16.《繁星 · 春水》 17.《鲁滨逊漂流记》

18.《格列佛游记》 19.《钢铁是怎样炼成的》 20.《童年》

21.《名人传》 22.《初中生必读古诗文 50 篇》 23.《论语译注》

24.《孟子选译》 25.《庄子选译》 26.《三国演义》

27.《红楼梦》 28.《西厢记》 29.《呐喊》

30.《鲁迅杂文选》 31.《朱自清散文精选》 32.《子夜 · 林家铺子》

33.《家 · 海的梦》 34.《茶馆》 35.《雷雨》

36.《女神》 37.《语文常谈》 38.《谈美书简》

39.《老人与海》 40.《哈姆莱特》 41.《堂·吉诃德》

42.《歌德谈话录》 43.《巴黎圣母院》 44.《欧也尼·葛朗台》

45.《匹克威克外传》 46.《复活》 47.《普希金诗选》

48.《泰戈尔诗选》 49.《莫泊桑短篇小说精选》

50.《契诃夫短篇小说精选》 51.《欧·亨利短篇小说精选》

52.《边城·雪晴》 53.《高中生必背古诗文40篇》

2003~2004第二学期教导处推荐读书书目

推荐教师书目：

1.《陶行知教育读本》 2.《图说中外教育史》

3.《新教育理念》（袁振国，教育科学出版社） 4.《创造性思维与教学》

5.《审美教育书简》 6.《中国教育思想史》 7.《现代教育管理》

8.《中国著名教师访谈录》（自编） 9.《中外教育散文读本》

10.《明日之学校》（杜威著，王承绪编译，华东师范大学出版社）

推荐家教书目：

1.《好孩子是教出来的》2.《神奇的教育世界》 3.《母亲的心》

4.《教子读本——让孩子赢在起跑线上》

5.《52篇亲情和友情的故事》 6.《家庭教育》

推荐学生书目：

（一）一年级学生必读书目（拼音读物）

1.《中国古代寓言故事》 郏笪钟编写 北京人民文学出版社

2.《中外神话传说》新利选编 北京人民文学出版社

（二）二年级学生必读书目

3.《克雷洛夫寓言全集》〔俄〕克雷洛夫著，裴家勤译 译林出版社

4.《拉·封丹寓言》〔法〕拉·封丹著，倪海曙译 上海译文出版社

5.《格林童话全集》〔德〕雅各布·格林威廉·格林著 译林出版社

6.《科学王国里的故事》王会等主编 河北少年儿童出版社

（三）三年级学生必读书目

7.《伊索寓言》〔希腊〕伊索著 中国妇女出版社

8.《宫泽贤治童话》〔日〕宫泽贤治著，周龙梅译 少年儿童出版社

9.《列那狐的故事》〔法〕玛·阿希·季诺著 北京教育出版社

10.《天方夜谭》郅涛浩等译 译林出版社

11.《130个科学游戏》〔德〕汉斯·普雷斯著，吴衡康编译 中国少年儿童出版社

12.《东周列国志故事》郭平，陈咏超 改编 江苏少年儿童出版社

（四）四年级学生必读书目

13.《稻草人》等其他童话 叶圣陶 中国少年儿童出版社

14.《中国当代儿童诗歌选》张继楼，彭斯远选编 四川少年儿童出版社

15.《外国儿童诗选》文成英，李融编选 四川少年儿童出版社

16.《科学家故事100个》叶永烈著 少年儿童出版社

17.《中外探险故事精选》伊明选编 中国少年儿童出版社

18.《无尽的追问》王淦昌著 湖南少年儿童出版社

19.《昆虫记》〔法〕法布尔著，言小山译 人民教育出版社

（五）五年级学生必读书目

20.《圣经神话故事》陈静选编 中国少年儿童出版社

21.《严文井童话选》严文井著 四川少年儿童出版社

22.《普希金童话》〔俄〕普希金著，亢甫，正成译 浙江少年儿童出版社

23.《王尔德童话》〔英〕王尔德著，唐讪辉译 中国连环画出版社

24.《中外动物故事选》伊明选编 中国少年儿童出版社

25.《中外经典科普故事》伍钚编 中国少年儿童出版社

26.《中外网络故事》伍钚编 中国少年儿童出版社

（六）六年级学生必读书目

27.《科学的发现》郭正谊等著 中国少年儿童出版社

28.《高士其科普童话》高士其著 人民文学出版社

29.《元素的故事》〔苏〕依·尼查叶夫著，滕砥平译 湖南教育出版社

30.《中国民间故事》宣仁选编 中国友谊出版公司

31.《诺贝尔奖金获得者与儿童对话》〔德〕贝蒂娜·施蒂克尔等编，张荣昌译 三联书店

32.《世界五千年》段万翰，顾汉松，陈必祥编著 少年儿童出版社

2004~2005 第一学期教导处推荐读书书目

推荐教师书目：

1.《叶圣陶教育读本》《教育与人生》（叶圣陶）

2.《素质教育学习提要》（教育部编写）　3.《爱心育人》（斯霞）

4.《科学家论教育》　5.《教育论》　6.《外国教育思想史》

7.《现代心理学原理》　8.《中国著名校长办学思想录》

9.《中外教育格言读本》

10.《讨论式教学法：实现民主课堂的方法与技巧》（布鲁克莫尔德等著，罗静等译，中国轻工业出版社）

推荐家长书目：

1.《哈佛家训》　2.《哈佛女孩刘亦婷》　3.《我的成长我做主》

4.《培养孩子成为学习高手》5.《M·S·斯特娜的自然教育》

6.《教你如何赏识孩子——赏识教育操作篇》

推荐学生书目：

（一）一年级学生必读书目（拼音读物）

1.《十万个为什么》卢嘉锡主编 少年儿童出版社

2.《与鸟儿一起飞翔》郑作新著 湖南少儿出版社

（二）二年级学生必读书目

3.《神奇的符号》苏步清著 湖南少儿出版社

4.《诗词中的科学》唐鲁峰等著 江苏人民出版社

5.《中国古代科幻故事集》杨鹏，刘道远编 中国少年儿童出版社

6.《阿凡提的故事》赵世杰编译 中国少年儿童出版社

（三）三年级学生必读书目

7.《东周列国志故事》郭平，陈咏超 改编 江苏少年儿童出版社

8.《一百个中国孩子的梦》董宏猷著 二十一世纪出版社

9.《我们的母亲叫中国》苏叔阳著 中国少年儿童出版社

10.《小兵张嘎》徐光耀著 中国少年儿童出版社

11.《三寄小读者》冰心著 少年儿童出版社

（四）四年级学生必读书目

12.《我的野生动物朋友》〔法〕蒂皮·德格雷著，黄天源译 云南教育出版社

13.《做人与做事》卢勤著 接力出版社

14.《30天环游中国》郑平等编 中国少年儿童出版社

15.《草房子》曹文轩著 江苏少年儿童出版社

16.《第三军团》张之路著 中国少年儿童出版社

17.《巫师的沉船》班马著 二十一世纪出版社

18.《糊涂大头鬼》管家琪编 浙江少年儿童出版社

（五）五年级学生必读书目

19.《科学改变人类生活的100个瞬间》路甬祥主编 浙江少年儿童出版社

20.《水陆两栖人》〔苏〕阿历山大·别利亚耶夫著，善诚译 科学普及出版社

21.《中外艺术家的故事》江钥含编 中国少年儿童出版社

22.《国际知识问答》中国少年儿童出版社编 中国少年儿童出版社

23.《上下五千年》林汉达，曹余章著 上海少年儿童出版社

24.《马燕日记：一个感动世界的现代童话》〔法〕韩石著 华夏出版社

25.《中华经典诵读本》徐含之选编 苏州大学出版社

26.《漂亮老师和坏小子》杨红樱著 作家出版社

27.《幻城》郭敬明著 春风文艺出版社

（六）六年级学生必读书目

28.《三字经·百家姓·千家诗》来新夏主编 南开大学出版社

29.《丛林传奇》〔英〕吉卜林著，徐朴译 少年儿童出版社

30.《爱丽丝漫游奇境记》〔英〕刘易斯·卡洛尔著，陈伯吹译 上海科技教育出版社

31.《骑鹅旅行记》〔瑞典〕塞·拉格洛夫著，王泉根译 北京少年儿童出版社

32.《汤姆·索亚历险记》〔美〕马克·吐温著，钟雷主编 哈尔滨出版社

33.《捣蛋鬼的日记》〔意〕万巴著，思闵译 中国社会出版社

34.《小王子》〔法〕圣埃克苏佩里著，马振聘译，人民文学出版社

2004~2005 第二学期教导处推荐读书书目

推荐教师书目：

1.《苏霍姆林斯基的一生》 2.《学会生存——教育世界的今天与明天》

3.《有效的管理者》（杜拉克）4.《回答未来的挑战》

5.《科学与教育》 6.《现代教育学基础》 7.《教育心理学》

8.《中国著名班主任德育思想录》 9.《中外教育漫画读本》

10.《课程改革读本》（自编）

推荐家教书目：

1.《享受成长》 2.《家教博览》 3.《卡尔·威特的教育》

4.《漂亮老师和坏小子》 5.《智慧背囊》 6.《智慧眼睛》

推荐学生书目：

（一）一年级学生必读书目

1.《海底两万里》〔法〕儒勒·凡尔纳著 北京教育出版社

2.《汉字的故事》梅子涵著 上海科学普及出版社

3.《安徒生童话选集》〔丹麦〕安徒生著，叶君健译 译林出版社

（二）二年级学生必读书目

4.《三毛流浪记》张乐平著 少年儿童出版社

5.《宝葫芦的秘密》张天翼著 农村读物出版社

6.《今年你七岁》刘健屏著 中国少年儿童出版社

7.《荒漠奇踪》严阵著 中国少年儿童出版社

（三）三年级学生必读书目

8.《三寄小读者》冰心著 少年儿童出版社

9.《皮皮鲁传》郑渊洁著 学苑出版社

10.《肚皮上的塞子》周锐著 春风文艺出版社

11.《乌丢丢的奇遇》金波著 江苏少年儿童出版社

12.《我要做个好孩子》黄蓓佳著 江苏少年儿童出版社

13.《灵性的王国》张香桐著 湖南少年儿童出版社

14.《爱的教育》〔意〕亚米契斯著，马默译 浙江少年儿童出版社

（四）四年级学生必读书目

15.《木偶奇遇记》〔意〕卡洛·科洛迪著，杨建民译 上海科技教育出版社

16.《格列佛游记》〔英〕乔纳森·斯威夫特著，杨吴成译 人教、译林版

17.《福尔摩斯探案全集》〔英〕柯南道尔著，丁锦华译，远流出版公司

18.《顽皮捣蛋鬼》〔德〕威廉·布什著 湖北少年儿童出版社

19.《七彩的分光》王大珩著 湖北少年儿童出版社

20.《悠长的岁月》贾兰坡著 湖北少年儿童出版社

21.《写给小读者》晓玲叮当著 新疆青少年出版社

（五）五年级学生必读书目

22.《中华经典诵读本》徐含之选编 苏州大学出版社

23.《漂亮老师和坏小子》杨红樱著 作家出版社

24.《幻城》郭敬明著 春风文艺出版社

25.《鲁滨逊漂流记》〔英〕笛福著，王泉根译 北京少年儿童出版社

26.《魔法师的帽子》〔芬〕杨松著，任溶溶译 中国纺织工业出版社

27.《吹牛大王奇游记》〔德〕埃·拉斯伯著 刘浩译 少年儿童出版社

28.《淘气包艾米尔》〔瑞典〕阿·林格伦著，高锋红译 中国少年儿童出版社

29.《童年》〔俄〕高尔基著 上海译文出版社

30.《做一个快乐的少年人》 邓碧霞译 三联书店

（六）六年级学生必读书目

31.《哈利·波特与魔法石》〔英〕J. K. 罗琳著 人民文学出版社

32.《生命的密码》谈家桢著 湖南少年儿童出版社

33.《假如给我三天光明》〔美〕海伦·凯勒著，李汉昭译 华文出版社

34.《父与子》〔德〕埃·奥·卜劳恩著，洪佩奇编 译林出版社

35.《大作家史努比》〔美〕蒙特·舒尔兹著 中信出版社

36.《再见了，可鲁》〔日〕秋元良平等著 南海出版社

2005~2006 第一学期教导处推荐读书书目

推荐教师书目：

1.《爱弥尔》 2.《向孩子学习》 3.《我的教育思想》（于光远）

4.《青浦教育实验》 5.《教育科学与儿童心理学》

6.《西方教育名著读本》7.《早期教育与天才》8.《中外教育小说选》

9.《小学生心理辅导札记》（毛蓓蕾）10.《教科研手册》（自编）

推荐家教书目：

1.《中国可以说不》 2.《卡耐基成功法则全书》

3.《态度决定一切》 4.《一生的读书计划》

5.《做最好的自己》 6.《美国中小学教学技巧 2000 则》

推荐学生书目：

1.《圣经神话故事》陈静选编 中国少年儿童出版社 1999 年版

2.《肚皮上的塞子》周锐著 春风文艺出版社 2001 年版

3.《荒漠奇踪》严阵著 中国少年儿童出版社 1996 年版

4.《我要做个好孩子》黄蓓佳著 江苏少年儿童出版社

5.《第三军团》张之路著 中国少年儿童出版社 1997 年版

6.《巫师的沉船》班马著 二十一世纪出版社 1998 年版

7.《幻城》郭敬明著 春风文艺出版社 2003 年版

8.《天方夜谭》郅涛浩等译 译林出版社 2000 年版

9.《鲁滨逊漂流记》〔英〕笛福著，王泉根译 北京少年儿童出版社 2001 年版

10.《金银岛》〔英〕史蒂文生著，单蓓蕾译 北京出版社 2001 年版

11.《丛林传奇》〔英〕吉卜林著，徐朴译 少年儿童出版社 1996 年版

12.《爱丽丝漫游奇境记》〔英）刘易斯·卡洛尔著，陈伯吹译 上海科技教育版 1996 年

13.《骑鹅旅行记》〔瑞典〕塞·拉格洛夫著，王泉根译 北京少年儿童出版社 2001 年版

14.《木偶奇遇记》〔意〕卡洛·科洛迪著，杨建民译 上海科技教育版 1996 年

15.《格列佛游记》〔英〕乔纳森·斯威夫特著，杨吴成译 人教、译林版 2003 年

16.《中国当代儿童诗歌选》张继楼，彭斯远选编 四川少年儿童出版社 1984 年版

17.《外国儿童诗选》文成英，李融编选 四川少年儿童出版社 1987 年版

科普科幻

18.《科学家故事 100 个》叶永烈选编 少年儿童出版社 1992 年版

19.《中外探险故事精选》伊明选编 中国少年儿童出版社 1999 年版

20.《中外动物故事选》伊明选编 中国少年儿童出版社 1999 年版

21.《中外经典科普故事》伍钚编 中国少年儿童出版社 2001 年版

22.《中外网络故事》伍钚编 中国少年儿童出版社 1999 年版

23.《十万个为什么》卢嘉锡主编 少年儿童出版社 1999 年版

24.《科学王国里的故事》王会等主编 河北少年儿童出版社 1997 年版

25.《生命的密码》谈家桢著 湖南少年儿童出版社 2000 年版

26.《七彩的分光》王大珩著 湖南少年儿童出版社 2000 年版

27.《灵性的王国》张香桐著 湖南少年儿童出版社 2000 年版

28.《悠长的岁月》贾兰坡著 湖南少年儿童出版社 2000 年版

29.《神奇的符号》苏步清著 湖南少年儿童出版社 2000 年版

30.《与鸟儿一起飞翔》郑作新著 湖南少年儿童出版社 2000 年版

31.《无尽的追问》王淦昌著 湖南少年儿童出版社 2000 年版

32.《科学改变人类生活的 100 个瞬间》路甬祥主编 浙江少年儿童出版社 2000 年版

33.《科学的发现》郭正谊等著 中国少年儿童出版社 2000 年版

34.《130 个科学游戏》〔德〕汉斯·普雷斯著，吴衡康编译 中国少年儿童出版社 1981 年版

35.《昆虫记》〔法〕法布尔著，言小山译 人民教育出版社 2003 年版

36.《我的野生动物朋友》〔法〕蒂皮·德格雷著，黄天源译 云南教育出版社 2002 年版

37.《高士其科普童话》高士其著 人民文学出版社 2000 年版

38.《元素的故事》〔苏〕依·尼查叶夫著，滕砥平译 湖南教育出版社 1999 年版

39.《诗词中的科学》唐鲁峰等著 江苏人民出版社 1983 年版

40.《水陆两栖人》〔苏〕阿历山大·别利亚耶夫著，孟庆枢，善诚译 科学普及出版社 2001 年版

41.《中国古代科幻故事集》杨鹏，刘道远编 中国少年儿童出版社 1997 年版

42.《东周列国志故事》郭平，陈咏超 改编 江苏少年儿童出版社 1997 年版

43.《中国民间故事》宣仁选编 中国友谊出版公司 2000 年版

44.《成语故事 365》帆女　阿雪等 国际文化出版公司 1992 年版

45.《中外战争的故事》张鸿海等 中国少年儿童出版社 2001 年版

46.《中外艺术家的故事》江钥含编 中国少年儿童出版社 2001 年版

47.《汉字的故事》梅子涵著 上海科普出版社

48.《阿凡提的故事》赵世杰编译 中国少年儿童出版社 1981 年版

49.《上下五千年》林汉达，曹余章著 上海少年儿童出版社 1990 年版

50.《世界五千年》段万翰，顾汉松，陈必祥编著 少年儿童出版社 1991 年版

51.《做人与做事》卢勤著 接力出版社 2000 年版

52.《一百个中国孩子的梦》董宏猷著 二十一世纪出版社 1997 年版

53.《我们的母亲叫中国》苏叔阳著 中国少年儿童出版社 1995 年版

54.《马燕日记：一个感动世界的现代童话》〔法〕韩石著 华夏出版社 2003 年版

55.《中华经典诵读本》徐含之选编 苏州大学出版社 2000 年版

56.《三字经·百家姓·千家诗》来新夏主编 南开大学出版社 1995 年版

57.《30 天环游中国》郑平等编 中国少年儿童出版社 1989 年版

58.《国际知识问答》中国少年儿童出版社编 中国少年儿童出版社 1989 年版

59.《诺贝尔奖金获得者与儿童对话》〔德〕贝蒂娜·施蒂克尔等编，张荣昌译 三联书店 2003 年 6 月版

60.《假如给我三天光明》〔美〕海伦·凯勒著，李汉昭译 华文出版社 2002 年版

61.《爱的教育》〔意〕亚米契斯著，马默译 浙江少年儿童出版社 2001 年版

62.《写给小读者》晓玲叮当著 新疆青少年出版社 1998 年版

63.《做一个快乐的少年人》邓碧霞 译 三联书店 2002 年版

64.《父与子》〔德〕埃·奥·卜劳恩著，洪佩奇编 译林出版社 2001 年版

65.《大作家史努比》〔美〕蒙特·舒尔兹著 中信出版社 2003 年版

66.《再见了，可鲁》〔日〕秋元良平等著 南海出版社 2003 年版

2005~2006 第二学期教导处推荐读书书目

推荐教师书目：

1.《给教师的建议》 2.《爱心与教育》

3.《中国教育改造》（陶行知） 4.《非智力因素与学习》（燕国材等）

5.《民主与教育》 6.《学习理论》

7.《学校心理咨询》 8.《中国教师读本》

9.《学校，别听学校的》（德国，菲拉·费·毕尔肯比尔著，江苏人民出版社，此书为德国中小学必读书）

推荐家教书目：

1.《思维与智慧》 2.《读者》 3.《点灯智慧》

4.《傅雷家书》 5.《选择决定人生》 6.《跨一步就成功》

推荐学生书目：

（一）小学

1.《西游记》 2.《东周列国故事新编》 3.《安徒生童话》

4.《格林童话》 5.《伊索寓言》 6.《阿凡提的故事》

7.《一千零一夜》 8.《希腊神话和传说》 9.《克雷洛夫寓言》

10.《鲁滨逊漂流记》 11.《苦儿流浪记》 12.《小王子》

13.《爱丽丝漫游奇境记》 14.《骑鹅旅行记》 15.《丁丁历险记》

16.《上下五千年》 17.《世界五千年》 18.《动脑筋爷爷》

19.《新编十万个为什么》（彩图版） 20.《彩图世界五千年》

21.《大头儿子和小头爸爸》《寄小读者》

（二）初中

1.《少年物理学》《数学故事》《物理故事》《化学故事》《生物故事》

2. 中小学理科教材中的科学家：《中学数学》《中学物理》《中学化学》《中学生物》

3.《十万个为什么》

4.《地底下的宝藏》《发酵的秘密》

5.《成语故事三百篇》《寓言故事三百篇》《民间故事三百篇》《发明发现故事三百篇》《益智故事三百篇》

6.《科学万花筒》《动手动脑学科学》《理解宇宙》《人脑之谜》《奇妙的人体》《图解当代科技》《未来的故事》《生活中的化学》《趣味物理学》《数学趣话》《物理世界》《化学乐园》《植物之谜》《有趣的昆虫世界》《宇宙探秘》

7.《世界智谋故事精粹》

8.《天下之奇》《空间的艺术 中外建筑精品欣赏》《西方摄影流派与大师作品》

9.《网虫百事通》

10.《唐诗三百首》《唐宋词赏析》《杨家将传奇》

11.《写给男孩子》《只给女孩看的书》

12.《契诃夫小说选》《马克·吐温短篇小说选》《欧·亨利短篇小说选》

13.《数理化通俗演义》《有理数无理数之战》《小灵通漫游未来》《火星纪事》

14.《苏菲的世界》

15.《贝多芬传》《丘吉尔》《戴高乐》《居里夫人》

16. [法] 大仲马《基督山伯爵》《飘》 [美] 海明威《永别了！武器》《威尼斯商人》

17.《人性的弱点》《成功的策略》

18.《稻草人》《布克的奇遇》《中国神话故事》《假话国历险记》《一棵倒长的树》《洋葱头历险记》《闹鬼的航天服》《爪王》

（三）高中、职专

1. 余杰 :《铁屋中的呐喊》(或《火与冰》《铁磨杵》)

2. 周国平 :《妞妞 : 一个父亲的日记》(或《守望的距离》)

3. 刘亮程 :《一个人的村庄》(或《风中的院门》)

4. 孔庆东 :《47 楼 207》

5. 王小波 :《我的精神家园》(或《沉默的大多数》)

6. 张晓风 :《张晓风经典散文》

7. 余秋雨 :《山居笔记》(或《行者无疆》)

8. 梭罗 :《瓦尔登湖》

9. 张承志 :《北方的河》(或散文《清洁的精神》《高贵的精神》)

10. 史铁生 :《务虚笔记》(或散文《我与地坛》)

11. 莫言 :《透明的红萝卜》(或《红高粱家族》)

12. 余华 :《活着》

13. 阮海彪 :《死是容易的》

14. 路遥 :《平凡的世界》

15. 北岛 :《北岛诗选》

16.《宋词三百首》

17. 李泽厚 :《美的历程》

18. 朱光潜 :《文艺心理学》(或《谈美》)

19. 朱自清 :《经典常谈》

20. 吕叔湘 :《语文常谈》

21. 司马迁 :《史记》

22. 刘义庆 :《世说新语》

附录2：

《义务教育语文课程标准（2011版）》阅读教学目标

总体阅读目标具有独立阅读的能力，学会运用多种阅读方法。有较为丰富的积累和良好的语感，注重情感体验，发展感受和理解的能力。能阅读日常的书报杂志，能初步鉴赏文学作品，丰富自己的精神世界。能借助工具书阅读浅易文言文。背诵优秀诗文 240 篇（段）。九年课外阅读总量应在 400 万字以上。

《义务教育语文课程标准（2011 版）》在“总目标”之下，按 1 到 2 年级、3 到 4 年级、5 到 6 年级、7 到 9 年级四个学段，分别对阅读教学提出“学段目标与内容”，体现语文课程的整体性和阶段性。各个学段相互联系，螺旋上升，最终全面达成总目标。

第一学段（1 到 2 年级）

1. 喜欢阅读，感受阅读的乐趣。养成爱护图书的习惯。

2. 学习用普通话正确、流利、有感情地朗读课文。学习默读。

3. 结合上下文和生活实际了解课文中词句的意思，在阅读中积累词语。借助读物中的图画阅读。

4. 阅读浅近的童话、寓言、故事，向往美好的情境，关心自然和生命，对感兴趣的人物和事件有自己的感受和想法，并乐于与人交流。

5. 诵读儿歌、儿童诗和浅近的古诗，展开想象，获得初步的情感体验，感受语言的优美。

6. 认识课文中出现的常用标点符号。在阅读中体会句号、问号、感叹号所表达的不同语气。

7. 积累自己喜欢的成语和格言警句。背诵优秀诗文 50 篇（段）。课外阅读总量不少于 5 万字。

第二学段（3 到 4 年级）

1. 用普通话正确、流利、有感情地朗读课文。

2. 初步学会默读，做到不出声，不指读。学习略读，粗知文章大意。

3. 能联系上下文，理解词句的意思，体会课文中关键词句表达情意的作用。能借助字典、词典和生活积累，理解生词的意义。

4. 能初步把握文章的主要内容，体会文章表达的思想感情。能对课文中不理解的地方提出疑问。

5. 能复述叙事性作品的大意，初步感受作品中生动的形象和优美的语言，关心作品中人物的命运和喜怒哀乐，与他人交流自己的阅读感受。

6. 诵读优秀诗文，注意在诵读过程中体验情感，展开想象，领悟诗文大意。

7. 在理解语句的过程中，体会句号与逗号的不同用法，了解冒号、引号的一般用法。

8. 积累课文中的优美词语、精彩句段，以及在课外阅读和生活中获得的语言材料。背诵优秀诗文 50 篇（段）。

9. 养成读书看报的习惯，收藏图书资料，乐于与同学交流。课外阅读总量不少于 40 万字。

第三学段（5 到 6 年级）

1. 能用普通话正确、流利、有感情地朗读课文。

2. 默读有一定的速度，默读一般读物每分钟不少于 300 字。学习浏览，扩大知识面，根据需要搜集信息。

3. 能联系上下文和自己的积累，推想课文中有关词句的意思，辨别词语的感情色彩，体会其表达效果。

4. 在阅读中了解文章的表达顺序，体会作者的思想感情，初步领悟文章的基本表达方法。在交流和讨论中，敢于提出看法，作出自己的判断。

5. 阅读叙事性作品，了解事件梗概，能简单描述自己印象最深的场景、人物、细节，说出自己的喜爱、憎恶、崇敬、向往、同情等感受。阅读诗歌，大体把握诗意，想象诗歌描述的情境，体会作品的情感。受到优秀作品的感染和激励，向往和追求美好的理想。阅读说明性文章，能抓住要点，了解文章的基本说明方法。阅读简单的非连续性文本，能从图文等组合材料中找出有价值的信息。

6. 在理解课文的过程中，体会顿号与逗号、分号与句号的不同用法。

7. 诵读优秀诗文，注意通过语调、韵律、节奏等体味作品的内容和情感。背诵优秀诗文 60 篇（段）。

8. 扩展阅读面。课外阅读总量不少于 100 万字。

第四学段（7 到 9 年级）

1. 能用普通话正确、流利、有感情地朗读。

2. 养成默读习惯，有一定的速度，阅读一般的现代文，每分钟不少于 500 字。能较熟练地运用略读和浏览的方法，扩大阅读范围。

3. 在通读课文的基础上，理清思路，理解、分析主要内容，体味和推敲重要词句在语言环境中的意义和作用。

4. 对课文的内容和表达有自己的心得，能提出自己的看法，并能运用合作的方式，共同探讨、分析、解决疑难问题。

5. 在阅读中了解叙述、描写、说明、议论、抒情等表达方式。

6. 能够区分写实作品与虚构作品，了解诗歌、散文、小说、戏剧等文学样式。

7. 欣赏文学作品，有自己的情感体验，初步领悟作品的内涵，从中获得对自然、社会、人生的有益启示。对作品中感人的情境和形象，能说出自己的体验；品味作品中富于表现力的语言。

8. 阅读简单的议论文，区分观点与材料（道理、事实、数据、图表等），发现观点与材料之间的联系，并通过自己的思考，作出判断。阅读新闻和说明性文章，能把握文章的基本观点，获取主要信息。阅读科技作品，还应注意领会作品中所体现的科学精神和科学思想方法。阅读由多种材料组合、较为复杂的非连续性文本，能领会文本的意思，得出有意义的结论。

9. 诵读古代诗词，阅读浅易文言文，能借助注释和工具书理解基本内容。注重积累、感悟和运用，提高自己的欣赏品位。

10. 随文学习基本的词汇、语法知识，用来帮助理解课文中的语言难点；了解常用的修辞方法，体会它们在课文中的表达效果。了解课文涉及的重要作家作品知识和文化常识。

11. 能利用图书馆、网络搜集自己需要的信息和资料，帮助阅读。

12. 学会制订自己的阅读计划，广泛阅读各种类型的读物，课外阅读总量不少于 260 万字，每学年阅读两三部名著。背诵优秀诗文 80 篇（段）。

写作教学篇

XIEZUOJIAOXUEPIAN

写作是一种用书面语言交流思想、传达情感的社会实践活动。聋校作文教学的根本目的是教会聋学生运用语言文字表达自己的思想，参与社会交往，适应社会生活需要①。

通过本单元的学习，读者将会了解聋校写作教学的理论基础、具体要求、操作流程和具体方法，明确聋校写作教学的主要目的和任务，教给聋生观察事物、分析事物的方法，引导聋生养成观察事物、分析事物的习惯，将读中所得所悟恰如其分地落实到写作上，通过读写的完美结合，全面提高聋生的作文水平。同时，结合具体案例的学习，把握各年级段各类文体写作教学的相关要求和具体方法，学会通过作文教学伸延法和作文评估来有效提高聋学生写作能力的方法。

① 王红，王斌. 聋生写作现状分析及教学策略. 绥化学院学报，2011，31（5）：25-27.

第一章　写作教学概述

第一节　聋校作文教学之“四关”

对于聋生而言，既然“写”是他们的“嘴巴”，那么就要培养他们写作文的能力。而写作能力的培养也不是一朝一夕、一蹴而就的，需要根据学生年龄和认知特点循序渐进，逐步推进。具体来说，作文应从基础抓起：一年级进行词语积累；二年级在词语积累的基础上进行句子教学；三年级抓词语、句子、句群教学；四、五年级画文同步练习；六、七年级开始记叙文写作；八年级写读后感；九年级写作说明文及简单的议论文。

一、聋校作文教学“四关”之内涵

聋校作文教学要求，可以以四个关口来概括，即“语句通顺关、内容具体关、条理清楚关、中心明确关”。这是一个逐级螺旋上升的过程，我们通过课型的设置改革，让学生过好这“四关”。

1. 语句通顺关

低年级的看图写词写句是学写作文的基础，其内容是现成的，教师稍加指点学生就能说出图意，但一脱离教师，学生就不能说出比较全面的内容和流畅的句子，原因何在？这主要在于学生们用词造句的能力未过关，只是一味地模仿，所以“词句通顺关”最终的目的并不是让学生跟着老师写出通顺的句子，而是教会学生写结构完整、合乎语法的句子，以“看—想—说—写—扩”的课型进行训练。

看：指导学生看图，分析句型，教给学生看的方法。

想：根据所看内容，在头脑中理顺句子。

说：将所想流畅有序地表达出来，体会遣词造句的方法。

写：将所想的句子写下来，但这不是最终目的，而是要反馈到“看、想、说”上分析写句的过程，领会写句的方式。

扩：让学生在以上训练的基础上扩写句子，开阔思路，巩固前面所学的方法。

2. 内容具体关

四、五年级的作文主要是写段，以看图叙述、仿写的形式出现，这一阶段的作文要求学习记叙动物、植物或物品的样子，记叙集体活动场面，记叙人物的外貌和动作等。这些片段大都是先看后写，要写好这些片段，学生必须善于观察事物，发现它们的主要特点，但学生写的事物常常是“看而不细”，“识而不准”，写出的作文字数少，对事物只有笼统的记叙，而缺乏具体的描写或叙述，所以“内容具体关”是要训练学生细致观察，具体描述，以“观察—指导构思—口述评议—写—导评”的课型进行训练。

观察：指导学生掌握观察的方法。

指导构思：在观察的基础上，指导学生将观察所得理顺成段。

口述评议：叙述自己的构思，鼓励学生大胆发表自己的看法，在积极地讨论中，改进自己的作文。

写：将讨论内容理顺成段写下来，写的过程也是对前面过程的回顾和整理，想一想自己是怎样从观察到下笔成文的，领会其中的方法。

导评：教师指导学生集体修改、个人修改和互相修改相结合，初步了解修改的方法。

3. 条理清楚关

在中年级的时候，学生是以写片段为主，在段的训练中，已经渗透了条理性问题，到六、七年级开始出现作文，且作文篇幅多，记叙的内容逐渐复杂起来，这时便常常会出现层次不清、结构不合理等现象。例如，记叙动物或植物时一会儿写这部分，一会儿写另一部分，显得杂乱无章；记叙事件时出现前后情节衔接不上、因果交待不清等现象。所以此时“条理清楚关”就显得尤为重要。这时应以“审题—构思—讨论—写—改”的课型进行训练。

审题：教给学生审题的方法，让学生自能审题。

构思：围绕题目进行构思，初步理顺条理。

讨论：学生发表自己的意见，积极讨论并进一步理顺条理，在讨论过程中明白如何才能条理清楚。

写：将讨论所得写下来，写的过程同时也是整理思路的过程，头脑清楚、思路明确才能条理清楚。

改：掌握修改方法，自能修改作文。

4. 中心明确关

八、九年级的作文要求学生根据训练题目的要求写出成篇的文章，无论是划范围自拟题作文，还是命题作文，学生都需要准确理解题意，独立确定中心思想，进而依据中心思想合理地进行选材布局。材料选择是否恰当，结构安排是否合理,关键在于有没有一个明确的中心,所以这一阶段要过好“中心明确关”，应以“示题—构思—讨论—写—改”的课型进行指导。

示题：让学生明白这篇作文要写什么，即中心是什么。

构思：围绕中心该怎样选材，即怎么写，在头脑中理顺成线。

讨论：在积极地讨论中检查中心是否明确，所选材料是否能够突出中心。

写：将以上几步落实到文字上，同时也是对前几步的有机整理。

改：巩固“自能修改作文的能力”。

以上“四关”并不是孤立存在的，而是互相联系、互相渗透、不可分割的一个完整的体系，它与“独立阅读能力”紧密结合，以读导写，以写促读，共同提高。

二、“四关”与作文教学伸延法

这四关的共同点就是都遵循一个完整的作文课型——伸延型的作文教学方法（简称“作文教学伸延法”），即将作文教学前伸和后延。

1.“前伸”即动笔前的准备阶段，充分与独立阅读能力相结合。

教师提前告诉学生作文内容，给学生一定时间去读相关文章，进行前期积累。为了加强学生的语言积累，我们为低年级学生设计了词句积累本、“我来写一写”，为中年级学生设计了画文同步、日记、阅读笔记、作文、手抄报，为高年级学生设计了阅读笔记、网络作文、电子小报、各科手抄报等，其中口语交际贯穿各个年级段，每个学生都有一个沟通交流随身本，随机补充语言。

2. 写文阶段坚持从内容入手，充分发挥学生的主体作用。放手让学生说想法，写真实感受。

3. “后延”即动笔后的修改阶段，充分体现激励性原则，优、中、差生都有好词、好句被肯定，给他们充足的信心，让他们大胆作文。创设条件使学生的作文有机会发表在我们自己的板报、校报上，乃至向公开刊物投稿，以此激发学生的写作热情。

第二节　语言积累

要写好作文，语言积累是前提、是关键。荀子在《劝学》中说：“不积跬步，无以至千里，不积小流，无以成江河。”叶圣陶先生也说过：“写东西靠平时的积累，不但著作家、文学家是这样，练习作文的小学生也是这样，小学生今天作某一篇文，其实就是综合地表现他今天以前的知识、语言、思想等方面的积累。”“写一篇东西乃至一部大著作虽然是一段时间的事，但是大部分是平时积累的表现。”[①]写作必须有雄厚的语言积累作为基础，而聋生主要靠视觉获取信息，导致他们语言贫乏单调，没有语感，因而帮助他们加强语言积累尤为重要。只有积累了充足、丰富的语言，才能合理、准确、尽情地表达内心所想与所感，真正做到“我手写我口”。根据聋生不同的年龄阶段特征，加强语言积累可以通过词句积累、语言沟通、口语交际课、“五本”语言积累发、“四报一平台”、综合实践及读书活动等课内外相结合的途径实施。

一、词句积累

词语的积累是小学语文最基础的学习目标，也是关系到学生以后工作和生活的基础。句子是用来表情达意的，又是构段成篇的基础。因而指导学生用词造句的过程，实际上就是语言教育和思想知识教育的过程。在引导聋生词句积

① 叶圣陶. 和教师谈写作. 叶圣陶集：第15卷.南京：江苏教育出版社，2004：165.

累方面，要坚持“两个善用”。

（一）善用课本，补充语言

1. 生字组词法

运用学过的生字大量组词，是学生扩大词汇量、积累词语的有效方法之一。比如在学生掌握“学校”一词时，引导学生组词，如：小学、大学、学习、小学生等等。

2. 补充积累词句

根据课文中的词语，进行相关词句的补充积累。一、二年级的课文大多是归类学习词语，在学习课文词语的同时进行相关内容的补充，这样学生容易记忆、应用。例如：在学习名词类时，给学生补充一定的量词，如：学习“手套”“袜子”时，可以告诉学生“一幅手套”“一双袜子”。

3. 理解背诵词句

引导学生理解背诵，积累词语和句子。汉语词汇丰富，运用灵活，要想对语言运用得心应手，必须把语言文字的规律、含义等“植入”大脑中，只有把别人的“养料”播撒到自己的心田，才能变成自己的精神财富。教师要重视把“消极词汇”转化为“积极词汇”，课堂上要给学生时间，让学生多朗读、默读、背诵。同时，注重指导学生读准字音，注意停顿，不读破词句，正确地读，理解地读，并能熟练背诵课文，在积累语言的同时不断提高说话的技能技巧。

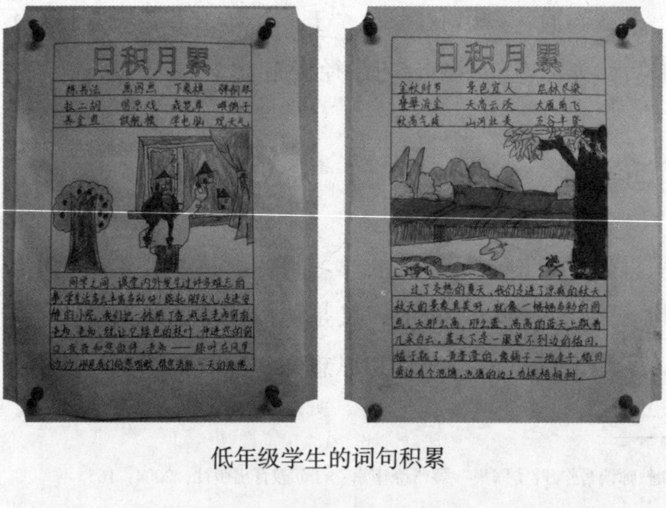

低年级学生的词句积累

4. 辐射性掌握句子

本着“一句多用”的原则，在学生学会一个新句子的时候，教师引导学生根据实际，辐射、派生出与此相关的新句子。在教室内外的各种场合中，创设真实情景让学生身临其境地在学中用、在用中学，体验语言的实际功能及带来的美感和满足感，从而使学生乐于开口，敢于开口，并说得自然，说得真实。课堂教学也因此由“单向灌输”变成“多向交流”，教学也真正成为生动活泼和自我需求的活动。

5. 常规动态化训练写句

建立常规制度，提高学生写句能力。随着年级的不断增长，训练手段不断变化，二年级的“每日写句”训练、三年级的“看图写句”“景物写句”“看演示写句子”“随机写句”、四年级的“写日记”，以及每个班建立的“语言积累本”，都为学生提高写句能力奠定了扎实的基础。

6. 学科间渗透，多学科搜集

我们课本中的语言丰富多彩，有些语言可能不只在语文课本中出现，还会出现于语言训练、数学、科学、物理、思品等其它课本中，并且时间有先后，出现的语境也有不同。因此，要抓住每一个有利时机，循环往复地补充和复习语言。例如：在进行对话训练的同时，总结每篇对话所包含的事件；数学课堂让学生用规范、条理的语言叙述推理过程；科学和物理课堂让学生一步一步叙述实验过程，阐释科学原理。这样，在对话训练的同时又进行了句群训练，使同学们的叙述能力不断提高。

（二）善用课余，丰富语言

1. 抓住生活瞬间补充语言

日常生活是丰富词汇的广阔天地，但其教育不同于课堂教学，具有分散性与偶然性。我们要顺应这些特点，及时抓住时机引导学生进行词汇积累。学校举行的各种活动、天气变化、各种节日、同学中的新鲜事、观看的影视作品等，都是补充语言的好时机。教师要把自己当作学生的耳朵，向他们传送语言。在聋儿吃饭时可以教和吃饭有关的词语，如碗、筷子等，睡觉时教师或家长可以教和睡觉有关的词语，如被子、枕头等。聋儿每接触到这些东西的时候，就是学习并复习这些名词的一次机会。

学生在超市购物学语言

学生边玩边学语言

2. 增加课外阅读量，创造性地发展语言

“三十年的经验使我深信，学生的智力发展取决于良好的阅读能力。”[①]教师可以为学生订一些图文并茂的注音读物，例如《童话世界》《儿童画报》《红蜻蜓》等，培养其良好的阅读习惯，扩大其课外阅读量，使所学的语言在不同的语言环境中得到再现，在巩固所学语言的同时，创造性地使用语言、丰富语言、积累语言，不断提高语言能力。

3. 创设适宜情境，鼓励聋生学习语言

教师要创设各种情境，让聋生感受到语言文字无所不在地围绕在周围世界。如刚入学的聋儿对周围的事物充满好奇，我们针对这一特点为他们创设了学习语言的情景氛围：教室里的物品上、花卉上都贴上了词语和句子的卡片，让聋孩子通过直观的实物认识语言，同时我们以墙报和黑板报为基地，根据各年级段学生的特点，每周或每月介绍一个主题，如“认识植物”“了解动物”“和水果交个朋友”“我喜欢吃的蔬菜”等内容，以“张贴卡片”“聪明屋”“故事大王”“儿歌天地”等形式帮助学生积累、巩固、运用和扩充语言，以目助耳，不断发展其语言能力。

4. 重视课外实践，发展学生语言

丰富多彩的生活为语言的积累提供了活水源泉，我们用心捕捉现实生活现象，利用各类活动创设情景，诱导学生通过学过的知识和自己的认识能力，表达真情实感。

---

① 苏霍姆林斯基. 给老师的建议. 杜殿坤，编译. 北京：教育科学出版社，1984：10.

二、语言沟通

依据聋生的认知规律和沟通与交往的科学规律，有针对性地结合社会实践，精心选择训练内容，科学安排训练序列，创设沟通交往的情景，激发聋学生语言表达的兴趣，培养他们良好的沟通与交往的态度和习惯，提高沟通与交往的能力。开设“沟通与交往”课，培养聋学生的语言表达能力与沟通交往能力，让他们更好地适应社会需要,融入社会主流。在沟通与交往课的课堂组织模式上，我们经过探索逐步形成了四个阶段的课堂组织结构：以情境体验激越—在生成情境中指导—个性体验后的调节—在情境体验中练说。

具体要求如下：

低年级：创设语境，发展聋生语言能力。通过情景法、游戏法、操作表演法、角色转化法、体验实践法、对话法等，加强师生沟通与互动，让低年级聋生尝到学习语言的甜头，激起学生学习说话的欲望和积极性，使聋生的听觉能力、书面语、口语都得到发展，从而能与家长就简单问题就行沟通，养成自觉沟通的习惯。

中高年级：以“生活语文”为切入点，课内、课外结合，发展学生语言能力。将课堂生活化，联系生活，创设问题情境，引领聋生将语文学习与社会生活融合起来，凭借生活，调动学生已有的生活体验，充分感悟，逐步提高语言表达能力。能就自己感兴趣的问题与同伴或身边的健听人展开交流，拓展交往面，扩充知识面。

学生与海军辅导员交流

学生与社会爱心人士交流

三、口语交际课

（一）口语交际课的内涵

口语交际课的开设目的是提高学生的口语表达水平。口语交际课即由老师为学生创设一定的语境，引导他们学会在生活场景中用通顺、流畅的语言与他人交流。教师正确引导学生，给学生创造说的机会，让他们大胆地说，流利地说，创造性地说。在教学中，坚持以人为本的开放式口语教学，根据每个年级段的特点，结合学生的日常生活及各种活动确定不同的口语交际训练主题，从学生生活出发，营造轻松和谐的氛围，使学生人人参与，轻装上阵，畅所欲言。

烟台聋校的校本教材——《口语交际》

（二）口语交际课四段式课型模式

1. 激越阶段

采用灵活多变的方法，或展示图片，或竞猜谜语，或演讲故事等，最大限度地集中学生的注意力，激发其说话兴趣。

2. 指导阶段

充分利用学生注意力最为集中、思维最为活跃的最佳时段，根据教学要求，进行有的放矢地指导。

3. 调节阶段

由动而静或由静而动，让学生对教师的指导充分消化，为“说”做好必要的准备。

4. 练说阶段

设计多种形式活动，如同桌互说、教师引说、指名说、小组说、接龙说、表演说等等，使说的训练扎实有效。

口语交际课——学会交往

口语交际课——客人到我家

四、“五本”语言积累法

所谓“五本”，指的是词语积累本、造句本、日记本、阅读笔记本、沟通本，教师指导学生通过这“五本”随时随地积累语言。因为“在有经验的教师那里，学生都备有专门的本子，用来抄录那些必须熟记和牢固地保持在记忆里的材料。”[①] 关于“五本”的具体内容，请参看“阅读教学”部分的详细阐述，这里不再赘述。

五、“四报一平台”

所谓“四报一平台”指的是低年级的画报、中高年级的手抄报、作文评改报、《烟台启喑报》和学校的信息技术平台。

画报 低年级语文教材中有的课文有插图，有的课文没有插图。对于没有插图的课文可以让学生进行想象，或利用课外活动课带领学生做一些源于生活的游戏，让他们在活动中注意观察人物的动作、表情，感受最精彩的情节，领

① 苏霍姆林斯基. 给老师的建议. 杜殿坤，编译. 北京：教育科学出版社，1984：15.

略大自然的风光，然后绘画，以此表达自己的所思所想。

低年级学生的画报

手抄报 指导中高年级学生动手制作图文并茂的手抄报。要求中年级学生对没有插图的课文以图文并茂的形式进行再叙述，或根据老师定的主题搜集资料，写段或写文，将内容写好后，再根据内容加以想象，配上相关的图画。高年级学生主要是在体验生活、搜集素材的基础上进行主题写作，根据写作内容设计绘画并安排版面，主题有叙述类、抒情类、说明类、议论类、科普类、风情类、传统文化类、实践活动类等等。

作文评改报 作文评改报是作文评改课这一课型的一种书面呈现形式，其形式类似于手抄报，内容为作文评改过程。教师在学生作文之后，不一一批改学生作文，而是指导学生制作出作文评改报，将作文内容抄写在评改报纸张上，

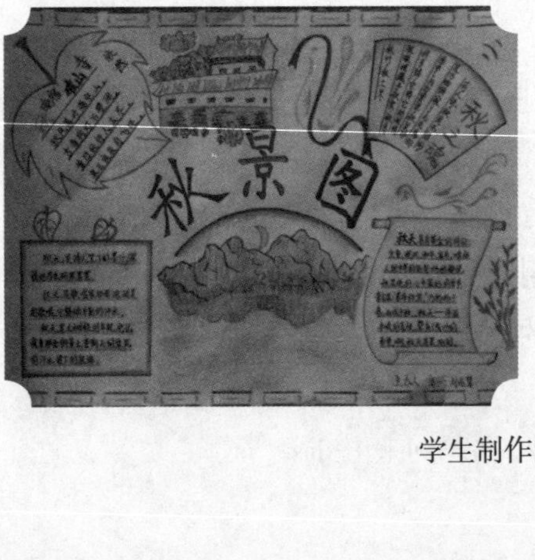

学生制作的手抄报

配上相关图画。教师从审题、拟题、立意、结构、表达、书写等诸方面点评例文的成功与不成功之处，以备讲评课上引导学生学习例文成功之处，感悟修改方法。

烟台启喑报　为了更好地促进师生、家校、学校与社会的联系，为学生提供语言积累和发展的平台，烟台聋校创办了校报《烟台启喑报》。报纸包括学校新闻、教研园地、学生作文、校园活动四大板块，宣传学校教学动态，展示学生精神风貌，贴近学生实际，成为师生成长的新天地。《烟台启喑报》每学期至少出一期，从不间断，现已刊出二十多期。

烟台聋校的校报——烟台启喑报

信息技术平台　利用学校网站、电子屏幕、看板、宣传栏、展室、黑板报、墙报，及时将国内外时事、学校新闻、学生优秀作品展示出来，给学生提供直观的、全面的、完整的信息交流平台，为学生语言的完善与发展提供最前沿的保证。

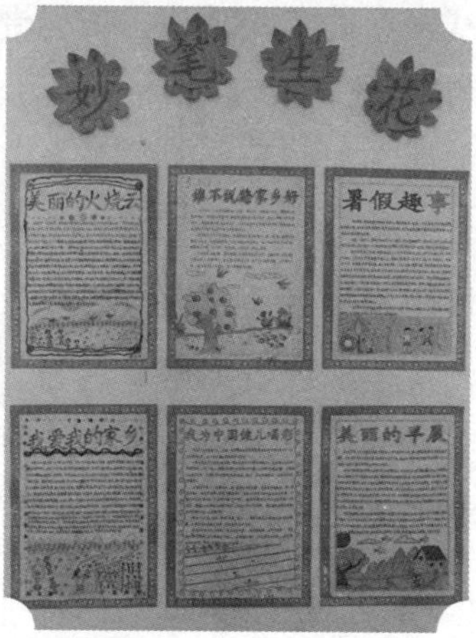

展示学生优秀作品的墙报

六、综合实践活动

综合实践活动以活动为载体，将写作延伸到课外活动中，将教学与教育、管理活动紧密配合，共同筹划，重视聋学生生活体验教育，注重引领学生健康丰富的生活方式。学生在提高综合素质的同时，语言能力也得到了极好的升华。采取“阅读观察—畅谈感悟—系统作文”的流程，形成以活动为载体，学科整合、语言跟进的综合实践课思路。

综合实践活动——观菊展

综合实践活动——了解剪纸艺术

1. 以活动为载体

唯有活动才能让学生触手可摸，触目可视，触心可感，触景生情，触事生序。教师可以引导聋生开展丰富多彩的实践活动，拓宽语文学习的形式和渠道，突出聋生的自主性，重视参与精神，强调合作精神，引导学生用学过的知识表达真情实感，在活动中发展和提高他们的语文综合能力。结合校内外活动、重大活动、主题活动，指导学生积累语言。针对学生 24 小时住校、生活圈子狭小的现状，学校每年精心计划校园素质活动内容，如让聋生在国旗下演讲，在客人参观作品展览时当解说员，文艺汇演时主持节目等，让学生大胆面向集体进行语言表达，获得亲自参与实践的积极体验和丰富经验，在活动中群体合作，使其敢说、说清、说明白。教师有意识地列出一些主题活动“菜单”让学生体验，如春天感恩社会、放风筝，秋天赏菊，冬天做雪雕、描绘春节风俗、了解剪纸艺术等等，带领学生步入社会，融入社会。

实践活动——海边放风筝

实践活动——“沙滩城堡”

2. 学科整合，全员参与

根据活动内容、计划，组织相关学科老师参与，及时指导，给学生最优质的师资保障。如观画展时，由语文老师、美术老师共同组织。让美术组同学当小解说员，带领大家来欣赏自己和同学们的作品，在培养美术素养的同时，发展语言表达能力。

3. 语言跟进

在活动开展的各个阶段，突出强调语言实践要求，重申语言实践任务，保证语言实践时间，将语言实践活动做深入、做细致、做具体，为学生写作做好充足的语言积累。

活动前，教师事先对活动内容、过程进行周密考虑，以详细准确的语言向学生传达活动主题、目的、要求、过程、形式等，弥补听力损失，给学生以语言文字表达的材料源泉。

学生在活动中边观察边记录

活动时，教师带上卡片、笔，学生带上小本子，教师及时进行教学，指导学生进行观察。在活动进行中，针对具体的活动展开环节，同步跟进细致的语言介绍，尽可能地将实际的行动和过程与书面语言文字建立一一对应关系，指导学生在书面语言文字理解和表达上反复实践。

活动结束后，教师及时布置相应的书面语言训练任务和要求，让学生进行写作训练。

在内容上，根据不同的年级，写作可以是一个概念、一个句子，可以说写一句话或几句话，可以是对话练习，可以是语段练写，也可以成篇成文。在要求上，可以白描，也可以是心理活动、场景描写、细节描写等。在形式上，可以是分班进行常规要求，也可以组织专项竞赛和展示活动。学生完成写作后，通过作文评改课或作文评估进行反馈，教师进行反思，及时改进教学策略。

关于读书活动，在“阅读教学”部分已详细阐述，这里不再赘述。

思考问题

1. 聋校写作教学的主要目的和任务是什么？

2. 聋校作文教学“四关”之内涵包括哪些？

3. 简述作文教学伸延法。

4. 聋生语言积累可以通过哪些途径？你认为还可以采取什么方法？

第二章 低年级句子教学

第一节 句子教学概述

一、句子教学的意义

句子是语言的基本运用单位。在人们交际和表达思想的过程中，词和词组只能表示一个简单或复杂的概念，而句子可以表达一个完整的意思。因此，只有掌握了句子的表达方法，才能不断地发展语言。

正常儿童的语言发展，是口头语言先于书面语言。他们是在掌握了相当数量的词语和句子（口语）的基础上，再进学校学习和发展书面语言的。聋学生不能像健全儿童那样通过自然途径形成口头语言。他们是运用视觉、触觉、运动觉等感觉器官学习发音、说话，并识字学词、学句、学习规范语言的。这就是说，他们的口语和书面语是同时学习、积累和发展的。所以聋学生学习语文就表现出各种问题，如：言之无物，无处下笔，记流水账似的写一件事，报告性的语言比较多，语序常常颠倒，破词破句比较多，模仿性的句子多；对于掌握的词语或句式不能灵活运用或者没有运用的意识；课下同学之间的交流，喜欢用手势语，造成书面语言和生活用语严重分离……针对以上种种问题，为了有效提高聋生的说写能力，尽快缩短耳聋孩子与健全孩子之间的差距，教师要加强低年级的句子教学，切实提高聋学生的语言感受能力、语言理解能力、日常用语及书面用语的运用能力和观察能力，使他们最终能说写出通顺、完整、正确的语言，从而为他们以后融入社会，运用语言沟通交流打下坚实的基础。

二、句子教学的要求

聋校低年级句子教学的要求：着重帮助学生建立句子概念，使聋学生懂得一句句话是怎么说的；逐步懂得一句话中词语的顺序和它们之间的联系；懂得怎样才算一句意思完整的话。要求学生掌握课文中规定的句式。

耳聋学生在学习语文的过程中，存在着音、义脱节的现象。他们容易从形象上去理解一句话的意思，或是从动作演示的过程中去理解一件事的概况，但要从语言逻辑上理解则是难点。因此，在语文教学过程中要认真探索句子教学的方法，使学生在阅读每句话时，头脑中能正确地浮现出这些句子所表达的形象，完整确切地理解它的意思。

一、二年级句子教学的具体要求是：建立句子的概念，能理解课文中句子的意思，能说完整的话、写完整通顺的句子，练习仿写句子。二年级学写陈述句。

三年级句子教学的具体要求是：建立句子的概念，能理解课文中较长句子的意思，学习正确地把词语排列成句子。初步培养学生把句子写通顺、写具体。学写疑问句和祈使句。

三、句子教学的原则

一是实用性原则。要立足于聋生学句的实际，把教学的重点放在具体、实用的方法指导上，避免过多从理论上讲授。

二是针对性原则。一方面要针对聋生因听力损失造成学句困难的实际，注重教学内容深入浅出，易为聋生掌握、应用；另一方面要针对聋生的生理、年龄特征，注重形象直观等学生乐于接受的方法。

三是实践性原则。句子教学研究的生命在于实践。每天都要安排一定数量的实践作业，使聋生学用结合，在实践中练习运用。

四是长远规划与阶段性实施相结合的原则。句子教学研究必须有长远规划，有总体的目标，避免随意性，同时又要循序渐进，分阶段逐步实施。

五是分类指导与集体培训相结合的原则。既要根据学生的共同点抓好集体培训，又要根据学生的个别需要及剩余听力状况，进行个别指导。

六是多种方法调动学生积极性和主动性的原则。这是句子教学成败的关键。

第二节　如何进行句子教学

一、句子教学教材分析

低年级的句子教学，主要通过以下三类课文进行：一是看图学词，二是看图学词学句，三是看图学句。

1.“看图学词”课文编排在一、二年级。每篇课文由词语和句子两大部分组成。它以看图学词识字为主，以课文中的句子作句式，用课文中的词语替换句子中的相应词语组成新句，把学词识字和初步的读句、写句结合起来，并通过句式练习，增加学句的数量，使学生在加深对词语理解和运用的同时形成句子概念。例如：一年级第二学期第 4 课《床、床单》中共有八幅图，学习八个词语“床、床单、被子、褥子、枕头、枕巾、凉席、蚊帐”，并配有一个句子“床上有被子和枕头。”这一句式分别可以用本课的词语替换相应词语组成新句，如：“床上有凉席和蚊帐”。这样增加了句子数量，同时也丰富了学生的语言。

2.“看图学词学句”课文从一年级第二学期开始编排，至三年级第一学期，数量逐步增多。教材内容兼有“看图学词”和“看图学句”两类课文的特点。看图学词学句课文以看图学词识字和学句并重，学词部分多半是以词组编排，句子体现由词到句的内在关系，难度也在逐步提高，大多是由几个意思连贯的句子组成。句子仍作句式，用以扩展学句数量。

“看图学词学句”课文的特点是用课文中的图画形象，具体地显示词义和句义。每一课都包括两个部分：一部分是词语和词组，另一部分是句子。图画形象地反映了词、词组和句的内容，帮助学生正确地理解词、词组和句的意思，同时也使学生开始认识、学习事物之间、词语之间和句子之间的相互关系。例如一年级第二学期第 19 课中编排了“稻子”“割稻子”等十个词语、词组和句子“农民在田里割稻子”。其中词语“稻子”、词组“割稻子”和句子“农民在田里割稻子”，体现了从词语到词组到句子的发展关系。只要教师正确指点，学生看了图画就能懂得词义和句意，并能模仿句子，运用课文中的图和词语进行举一反三的练习。

3. “看图学句”课文编排在一年级第二学期和二、三两个年级的教材中。它是进行句子教学的重要教材。它由浅到深、由简到繁、由易到难地逐步发展和提高句子教学的内容，是过渡到“看图学文”的桥梁。“看图学句”课文以学句为主，并学词识字，着重形成句子概念，理解句子的完整意思。

“看图学句”课文从看一幅图学一句最简单的主谓句开始，到看一幅图学四句话，逐步学习较复杂的单句和简单复句，向“看图学文”过渡。在一句话表达一幅图的课文中，几幅图之间有联系，每幅图都是独立的教学内容。例如二年级第一学期的“看图学句”第6课《刘丹举着一束花》中，四幅图配四句话，每幅图配一句话，四幅图之间、四句话之间没有联系。用几句话表达一幅图的课文，句与句之间有内在联系。例如二年级第一学期第7课有四幅图，第一幅图学“芸芸的铅笔芯断了”和“她在削铅笔”两句话，这两个句子之间有内在联系，但和另几幅图之间是没有内在联系的。二、三年级的“看图学句”课文，逐步编排了较长的句子，这是在简单句基础上的发展和提高，还编排了以句号为单位的一句话，进行句子之间的连贯和次序教学。有些句子表达的内容在图上已看不到形象，需引导学生根据句子的意思展开合乎情理的联想。这样编排的目的有两个，一是提高耳聋学生的观察能力和思维能力，二是提高耳聋学生的读句、写句能力和语言表达能力。他们懂得长句中几部分的内在联系，学习讲述其主要意思，懂得句与句之间的内在联系和次序，这是提高耳聋学生阅读能力的基础。

二、句子教学的过程

句子教学具有重要意义，教师要积极进行探讨，精心设计教学活动，逐步培养聋生理解句子和用句子表达的能力。句子教学的过程通常包括以下几个环节。

1. 出示例句，理解句意

理解句子的意思是进行句子教学的基础，在这一阶段教师要运用各种方法帮助聋生准确把握句意。对于一些比较形象具体的句子，教师可以引导学生通过观察实际情景、图画、多媒体课件等，将语言文字与直观形象结合起来理解。对于无法通过直观方式理解的句子，可以联系上下文，联系学生生活经验等帮助他们理解句意。

2. 朗读句子，理解语言

聋学生由于缺乏口语基础，在读句子时经常会出现断词断句的情况，影响其对语言的理解。朗读句子可以帮助聋学生加深对句子的理解，同时朗读还有助于聋学生内化语言规则，形成语感，因此在句子教学时要注重朗读的训练。朗读句子要求聋学生做到正确、流利、有表情，最基本的要求就是朗读时能正确停顿。除了按标点停顿外，朗读训练要特别注意引导聋学生按照句子的结构正确停顿，在此基础上要求学生把句子读连贯。对于具有感情色彩的句子，朗读时还要指导学生根据句子的内容辅助适当的表情和肢体动作，通过反复朗读体会其中的情感，做到入情入境。

3. 熟读句子，积累语言

聋学生学习句子不仅是为了理解句子，同时还要积累语言，为写句子做好准备。因此朗读之后要引导他们熟读句子，要求低年级学生能背诵并默写句子。指导学生背诵句子时，要注意引导他们理解句子的意思，对于复句要了解每个单句之间的关系，在此基础上再进行背诵。为了防止他们死记硬背，教师可以在学生熟读句子的基础上，将例句掩盖起来，出示情境，由学生说出或写出句子。在学生说写句子的时候，教师要注意个别指导，引导学生结合情境按正确的语序说写句子。

4. 总结句式，迁移训练

在熟读句子的基础上，教师与学生共同总结出句式，然后创设情境由学生说写新的句子，进行知识的迁移，以此扩大聋学生的句子量，提高他们的表达能力。在可能的情况下，要尽量安排学生写句子，因为说和写之间是有一定区别的。实际教学中教师常发现聋学生能说出句子但写不出来，或说的句子是正确的但写出来的句子则存在各种错误，因此句子教学一定要重视写句子这一环节，扎实地提高聋学生的表达能力。

三、句子教学的方法

（一）直观法

直观法是指聋学生通过观察实物、动作、图画、多媒体课件等直观形象来学习句子，低年级句子教学中经常采用这种方法。直观法把情景直观地展示在学生眼前，学生可以通过视觉观察了解句子的含义，同时有利于他们将语言文字与实际情景结合起来。

1. 观察实物

实物展示直接将实际情景展现在聋学生面前，有助于学生将真实的生活环境与语言文字结合起来，更有助于学生借助这些真实情景进行交际性的练习，提高他们运用语言的兴趣和能力。

例如在学习二年级上册第4课的句子“白菜、芹菜和卷心菜都是蔬菜”一句时，可以这样进行：（1）理解句子含义。教师分别出示白菜、芹菜和卷心菜实物，指着实物问：“这是什么？”学生回答后再问：“它是蔬菜还是水果？”学生回答后，分别出示例句“白菜是蔬菜，芹菜是蔬菜，卷心菜是蔬菜”。最后再指导学生合成一句“白菜、芹菜和卷心菜都是蔬菜”。（2）朗读例句。在指导学生朗读时，教师要注意引导他们正确停顿。对于较长的句子刚开始朗读时可以在一句话中多停顿几次，然后逐渐引导学生按正常的读法停顿。如读“白菜、芹菜和卷心菜都是蔬菜”一句时，开始时可以这样读“白菜 / 芹菜 / 和 / 卷心菜 / 都是 / 蔬菜”，逐渐过渡到“白菜、芹菜和卷心菜 / 都是蔬菜”，这样逐渐提高聋学生朗读句子的连贯性和流利性。（3）熟读背诵句子。教师分别指实物，指导聋学生背诵句子。（4）总结句式，说写句子。总结出“（什么）是蔬菜”的句式，教师展示其他蔬菜，引导聋学生说写句子。同时，教师可以借用实物，道具引导学生运用已学过的句式进行对话练习。例如出示实物“芹菜”，教师逐步提出问题“这是什么？”“它是什么颜色的？”“芹菜是什么？”“你喜欢吃什么？”学生在回答的过程中不仅复习了旧知识，丰富了句子量，还提高了运用句式的灵活性。

学生用实物说句子

2. 观看动作

对于一些描写动态变化过程的句子，观察实物不容易了解句子的意思，这时观看动作演示可以很好地帮助聋学生理解句子。例如教学“岳珍先把铅笔放在文具盒里，再把文具盒放进书包里”这一句时，可以选一个同学扮演岳珍，指导他按顺序表演，引导全体同学仔细观察体会动作的先后顺序，以此帮助学生掌握例句。接下来在句式练习中，教师可以结合课堂环境做动作或启发学生做动作，引导学生说写句子。教师可以先把课本放在书包里，再把书包放进桌子里，引导学生说写句子“老师先把课本放在书包里，再把书包放进桌子里”。

3. 看图学句

看图学句是聋校句子教学中传统的教学方法。图画直观形象，可以有效帮助聋学生理解句子、表达句子，是辅助他们说写句子的有效教学用具。看图学句主要在低年级进行。学习的句子除了一些简单句外，还包括一些简单的复句，这些复句由几个单句组成，单句之间存在一定的关系，单句的排列有相对固定的先后顺序，这些都是聋学生理解的难点，在教学中要图文结合帮助他们突破难点。例如学习二年级下册第13课“一只小羊在地里啃麦苗，马小雄急忙跑过去，把小羊赶走”一句时，可以这样进行：

（1）看图读句子，图文结合理解句子含义。教师按句子描述的先后顺序指导学生观察图，先后指着小羊和马小雄引导学生回答以下问题：“这是什么/谁？”“它/他在做什么？”为了帮助聋学生了解几个小句之间的关系，深入理解整个句子的意思，教师还要进一步问学生以下问题：“马小雄急忙跑过去做什么？”“马小雄为什么把小羊赶走？”如果学生正确回答了以上问题，就说明他们理解了句子的意思，教师可以继续下一步的教学。

（2）朗读句子。指导聋学生进行正确的停顿，同时引导学生体会马小雄的心情，读出马小雄“急忙跑过去”时的急迫感。

（3）体会各单句之间的关系。把单句的顺序打乱，引导学生重新排序，体会三个单句是按事件发生的先后顺序、因果顺序排列的。“小羊在地里啃麦苗”这一事件引发“马小雄把小羊赶走”，马小雄要先跑过去才能赶羊，因此三句的顺序不能随意调换。

（4）积累句子。教师指图，学生根据图的提示熟读、背诵句子，进行句子积累。

（5）仿写句子。总结句式“什么怎么样，谁把什么怎么样”，教师创设情境引导学生根据句式仿写句子。随着学习内容的加深，句子中的某些内容在图画中没有办法直接体现出来，这时教师要指导学生根据文字进行合理的推理和想象，加深对句子的理解。

4. 多媒体辅助学句

实物展示和动作演示，贴近现实生活，有助于提高聋学生实际运用句子的能力，但展示实物、演示动作受到各种条件的限制，使用这两种直观方法具有很大的局限性。图画呈现的内容多，使用起来简单方便，但图画不能形象地呈现动态过程。多媒体结合了两者的优点，为聋学生学习句子提供了更为有效的辅助手段。在教学中，把课本上静止的画面制成活动的画面，动静结合，呈现知识形成的全过程，让学生随着画面的变化，发展思维，深刻理解教学内容，获取新知识。例如，在讲语文第三册 17 课《看图学句》时，把三幅图做成动画，先让学生观察图画，说出图上有什么，再演示动画“麻雀从树上飞走了。树叶从树枝上落下来。燕子从窝里飞出去了”。这样变静为动，既吸引了学生的注意力，激发了学生的兴趣，又能使学生较容易地区分“飞走了、落下来、飞出去了”的不同，正确地理解句子的含义。另外，在本课练习阶段，可以这样设计：

（1）将下面的图片放到合适的位置上。

燕子	树叶	麻雀

（　　）从树上飞走了。

（　　）从树枝上落下来。

（　　）从窝里飞出去了。

让学生到电脑前操作，将图片拖到相应的位置。如果放错了位置，图片会自动弹回原地。计算机会出示“别着急，再想想”，如果放对了，计算机则会出示“你真棒”。

（2）一棵长满苹果的苹果树。

教师点击鼠标，苹果便从树上落下来，然后指名让学生说句子。

在运用直观法进行句子教学时要注意两点：

（1）直观形象与语言文字密切结合。直观形象的选择和设计要有针对性，能够形象地体现出句意，尽量少出现无关刺激，以防止聋学生注意力分散；在句子理解阶段要借助直观形象理解语言文字，再由语言文字回到直观形象中；

在表达阶段，要由直观形象转化为语言文字。

（2）培养学生语言能力和培养观察、思维能力相结合。聋学生要写好句子不仅需要具有语言能力，同时还要学会观察，学会思考。例句中隐含着科学有序的观察方法和对事物的认知观点，句子内部之间存在一定的逻辑关系，这些都是对聋学生进行教育的资源，教师要有意识地利用好这些丰富的教学资源，不仅要指导他们理解句子，提高表达能力，同时还要指导他们学会观察和思考，提高观察能力和思维能力。

（二）比较法

在句子教学中的比较法是指通过对新旧知识、相似知识的比较，帮助聋学生分化知识，掌握句型和句式。

1. 新旧知识的比较

已有的知识是学习新知识的基础，旧知识可以为学习新知识建立良好的先行组织，有利于新知识的理解和运用。在这个过程里学习者的新旧知识相互连接，对知识的认识不断深化。例如“（什么）是（什么）”“（什么）和（什么）都是（什么）”以及“（什么）、（什么）和（什么）都是（什么）”这三个句式，它们之间差别很小，聋学生在使用第二和第三个句式时容易出现错误，教学时可以从第一个句式开始，逐渐深化，加强几个句式之间的比较，帮助学生分化知识。以“苹果、香蕉和葡萄都是水果”为例，可以这样进行教学：

（1）复习旧知。出示苹果、香蕉、葡萄等的实物或图片，引导聋学生运用“（什么）是（什么）”的句式说句子：苹果是水果 / 香蕉是水果 / 葡萄是水果。

（2）学习新句式“（什么）和（什么）都是（什么）”。引导聋学生将两句改写成一句话：苹果和香蕉都是水果。对“（什么）是（什么）”和“（什么）和（什么）都是（什么）”两个句式的相同和不同之处进行比较，引导聋学生注意第二个句式中的“和”与“都”出现的位置，感性了解它们的用法。

（3）学习新句式“（什么）、（什么）和（什么）都是（什么）”。将三句话改写成一句话：苹果、香蕉和葡萄都是水果。对三个句式的相同和不同之处进行比较，引导聋学生注意“、”“和”以及“都”出现的位置，感性体会它们的用法。

（4）练习说写句子。

2. 容易混淆的知识的比较

相对于其他语言，汉语的语法规则显得比较松散，语序和虚词的运用对表达语义具有重要作用。汉语存在大量的句式，语序不同，虚词不同，语义也会不同。一些句子看上去相似，但表达的意思可能相差很远，也有的句子看上去不同但它们表达的意思是一样的。聋生在理解和运用这样的句子时很容易出现错误，对于这样的问题通过比较法可以有效地帮助聋学生。例如聋生往往不能区别“把字句”和“被字句”，认为两种表达方式表述的是同一个意思，更不能很好地掌握两种句式的变换方法，对此可以设置情境，通过对比引导聋生掌握两种句式以及它们之间的相互转换的方法。以“小祥把雨伞借给了文文”与“雨伞被小祥借给了文文”为例，教学时可以采用以下的方式：

（1）出示例句，理解句意。出示例句“小祥把雨伞借给了文文”，引导聋学生理解“谁借给谁雨伞”，运用圈点画线方式画出句子主要成分：

（小祥）^{A}把（雨伞）^{B}借给了（文文）^{C}。

运用同样的方法理解“被”字句并划出主要成分：

（雨伞）^{B}被（小祥）^{A}借给了（文文）^{C}。

（2）两种句式进行比较。总结两种句式，进行对比：

把字句：谁把什么借给了谁。

被字句：什么被谁借给了谁。

引导学生注意观察两种句式中施事者和受事者的不同位置，总结进行句式转换的方法。

（3）进行练习。结合实例进行把字句与被字句之间的转换练习。

3. 书面语与手语的比较

聋生间交流时经常用到手语，而手语的语法规则与汉语书面语的语法规则是不同的。汉语是按时间顺序组织句子的，一般来说汉语句子中主语放在谓语前，修饰语放在中心语前，例如：青蛙捉害虫。而手语是一种视觉语言，聋生打手势的顺序是按事件在视觉中的先后顺序进行。视觉必须在看到表述的主客体后，才能看出主体要对客体“干什么”。因此同样一句话用手语打出来就成了：青蛙害虫捉。教学时教师可以引导学生对两者进行比较，帮助他们掌握汉语语法规则。目前关于中国手语的研究，特别是对手语语法规则的研究还不够深入，一线语文教师要做有心人，寻找汉语书面语与手语语法规则的不同之处进行比较，帮助聋生掌握书面语。

（三）生活体验法

直观法可以帮助聋生在语言文字与句子含义之间建立联系，从而帮助他们学习句子。但是受到条件限制，不是所有的句子都可以在课堂上运用直观法进行教学的，更多的情况下，需要教师引导学生结合生活体验来掌握句子的含义，引导的方式就是教师举一些学生熟悉的例子，为他们理解句子创设情境。例如学习条件复句“山上开满了映山红，无论花朵和叶子，都比盆栽的杜鹃显得有精神”，这个句子比较复杂，聋学生直接理解句子前后部分的关系可能有困难，教师可以举一些学生比较熟悉的例子，帮助他们理解“无论……都……”。例如教师可以在班级里找出一个各方面表现都很好的学生，引导其他同学从各方面说说他（她）的优点，运用“某某同学（什么）好”的句式说几句话，最后运用“某某同学无论（什么）和（什么）都（怎么样）”这个句式说句子，在此基础上引导聋生体会句子的前一部分“无论（什么）和（什么）”表示两个条件，句子后一部分“都（怎么样）”表示两个条件的共同结果。

结合生活体验进行句子教学时，教师所举的例子很重要，例子要具有针对性，事例要为学生所熟悉，使用的语言要简单易懂，能够有效帮助聋生理解学习的难点。

（四）阅读教学法

阅读教学中的句子教学更侧重于理解句子在课文中的意思，学习的重点是含义深刻的句子、生动形象的句子和展现全文中心的句子。

1. 含义深刻句子的教学方法

在教学含义深刻句子时，教师要引导学生结合课文内容反复品味，根据课文的时代背景、作者情感倾向性等，体会句子所表达的思想感情，不能仅从字面上理解句意。例如《卖火柴的小女孩》一文中有这样的句子：“她曾经多么幸福，跟着她奶奶一起走向新年的幸福中去。”对于其中“幸福”的理解，不能从字面意思上去看，而是要结合小女孩的悲惨遭遇去理解，只有结合小女孩无人关怀，饥寒交迫，直至冻饿而死的经历，才能理解句子中的“幸福”是指痛苦和死亡，才能由此感受到作者对穷苦人民的同情和对贫富悬殊社会的强烈不满。

2. 生动形象句子的教学方法

在教学生动形象的句子时，教师要注意引导学生结合表情反复朗读。此外，还可以采用缩减与改换句式的形式帮助学生理解和体会句子的生动形象，在此基础上，教师还要指导学生进行背诵，以此培养学生的语感，增加他们的语言积累。

3. 全文中心句的教学方法

在教学展现全文中心的句子时，教师不但要引导学生反复朗读，体会这些句子的含义，还要帮助学生弄清文章是如何围绕这些句子展开描述的。例如《海底世界》一课中最后一句："海底真是景色奇异、物产丰富的世界！"这是全文的中心句，教师在引导聋学生理解这句话的意思时，要让他们结合全文想一想：海底景色有哪些？这些景色奇异在哪里？海底有哪些丰富的物产？通过这些问题帮助聋学生加深对句子的理解。之后再让学生想一想：课文中哪几段是围绕最后一句话写的？它和课文第一句话有什么关系？全文是怎样具体体现这句话的？通过这些问题帮助聋学生理解课文的组织结构。

（五）多渠道补充法

通过各种形式和方法给学生补充句子。多年来的教学实践告诉我们，仅靠现有教材，通过讲授语文知识进行语言渗透，仅靠"读书千遍其义自见"的教学，难以切实地开展聋校的语言教学工作，难以提高聋学生书写句子的能力和水平，所以要利用课内外的时机，给学生补充句子，丰富语言。

1. 凭借语文教材奠定基础

语文教材中的语言因素十分丰富，为学生补充句子提供了广泛的内容。因此教师要十分重视运用教材的内容，给学生补充句子。如在讲《牡丹花月季花》这一课时，不但要让学生学会字词的音、形、义，会用词语造句，还要将各种花卉的生长环境、开花季节，习性特点等编成句子，让学生背下来。

2. 抓住生活瞬间补充语言

教师要抓住生活瞬间帮助学生补充语言。例如："雨停了，太阳出来了。""今天中午，我们吃包子。""昨天下午，老师举行拔河比赛。""翟东伟回家理发了。""姐姐给范东栋买了一套新衣服"……这些句子都是在生活瞬间产生的。

3. 课外阅读中创造性发展语言

教师为学生订一些图文并茂的注音读物，例如《幼儿智力世界》《童话世界》

《儿童画报》《红蜻蜓》等刊物，培养其良好的阅读习惯，扩大其课外阅读量，使所学的语言在不同的语言环境中得到再现，在巩固所学语言的同时，创造性地使用语言、丰富语言、积累语言。

4. 分类进行语言强化训练

在日常生活中，以墙报和黑板报为基地，每周或每月介绍一个主题，如“认识植物”“了解动物”“和水果交个朋友”“我喜欢吃的蔬菜”等内容，以“张贴卡片”“聪明屋”“故事大王”“儿歌天地”等形式帮助学生积累、巩固、运用、扩充语言，以目助耳，不断发展其语言能力。（注意：不同的年级，内容的深度和广度要不同）

（六）练习实践法

要想将知识变为技能，必须经常练习反复实践。在教学生学句的同时，要通过各种形式加强学生的写句练习。写句练习的项目是很多的，如“扩句”“缩句”“修改病句”“仿写句子”“用指定的词造句”“连词成句”等等。以扩句为例，扩句要求扩出的是修饰成分，如：

“一只鸟。”——→“一只小鸟。”——→“一只白色的小鸟。”

“他笑了。”——→“他开心地笑了。”——→“他看到自己得了一百分开心地笑了。”

学生练习连词成句

在加强句子的基础训练时，应做到以下几方面。

1. 密切联系学生的生活实际

在讲解写句内容时，要紧密联系学生的生活实际，从具体到抽象。如练习按照“(刘丹)举着(一束)(花)”的句式写句子时，首先要让学生知道这个句式的意思,其次用动作演示出来,最后概括出句式的形式是“(谁)举着(多少)(什么)”。由于讲解了例句,学生就可以从容地写出许多句子。如:“(朱安强)举着(一面)(国旗)。”通过练习，扎扎实实地一步一步提高，学生就会牢固地掌握句子的写作方法。

2. 强化系统的“写句”训练手段

随着年级的不断增长，训练手段也应不断加强，尤其是培养学生观察生活、书写句子的能力。二年级进行“每日写句”练习,三年级开始练习“看图写句”“景物写句”“看演示写句子”，四年级进行“写日记”，建立“摘抄本”，还可以写一些所闻所感。因为只有多读、多写、多改、多记,才能更快更好地提高写句能力。

3. 重视面批，进行个别指导

由于学生语言能力不同，因此，写句改句能力也不同。如：对于“岳红梅把圆珠笔捡到交给老师”这一病句，有的学生能很顺利地把句子修改完毕，有的学生在老师的启发下，才发现句子写作顺序是错误的，还有的学生根本不会修改病句。因此，教师在集体讲解评议的同时，也要注意个别面批学生的病句，这样的句子练习实践才切实有效。

句子教学的方法不只以上这几种，教师要在实践工作中加强对句子教学的研究，灵活应用各种方法，并不断总结经验，才能探索出更多更好的句子教学方法。

四、句子教学应注意的问题

1. 句子教学要坚持字不离词、词不离句的原则，绝对不能离开句子孤立地进行字词教学。在讲解句子意思时，应该按句子特定的内容讲完整，千万不能把句子中特定的人物、时间、地点、环境，任意地联系实际，东拉西扯地把句子讲得支离破碎。联系实际要在讲完句子本意后进行，这样既加深了对句意的理解，又培养了将所学知识应用于实际生活的能力。

2. 一切句子教学活动都要以书本课文为依据。由于耳聋学生是入学后才开始凭借书本学习语言的，所以从一年级开始就要认真使用课本，使一切教学活动都有书本课文作为依据，这样才能逐步培养他们看（听）、说、读、写的语言能力。

3. 句子教学必须随时把文字和形象结合起来进行。低年级的句子教学包括两个方面，一方面是指导学生看图，借助图画，获得语言文字所表达的形象，教给学生看图的方法培养他们的观察能力。另一方面是凭借图画指导学生学词学句，建立词和句的概念，掌握语言文字能力。离开了具体的形象，耳聋学生很难理解文字所表达的意思。在教学实践中，要把这两方面有机地结合起来。

4. 要做好理解长句句意的教学工作。随着学习内容的加深，句子必然要逐步复杂起来。理解和概括长句意思的教学是一个重要环节，理解长句意思的关键在于做好词与词之间的内在联系教学。例如“蚕宝宝爬在桑叶上吃桑叶”，首先找出主要词语“蚕宝宝”“吃”“桑叶”及其关系，这是句子的主要意思。然后找出“爬在桑叶上”和哪一个词语有关系（与“吃桑叶”有关系，表示“在什么地方”吃桑叶）。对于简单复句，在理解分句意思的基础上，要注意分句之间词语的联系。如“朱小红洗完衣服，把衣服晾在竹竿上”，前一分句中的“洗完”和后一分句中的“晾”表示了事情的先后顺序。抓好长句教学，是进行节、段教学的基础，教学中不可忽视。

5. 句子教学中要重视标点符号教学。不同的标点符号能表达出句子的不同意思，指导学生正确认识标点符号，并读出语气，有助于学生理解句子和运用句子。

6. 给聋生创造更多的写句环境，调动学生写句子的积极性。培养学生良好的学习习惯要从一点一滴做起，在讲解生字词时，不但要在音、形、义上下功夫，更重要的是要给学生创造语言实践的机会，如课文中讲“各式各样”一词，先要讲清课文中的本义，其次要联系学生生活实践练习说句、写句。老师讲解后，

学生情境对话

引导学生说出"衣柜里挂着各式各样的衣服""百货商店里摆着各式各样的电视机"等句子。为了调动学生写句的积极性，应尽可能更多地保留学生原句中的合理部分，用点滴的进步鼓励学生，久而久之会使学生在写句方面产生极大的兴趣。

五、句子教学案例

案例

《百货商店》教学设计

（六步备课法第三稿）

教学前思

本课包括9幅图、13个生字、9个新词和1个句子。本节课要讲的是食品店和菜市场，让学生从图下的名称、橱窗里的布置及人们采购的物品中了解这两个地方是卖什么的，并联系学生的生活实际，充分运用前面学过的句式和语言训练课中接触到的句式练习说话，最大限度地提高学生的语言运用能力和语言沟通能力，不断发展学生的言语能力。

学生分析

本班学生可分为四类：A类学生能准确理解词义，正确读写，并运用学过的句式说出较复杂的句子；B类学生能准确理解词义，正确读写，能联系生活实际和学过的句式用这两个词语说出简单的句子；C类学生能准确理解词义，正确读写，在A、B类学生引导下能说出简单的句子；D类学生会打指语并正确拼读这两个词语，能正确书写。

教　法

演示法、讲解法

学　法

运用实物创设情境，理解词义，并在老师的引导下联系生活实际，一词多造，运用词语。

教学目标

A类学生：除了达到上述要求外，能联系生活实际，灵活运用学过的句式用这三个词语说出较复杂的句子，能在老师的引导下进行简单的语言交往。

B类学生：除了达到上述要求外，能联系生活实际和学过的句式用这两个词语说出简单的句子。能模仿他人进行简单的语言交往。

C类学生：能准确理解“食品、食品店、菜市场”的词义，会打指语并正确拼读这三个词语，能正确书写。

D类学生：会打指语并正确拼读“食品、食品店、菜市场”这三个词语，能正确书写。

教学重点

准确理解“食品 、食品店、菜市场”的词义，会打指语并正确拼读这三个词语，能正确书写。

教学难点

能联系生活实际，灵活运用学过的句式用这两个词语说句子，能在老师的引导下进行简单的语言交往。

教具准备

各种常见的食品、简单的课件、挂图

教学过程

一、导引目标

让学生能准确理解“食品 、食品店、菜市场”的词义，会打指语并正确拼读这三个词语，能正确书写。A 类学生能联系生活实际，灵活运用学过的句式用这两个词语说出较复杂的句子。

二、语技与练习

1. 呼吸练习：腹式呼吸

2. 听能训练：看听话写词语“百货商店、服装店”

3. 用上述两个词说句子

百货商店里有（　　），有（　　），还有（　　）。

服装店里有（　　），有（　　），还有（　　）。

4. 唱音练习：a i u

5. 舌体操

三、体验发现

1. 学习“食品、食品店”

师：今天老师带了很多的好吃的，猜猜会有什么？

学生猜，教师出示实物并板书：酸奶、饼干、面包、果冻、巧克力、牛肉干

师：这些都是食品。

指王惠起来重复老师的话。

板书：食品

指生读，挨个儿正音，学习写法，挨个儿检查书写。

板书：

（　　）是食品。（B 类学生）

（　　）、（　　）和（　　）都是食品。（A 类学生）

师：食品是从哪里买来的？

出示挂图，师：这是哪里？

师：这是食品店。

指生起来重复老师的话。

板书：食品店

指生读，挨个儿正音。

出示课件，让学生看图补充句子：

食品店里有（　　）。（B 类学生）

食品店里有（　　），有（　　），还有（　　）。（A 类学生）

2. 学习“菜市场”

看口说词语：西红柿。

生答，师板书：西红柿。

师：西红柿是什么？

生答，师板书：西红柿是蔬菜。

师：还有什么也是蔬菜？

生答，师板书。

师：蔬菜是从哪里买来的呢？

出示挂图，师：这是哪里？

根据学生回答，板书：菜市场。

学习“市”字，学习拼读，打指语，分析字形结构，唱笔顺学写法。

学习说句子：菜市场里有（　　），有（　　），还有（　　）。（多个学生说）

四、应用实践

把句子补充完整：

1. 食品店里有（　　），有（　　），还有（　　）。

2.（　　）、（　　）和（　　）都是食品。

3. 菜市场里有（　　），有（　　），还有（　　）。

五、反思学法

学生在实物创设的情境中，理解词义，并在教师的点拨下结合自己的生活经验，运用词语说句子。

六、拓展内化

1. 看听话：食品、食品店、菜市场。

2. 看黑板说句子。

3. 在练习本上写生字词语。教师巡视，指导。

教学反思

1. 教学中字不离词、词不离句，让学生发挥自己的语言天分，多说、多想，充分调动学生说句子的积极性，学生发言积极踊跃，课堂气氛活跃。

2. 充分、适时利用多媒体和实物，使课堂所授的知识更形象，学生更容易理解，同时也恰当地创造了学习情境，有利于学生把所学词语和句子与生活经验联系起来，开阔了学生视野，让学生能把所学更好地应用于生活。

3. 教学中，注意让各类学生做不同程度的发言，让每一类的学生都学有所获。

4. 由于听力及口舌部肌肉运动问题，部分学生的口形不是很清晰，这有待于进一步加强。

（山东省烟台市特殊教育学校　冯莎莎）

附：低年级主要句式

这是什么？

那是什么？

哪里有什么？

什么放在哪儿？

哪里有什么和什么？

谁怎么样？

什么做什么？

谁做什么？

谁有什么？

谁没有什么？

谁天天做什么？

谁常常做什么？

这是谁的什么？

这不是谁的什么？

谁丢了多少什么？

谁拿什么做什么？

谁家养了多少什么？

什么的颜色是怎样的？

谁喜欢吃什么？

谁要（不要）怎么样？

谁会做什么？

谁在哪里做什么？

谁到哪儿去？

谁爱什么。

谁（或什么）怎么样。
哪里有什么，有什么，还有什么。
什么、什么和什么都是什么。
谁先做什么，再做什么。
谁（哪里）举（端、挂……）着多少什么。
谁的什么怎么样了，谁在做什么。
谁又做什么又做什么。
谁比谁怎么样。
谁带谁去哪儿。谁看到了什么、什么和什么。
什么是谁制造（做）的。什么和什么都是谁制造（做）的。
谁要遵守什么。
谁参加什么比赛，得了第几名。
谁和谁到哪儿做什么。
哪儿摆着各式各样的什么。
谁到哪儿买了多少什么。
谁的身上（头上、手上……）穿着（戴着……）什么。
什么（谁）从哪里飞走了（出来了、落下来……）。
哪里种着（放着……）多少什么。
什么时候，谁怎么样做什么。
谁（哪里）的什么比谁（哪里）的什么怎么样。
谁给谁看什么。
什么和什么的什么一样，什么不一样。
什么和什么是什么，什么和什么也是什么。
什么地方的哪儿种着各种什么，有什么，还有什么。
谁和谁一起到哪儿做什么。
谁把什么怎么样。
什么季节，哪里的什么怎么样。
什么时候，谁去哪儿买什么。
什么干什么快，谁用什么干什么。
谁喜欢什么，更喜欢什么。

谁喜欢什么吗？

什么（谁）怎么样（做什么），谁（什么）把什么怎么样。

谁和谁做什么，谁劝谁不要做什么。

什么时候，有的人在哪儿做什么，有的人在哪儿做什么。

哪些人在哪儿做什么，有的做什么，有的做什么，还有的做什么。

谁想做什么。

谁送给谁多少什么。

谁把什么借给谁做什么。

谁家在哪儿，附近有什么。

什么的什么像什么。

思考问题

1. 聋校低年级句子教学的要求和原则有哪些？
2. 聋校低年级句子教学的过程通常包括哪几个环节？
3. 请根据句子教学的过程和方法，尝试设计一份聋校低年级句子教学方案。

第三章　中高年级写作教学

写作本身的目的，就是交际运用，也是许多场合表达与交际所需要得。聋生经过低年级的句子学习积累，到了中高年级，已经有了较多的语言储备，具备了基本的语言运用能力。因而中高年级可以以“生活语文”为切入点，内引外链，发展聋生语言能力。文章就是表达思想，“情以物兴”“缘事而发”（刘勰语）。因此，生活是感悟的发源地，是写作的源泉。叶圣陶说：“生活犹如泉源，文章犹如溪流，泉源丰盈，溪流自然活泼地昼夜不息。”叶老这番话，充分说明了生活对于写作的重要性。要写出好文章，应将课堂生活化，联系生活，创设问题情境，引领聋生将语文学习与社会生活融合起来，调动学生已有的生活体验充分感悟，把学得的成果延伸到生活中去，逐步提高写作能力。

第一节　画文同步教学

一、画文同步教学的由来

画文同步是将习作教学和绘画结合起来的一种写作方式，是培养中年级聋生写作能力非常有效的方法。画文同步教学创造一些能激发表达欲望的活动，进一步培养学生的观察能力，激发学生写写画画的兴趣，全面提高学生的语言表达能力。如苏霍姆林斯基所言：“图画是发展创造性思维和想象力的手段之一。我坚定地相信，儿童的图画是通往逻辑认识的道路上必不可少的阶梯，至于图画有助于发展对世界的审美观点，那就更是不言而喻了。”[①]“当儿童找不出确切的、恰如其分的词语来表达自己的思想时，他就求助于图画。”[②]画，需要直观画面，眼中有物。写，需要抽象思维。眼中有了画面，构思就有内容，写起来也就具体、容易多了。聋学生直观形象思维强，抽象思维能力较弱，因而他们喜欢画画，大部分人绘画能力较强。根据这一实际，在实践中我们提出“将叙述和日记内容情景化”，创设情景，指导学生将绘画与写作结合，将直观的形象、情景与具体生动的语言相结合，将生活体验通过图画和文字两种形式表现出来，把抽象的语言文字转化为形象的图画，让学生全方位实践语言。

二、画文同步教学的实施

（一）画文同步教学遵循的原则

1. 学科整合原则

学生的语言积累、表达技巧和绘画技巧相互协作、配合，共同实现语文教学的总目标。

2. 主动性原则

学生的最佳学习效果取决于学习者主动心理因素的充分发挥，“画文同步”正是迎合学生主动参与的心理，能充分发挥学生的主观能动性，挖掘其潜在的能力。

3. 自主性原则

要使学生充分全面发展，就必须以尊重学生、自愿、自主为基础。画文同步坚持以人为本，不硬性规定学生必须选择哪一幅图或哪一篇日记材料，而是让学生根据自己的兴趣爱好自愿选择，主动参与。

4. 激励性原则

画文同步的实践中，涌现出许多优秀的日记和作文，对这些优秀的作品，教师可以利用校报、板报、编辑优秀日记集、推荐投稿等方法给予鼓励。建立优秀日记评选、作文竞赛等集体、个人、自我三级竞争机制，形成人人争写作文、

---

① 苏霍姆林斯基. 给老师的建议. 杜殿坤，编译. 北京：教育科学出版社，1984：103.
② 苏霍姆林斯基. 给老师的建议. 杜殿坤，编译. 北京：教育科学出版社，1984：104.

个个比作文的良好氛围，人人获得成功的机会，人人产生不断进取的信心。

5. 民主性原则

实行民主教学，学生才能在和谐气氛中学习，消除对习作产生的畏难恐惧心理。画文同步教学特别强调教师善于和乐于肯定 B、C 类学生日记和作文中的闪光点，对他们倾注更多的关爱，充分尊重、体量、宽容他们，让他们树立自信心，自觉地接受教师的点拨。

6. 差异性原则

对不同层次和不同专长的学生提出不同的要求，尽量挖掘学生的潜力，使学生在各自基础上都得到提高。

（二）画文同步教学的具体操作

1. 改日记为绘画日记

要求学生每天写一篇日记，并根据日记内容在旁边画上相应的画。学生对自己所写的内容既熟悉又理解，所画的画几乎都与内容相匹配。同时，由于学生的兴趣得以激发，因而日记的内容更丰富，更贴近生活。

学生的绘画日记

2. 给叙述添加插图

中年级语文教材中有的叙述练习有插图，有的没有插图。对于没有插图的教材内容，在进行叙述教学时，可让学生根据想象画出图画，再写上相应的内容，或将内容写好后，再根据内容及想象配上插图。

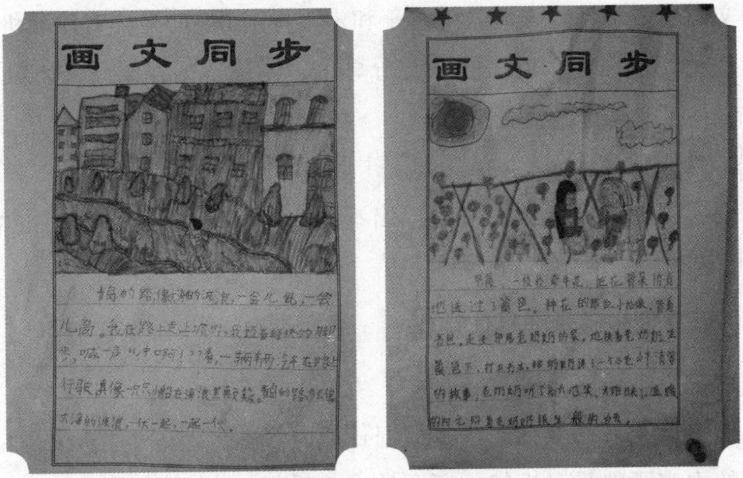

学生的画文同步作品

学生在进行画文同步写作

3. 活动课与作文课结合

生活是感悟的发源地，是写作的源泉。以丰富多彩的活动为载体，使学生笔下有文，笔下有画。利用课余时间或活动课带领学生做一些源于生活的游戏，让他们在游戏中注意观察人物的动作、表情、情节等等。课堂上以提问的方式引导学生回忆紧张、兴奋的游戏，让学生展开讨论，争相回答问题。通过讨论，学生脑海中游戏的表象越来越清晰，就越容易下笔写出丰富的内容，内容写出来了，画面也随之而出。

学生的画文同步作品

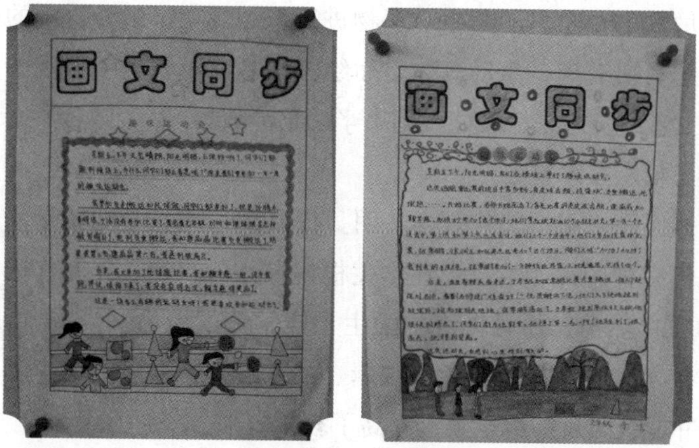

学生的画文同步作品

4. 叙述与写生结合

活动和写生有机结合对培养学生的观察力和想象力具有积极的促进作用，同时有益于学生习作实践。如《记一次游览活动》，在游览过程中，美术老师指导学生写生，回来后语文老师再指导学生习作。由于学生打好了写生基础，写起来比较容易。又如写《记忆中的一场大雪》之前，请同学们在黑板上画一幅雪景图，每个同学都参加，使画面不断补充、丰富，当形成一幅较完整的画面时，请每个同学说出自己画的是什么，然后再请同学对画面进行描述，最后经过老师的总结，学生再进行写作，文章写好后让学生画文对照进行修改，这样起到了图文并茂的预期效果。文章的成功，得益于强烈的表达欲望，而这种欲望又

学生画文同步作品——去农村

学生画文同步作品——做衣服

源于对生活敏锐的观察力。学生对事物进行仔细观察，展开合理的想象，自然写出来的文章有血有肉，生动具体。而绘画更是离不开敏锐的观察力和合理的想象力，将二者结合起来，就能收到事半功倍的效果。

5. 写作与信息技术整合

把多媒体、网络引进写作教学，明显提高了写作教学的质量。教师利用网络为学生提供多种图片、情景，让学生根据自己的兴趣选择写作内容，不但激发了学生的写作热情，而且促进了学生个体学习的能力。当文章编辑完成时，利用计算机技术，学生可以配色、编辑、插入图片，通过网络互相交流，教师给予评价，并能及时反馈给学生，提高了教学效果。

在画文同步教学实践过程中，学生在有意和无意中不断生成新的语言，提高的不仅仅是对课文的深入理解程度、语言存储量的不断增加、绘画能力的持续提高，更是学生整体素质的不断提高。

三、画文同步教学案例

画文同步——下雪了

教学前思

联系生活实际，通过观察与想象相结合，画出写出雪后的景色及同学们的活动情况，提高同学们各方面的能力。

教学目标

1. 培养学生的观察能力与想象能力。
2. 训练学生的语言表达能力及写作能力。
3. 培养写作兴趣，提高绘画能力。

教学准备

1. 几篇范文。

2. 各种图形素材。

3. 绘画工具。

教学过程

1. 同学们，冬天到了，我们常常可以欣赏到美丽的雪景，老师给大家准备了一些图片，请同学们欣赏。

2. 这么美丽的雪景我们可以怎样来描绘呢？

（欣赏范文，引导学生说话）

3. 看到外面美丽的雪景，同学们你们喜欢堆雪人吗？

（师生一起边堆雪人，边说话）

4. 请同学们发挥自己的想象，拿起画笔，把你看到的想到的画下来，写下来。

5. 师巡视指导。

6. 请每个学生介绍自己的作品。师生共同交流，修改不通顺的句子。

7. 作业：把自己的作品整理到考卷上。

教学反思

从画文同步的作品看，同学们都能根据自己的观察和想象画出不同的画面，写出不同的语句，同学们的观察能力和想象能力都比较强，语句也比较通顺，画文同步是发展同学们观察能力和语言能力的好方法。

（山东省烟台市特殊教育学校　孙振波）

第二节　片段写作教学

一、片段作文的概念阐释

片段作文，是就整篇作文相对而言的，指的是以语段形式出现的具有相对独立性的非整篇作文。片段作文就是把日常生活中的一个片段、一种现象和一点感触具体清楚地写下来。看到一个场面，可以描绘一下现场的情况和气氛；遇到一件有意义的事，可以写一写人物对话的内容和他们说话的神态，可以记叙、议论、说明，也可以描写、抒情。如果把一篇文章比喻成一部完整的机器的话，那么片段则是机器的部件，把每个“部件”都打造得很完美的话，那么，拼装起来的整体——文章——也应该是很完美的。

二、片段作文的意义和作用

九层之台，起于垒土。作文教学也是个逐步积累的过程，从易到难，从简到繁，从部分到整体，循序渐进，逐步提高。作文就是从说、写一句话到一段话，再到作一篇文章的过程。在这个过程中，写作的内容、方法也随着年级的增长而不断增加。写作教学在经历了句子教学、画文同步教学后，就进入片段写作教学阶段。片段作文是篇章写作的前提和基础，它既要完成“连句成段”的任务，又要打好连段成篇的基础。可以说，片段写作是培养学生作文能力的一项基本功训练。片段作文以训练某一种单项写作能力为目的，其意义在于耗时少，见效快，内容和形式灵活，训练机会多。学生学会了写片段，积片成篇，写大作文就不困难了。在聋校作文教学中，写作片段作文是练好写作基本功的一条捷径。只有抓好了片段作文训练，才能为篇章写作打好基础。

三、片段作文教学内容

1. 看图作文。看图作文是看图识字、看图说话这一形式的延伸。图画可以是单幅，也可以是多幅。看图作文要求先仔细观察图画，然后根据图画的内容或意思来写一篇小作文。可以写景，也可以叙事，还可以进行外貌描写，形式比较灵活。

2. 写一个场面。比如劳动的场面，游戏的场面，庆祝大会的场面，运动会比赛的场面等。学生学会了这种写法，在篇章写作中需要写场面时，就能得心应手。

3. 写外貌神态。外貌神态的描写能够生动鲜明地展示人物的外貌特征，从而烘托出人物的内心世界。

4. 写对话。恰当地运用人物的言谈、对话来表现人物，就能把人物写活。“言为心声”，写人物的语言要反映出人物的个性和心理状态。

5. 写心理活动。描写内心活动，可以表现人物的精神面貌、思想品质和个性特点。

6. 写行动。人物的语言只有和行动紧密地结合，才会有说服力。

7. 写景。写景就是对周围景物的描写。写景能创造气氛，能烘托人物的性格，能暗示事件的发生，推动情节的发展。

8. 状物。状物就是对一个事物或一类事物进行有顺序、有重点的描写。

四、片段作文教学方法

（一）指导观察

教师要引导学生做有心人，留心观察周围的各种事物。在平时的教学中潜移默化地教给学生科学合理的观察方法，使学生学会抓住事物的典型特征。如观察人物的神态、动作，观察一种动物或植物，把它的一两个方面写下来。

（二）以读导写

1. 阅读积累

如叶圣陶所言：“阅读不仅在明白书中说些什么，更须明白它对于那些‘什么’是怎么说的。”[①]学一篇课文，就写一个片段、一篇小作文，看到什么就写什么，想到什么就写什么。在阅读教材的文本中找出与学生的生活实际相关联的内容，调动学生的情感触动与写作启发。把练笔辐射到阅读课上，以学生的动情点、争议点为角度，仿写、续写、改写，学生有话可说，有话想说，从而养成勤写勤练的好习惯。同时，教师要组织引导学生熟读、摘抄课文中的一些片段。在课内阅读中感受文章片段语言的精妙传神之处，从而受到潜移默化的影响。在课外阅读中遇到好词佳句，及时积累在阅读笔记中。这为片段写作做好前期积累。“心中有所积蓄，自然要说话；感到说话不足以行远传久，自然要作文。”[②]

① 叶圣陶. 国文随谈. 叶圣陶集：第13卷. 南京：江苏教育出版社，2004：85-87.

② 叶圣陶. 论写作教学. 叶圣陶集[M]：第15卷. 南京：江苏教育出版社，2004：85.

2. 学习范文

结合学生模仿性强的特点，在学生动手写片段之前，教师提供范文，引导学生仿写片段。比如学习《少年闰土》时，可以引导学生学习文章对闰土的头、颈、脸等外貌描写的写法，结合闰土看瓜刺猹一系列生动传神的动作，学习文章通过动作描写展现人物性格的方法。另外，还可以结合具体片段范文，比如指导学生进行写人片段描写的时候，可以出示如下范文：

一个关爱的眼神

“说得非常好！”老师向我递过一个赞许的眼神。这眼神，犹如冬日里送来的一缕阳光，让我从头到脚都感到暖洋洋的；又像沙漠里的一汪泉水，清澈、清凉，滋润我干涸的心；更像黑夜里拉开的一盏明灯，照亮了我整个心房。我是一个胆小少语的孩子，这个眼神让我充分感受到了关爱、勇敢和自信，嗅着这样的味道，我回敬老师一个微笑。

这样学生在写人片段写作中就有例可援，有章可循。

（三）指导方法

教师不仅要引导学生明确写作内容，抓住一个眼神，一句话语、一个动作、一处景物、一番感受，写出精彩部分，而且要指导学生明确并学习不同内容的片段写作方法，如写人片段主要是运用肖像描写、神态描写、语言描写、动作描写、心理描写，表现人物身份或性格；写景状物的片段要写出景物特点，写清事物形状、特征、用途等。

（四）专项练习

教师可以结合片段作文的各种内容，组织学生进行专项片段写作练习。片段开始，坚持从内容入手，充分发挥学生的主体作用，放手让学生说想法，指导他们说，然后写出真实感受。学生尝试在习作中运用自己平时积累的语言材料，特别是有新鲜感的词句。在片段写作中运用修辞方法，运用形容词、修饰语，运用联想和想象。

另外，写片段可以与作文交错进行，把写片段和作文有机地联系起来。

五、片段作文教学案例

看图作文教学《泡桐树开花了》

时间：初春

教学对象：五年级学生

教学辅助活动：参观位于学校南面的泡桐树

阅读活动：读《快乐学作文》之《高大的椰子树》

教学目的：学习状物类作文的基本写作方法

特例教学步骤：先将每幅图下的修饰词根据图意各造一句子，再将句子连接成意义段，而后成篇。

朗读，复述，发散，阅读总结，叙述前活动，语言活动（均略）。

1. 叙述图义。在叙述每幅分步图时，我们做了以下几方面的工作。

观察图义：图上画了什么？

造句：把每幅图下的词根据图意造一个句子，所造句子要与这幅图有关。这个环节我们是在课下进行的。

连句成段：书面造句之后，再进行课堂口头造句。之后，在课堂上把这些句子，根据一定的顺序和图意进行连接，使之成为意义段。

规范意义段：聋生完成的意义段中有很多问题，需要加以规范。

2. 说话后的写作表现出来的问题，主要是书写格式、标点方面问题，如“泡桐树开花了有的还是个花骨朵儿绿色花托黄色的绒毛泡桐花半边紫半边白像一个正在睡觉的小姑娘”。规范的书写和标点应为：“泡桐树开花了。有的还是个花骨朵儿，绿色花托，黄色的绒毛。泡桐花半边紫，半边白，像一个正在睡觉的小姑娘”。

但这样的句子还是不完整，句子之间缺少关联，只是把所造的句子简单地排列起来，语序比较乱。应改为：“泡桐树开花了。有的还是个花骨朵儿，像一个正在睡觉的小姑娘，有的已经全开了（像一只只小喇叭）。（泡桐花有）绿色花托，（上面还有）黄色的绒毛。泡桐花半边紫，半边白（非常好看）”。

3. 老师带领，用填空形式把每个意义段有序地写下来，并尽量使用注入的词汇。

泡桐树开花了。有的还是 ______，像（睡觉的小娃娃，小鼓锤）______；有的已经 ______。______ 绿色花托，花朵半边 ______，半边 ______，表面有一层 ______ 绒毛。泡桐花真像(春风姑娘吹的,小朋友吹的)______ 吹的(小喇叭) ______。

4. 连段成篇。像上面那样一段段写完之后，一篇文章写作自然就进行完了。需要注意的是在引导写填空作文的过程中，要特别强调段与段之间的关联，如第一自然段的开头一句为“春天到了……”，第二自然段的开头句子为“过了些天……春风起劲儿地刮着”或“天越来越暖和了……”等等，第三自然段的开头为“泡桐花终于开花了……”这是因为聋生在写一个事物时往往分不出层次，不知先写什么，后写什么，容易把什么都写在一段。

（山东省烟台市特殊教育学校　李岩）

第三节　记叙文写作教学

一、记叙文写作教学概述

聋生在经历了低年级的写句子、中年级的画文同步、片段作文后，具备了写作的基本能力，在此基础上，中高年级的写作教学就进入了篇章写作阶段，最先接触的篇章写作就是记叙文写作。记叙文是聋生写作最常用、最熟悉的体裁。教会聋生记叙文写作是作文教学的最主要任务。

（一）明确记叙文的概念和特点

记叙文是以写人记事为主要内容，以叙述和描写为主要表达方法的一种文体。记叙文的特点就是以记叙为主要表达方式，综合其他表达方式；以记人、叙事、写景、状物为主要内容，通过描述人物、时间及写景状物来表达一定的中心。

1. 主题鲜明，选材得当。

2. 要素清楚，叙述清晰。

3. 描写生动，结构完整。

（二）聋校记叙文写作过程及要求

聋生一般由低年级的写话、写片段训练过渡到五年级会写一个场景、一个人的肖像或一件简单的事情，在这一阶段感到写文章的难度。到六年级开始能运用联想、记叙、描写等方法，围绕中心选材、组材，思路有了条理，有了一定的文字表现力，初步掌握记叙文写作的一般要求和写作方法。到七年级以上能运用形象思维和抽象思维对写作素材加以提炼和概括，确立明确的中心思想，会运用五种表达方式（记叙、描写、说明、议论、抒情），注意应用修辞手法，文字表现力加强，有布局谋篇的能力。

聋校记叙文的写作过程大都要经过审题（或拟题）、选择材料、确定主题、编写提纲、起草初稿、修改定稿、抄写等六个环节。

写作记叙文要做到以下几点：第一，要明白交代。无论记人记事，还是写景状物，一般都要明白交代时间、地点、人物、事件、原因、结果，否则文章就不完整。第二，线索清楚。虽然观察的角度、记述的方式可以不同，但每一篇文章都应当有一条缩联材料、统贯全篇的中心线索，否则文章就会松散。第三，人称要一致。无论用第一人称“我”记述，还是用第三人称“他”记述，都要通篇一贯，一般不宜随意转换，否则就容易造成混乱。第四，把握各类记叙文（写人、写事、写景、状物）的不同着眼点，才能抓住教学的主攻方向。

（三）聋生记叙文写作的困难

听力的损失致使聋生对周围事物的观察能力薄弱，他们大部分对事件过程缺乏想象力，知识储备和生活储备都很匮乏，这极大地影响了他们语言表达的兴趣和效果。绝大部分聋生对写作有畏惧情绪，感觉无事可写，东拼西凑，作文空洞、无主题、前言不搭后语、语句颠倒、条理不清，更难把握各类记叙文的不同着眼点，即写出事件，但“经过”不具体；写人物，个性不集中；写景状物无条理性，感情不够充沛。

在记叙文写作教学中要结合记叙文的概念、特点、内容和写作要求，根据聋学生的实际情况，引导学生在生活体验中学会写作记叙文。

二、写人的记叙文写作教学

所谓写人的记叙文，就是通过对人物的外貌、行动、语言、心理活动的描写，来表现人物的思想品质的文章。

（一）写人的记叙文写作教学要求

1. 指导学生明确什么是写人的记叙文。

2. 指导学生抓住人物的特点，将人物放到能表现性格特点的一个或几个具体、典型事件中加以表现。

3. 引导中年级学生初步学会运用人物描写方法：外貌描写、语言描写、动作描写、心理描写等；高年级学生学会正面描写和侧面烘托，尝试设伏铺垫、欲扬先抑、欲抑先扬等手法，语言精练，运用多种修辞，突出人物形象。

（二）怎样教写人的记叙文写作

1. 前伸阶段——积累

教师有目的、有重点地把写作指导和写作准备贯穿在课内外阅读教学中，指导学生进行积累阅读：（1）积累好词佳句。在阅读笔记中积累课内外阅读中描写人物的优美句段，比如《老人与海》中关于老人的特写镜头，对那些语句优美生动的段落，要求学生反复诵读。（2）积累写作手法。积累阅读中学到的人物描写方法，如比喻、排比、夸张等修辞方法，外貌描写、动作描写、语言描写、心理描写等方法。高年级学生掌握正面描写和侧面烘托，欲扬先抑、欲抑先扬等手法。（3）积累写作材料。学生用善于观察的眼睛，细致观察生活中形形色色的鲜活人物，通过外貌言行抓住人物典型特征。

2. 动笔阶段

第一步：谈话导入，激发兴趣

以作文《我最尊敬的人》为例，为了激发学生的写作兴趣，老师这样导入新课：“同学们，在我们的日常生活中，爷爷、奶奶、爸爸、妈妈，许多亲人无微不至地关心我们，许多尊敬的师长亲切地教导我们。我们有许多要好的伙伴，有许多留下美好印象的陌生人。在这些人当中哪些值得你尊敬？你们是否想把自己最尊敬的人写下来，向老师、同学做一个介绍呢？今天这节作文课老师就满足你们的愿望。”设计这样的导语，激发了学生的兴趣，调动了学生的情感，让学生有写作的欲望，学生也很乐意将内心情感抒发出来。

第二步：正确审题，明确要求

在看懂题目后，让学生说出本次习作的要求，找自己要写的材料。教师要引导学生，明确写作要有一个选择比较的过程，不能随便想到一个人就写。要回忆自己周围的人，看哪些人符合题目的要求，找出他生活中的几件事简单地说一说，然后选择一件事，说明他最值得尊敬的原因。引导学生放开思想，多分析思考，善于抓住事物的本质，提高认识生活和反映生活的能力。

第三步：读中学写，学习例文

在作文教学中进行“读中学写”，其目的就是使学生从阅读教学中学习作者观察事物、分析问题和表达思想的方法。对学生进行系统的、全面的、针对性的写作训练。以“写”为重点,读与写相结合。比如结合《我的伯父鲁迅先生》《将相和》《藤野先生》《我的母亲》，在课本中找准读写对应点，让学生体会作者是如何结合多个事件从多方面刻画人物的，进而让学生学习作者的这种写作方法，来写自己准备好的材料。

学生在“读”中学到了写作知识，教师还应运用例文给学生以启发。不仅要使学生懂得怎样写，更要提供学生练习的题材，启发学生打开思路，使学生把握整体目标，学习有所侧重。常言道：“听其言，观其行，知其人。”表现人物的特点，就要注意对人物的外貌、语言、动作、神态及心理活动的描写。做到“四要四不要”：要让人开口说话，不要写成哑巴人；要让人物活动起来，不要写成木头人；要让人物有思想、有感情，不要写成机器人；要让人物有个性、有特点，不要写成千人一面。因此，为了降低学生学习的难度，可以从课本中找出描写人物语言、动作、神态内心活动的例子，让学生学习作者如何抓住人物的特点来展示人物内心活动的。

第四步：片段练习，突出特征

学生根据自己的观察所得，对人物的某个方面进行片段书写，或描写人物语言，或描写人物动作，或描写人物心理，方法同前面所述。

第五步：自主写作，形成篇章

学生动笔写作。先是根据自己的构思列出写作提纲，然后丰富语言，结合阅读储备进行具体写作。将人物片段置于特定环境、具体事件中，以通顺的句子写清前因后果，从而使人物形象全面丰满起来。充分体现聋生写作的自主性，教师只提供写作要求，少指导或基本不指导，尽量不给学生写作框框，让每个学生利用自己的信息储备进行自主写作。这样既能充分调动学生写作的积极性，充分发挥学生主体作用，又能充分暴露学生写作中存在的主观认识上和客观过程中的问题，使教师的指导有明确的针对性，从而更好地激发学生自主参与评改的兴趣。

总之，这五步教学法，做到了“从读到写，课有所得；以写促读，读写并进”，符合作文教学中“从说到写、从述到作”的训练规律。

3. 后延阶段——作文评改课

教师在批改学生作文时的批语要以鼓励为主。不管什么体裁，不管篇幅长短，只要写了就能找到优点，在鼓励的基础上提出希望，这样学生才乐于接受。为了鼓励学生，教师对学生作文要及时批改，并在班内定时上作文欣赏课，让学生朗读自己的习作。在欣赏的同时，作者本人受到了鼓励，其他同学也开阔了视野，受到了启发，学到了很多知识。（具体操作见第四章《作文评改课》）

（三）写人的记叙文写作教学案例

案例

作文《我最尊敬的人》教学实录

谈话导入

在我们的日常生活中，爷爷、奶奶、爸爸、妈妈等许多的亲人无微不至地关心我们，许多尊敬的长辈亲切地教导我们，还有许多留下美好印象的陌生人。在这些人中，哪些值得你尊敬？你愿意介绍给大家吗？今天这节作文课，老师就满足你们的愿望。

作文要求

从你熟悉的人当中选一位，记叙他的一件或几件事，表达你对他的敬意。题目可用“我最尊敬的人”。

（齐读作文要求）

师：读了这个要求，你知道了什么？

生：我知道作文的题目是《我最尊敬的人》。

（板书：我最尊敬的人）

生：我知道了文章的体裁是记人的记叙文。

（板书：记人的记叙文）

师：同学们说得很好。

写作指导

师：从作文要求中，我们知道这次作文要求我们写一篇记人的记叙文，我们以前写过这样的文章。请同学们想一想，要写好人物，我们必须注意哪几个方面？

（出示课件：要写好人物，我们必须注意哪几个方面？）

生：要写好人物，我们必须注意三个方面：第一，选择人物；第二，选择事件，通过事来写人；第三，从多方面来刻画人物的特点。

（出示：一、选择人物；二、选择事件，通过事来写人；三、从多方面来刻画人物）

师：先看选择人物，这次作文的题目是《我最尊敬的人》，题目的题眼是什么？

生：题目的题眼是“最尊敬”。

师：我们选择人物时，就要围绕“最尊敬”来选择人物。

（出示：围绕“最尊敬”选择人物）

师：那么对什么样的人我们才尊敬呢？

生：对具有优良的品质、高尚的行为的人，我们才会尊敬。

生：对具有高尚行为的人我们才会尊敬。

师：同学们说得很好。生活中具有优良品质、高尚行为的人很多，我们必须选择自己熟悉的、了解的人物来写。这样才有话可说，写出来的文章才能给人以亲近、真切的感觉。生活中，你熟悉的人物有哪些？

生：有父母、老师、同学、清洁工人……

师：对，父母在无微不至地关心着你的生活；老师在关心着你的学习、成长；清洁工人吃苦耐劳，为人们创造着美好的环境。那么这些人中你最尊敬谁，你就写谁。

师：人物选好了，那么通过什么来写人呢？

生：通过事来写人。

师：这也就是我们应注意的第二个方面——选择事件，通过事来写人。

师：一个人一天乃至一生中往往要做很多事情，我们选择哪些事来写呢？

生：应该选择典型事例来写。

师：说得很好，能举个例子说说吗？

生：比方说我们学过的《我的伯父鲁迅先生》一文就选取了鲁迅先生的三个典型事例，“谈《水浒传》”“讲碰壁”和“救助车夫”。

师：作者通过这三个典型事例反映了鲁迅先生的什么品质？

生：通过这三个典型事例，反映了鲁迅先生“为自己想得少，为别人想得多”的高尚品质。

师：下面请同学们想想你准备写谁？选择什么典型事例？

（生自由发言，每个学生都要发言）

师：刚才同学们都选好了人物和事件，要把人物和事件写好，我们必须从多方面来刻画人物的特点。这里的多方面包括哪几个方面？

（生答，师出示：1. 外貌描写；2. 语言描写；3. 动作描写；4. 神态描写；5. 心理描写）

师：在叙事的过程中，生动具体地描写人物的语言、动作、神态和心理活动等，才能使所写的人物栩栩如生。你能举个例子说说吗？

生：比方说《我的伯父鲁迅先生》一文，在“救助车夫”这一典型事例中，作者就生动具体地描写了人物的动作。

师：说得非常好。在“救助车夫”这一典型事例中作者通过“扶上、蹲着、半跪着、夹出、洗、敷上、扎好”等一系列动作的描写，反映了鲁迅先生对车夫的关心和爱护，对车夫的深厚感情。

师：再如《将相和》一文中“完璧归赵”这个小故事，作者十分注重写好人物的动作、语言和神态，使得蔺相如机智勇敢的性格给读者留下了深刻的印象。我们一起来看一下。

（出示：蔺相如捧着壁，往后退了几步，靠着柱子站定。他理直气壮地说：“我看您并不想交付十五座城。现在壁在我手里，您要是强逼我，我的脑袋和壁就一块儿撞在这柱子上！”说着，他举起和氏壁就要向柱子上撞。）

师：在这一段描写中，因为作者对人物的动作、语言、神态、描写得形象生动，蔺相如高大形象才深深地印在读者的脑海里。所以同学们在写作文时，一定要从这几个方面来刻画人物。

示例分析

师：同学们在写作文的时候，还应该注意把自己平时课外阅读时积累的好词、好句用到作文当中去。老师从课外读物中摘录了比较好的开头、结尾、过渡段，请同学们参考一下。

开头：

1. 我最尊敬的人是我的爸爸。他是一名教师，他对工作的执着与追求，令我从心里尊敬他。

2. 看到这个作文题目，我自然就想起了她——教我们历史的王老师。

3. 提起我尊敬的人，那可多了，可我最尊敬的人还是我的伯父。

结尾：

1. 我忘不了欧阳伯伯对我的疼爱和教育，更尊敬欧阳伯伯。

2. 方老师，你就像绿叶一样，无私地将养料奉献给了红花。我们这些花朵不会忘记您的，我永远尊敬您。

3. 由于爸爸对工作兢兢业业，所以每年都被评为先进工作者。你说，这样的爸爸我能不尊敬吗?

过渡段：

1. 我妈妈不但能干，而且教导我也很有方法。

2. 外婆疼我，爱我，但对我管得也很严。

3. 妈妈不但对学生的学习十分关心，而且对学生的日常生活也是无微不至地关怀。

（生自由朗读，然后分组讨论好在哪儿。将学生分成三组，每组讨论一个内容，师巡回辅导。每组选一名同学发言。）

讨论后，开始作文。

教学点评

1. 情意性。首先，教师采用谈话的方式向学生提出习作的要求，让学生领悟到“我需要表达自己熟悉的生活”，使学生有了宽松的写作心境，将教师“要我写”的外在要求内化为“我要写”的内在需求。

2. 自主性。学生是习作的主人，教师的主导作用主要体现在如何启发学生乐意写和学会写上。从以上作文教学设计来看，充分体现了学生自主回忆和选择习作素材、自主构思起草、自主领悟写法的过程。学生的自主学习体现在全体参与，教师的主导作用主要体现在激发、维持、强化学生的习作兴趣上，从而实现师生互动的和谐场面。

（山东省烟台市特殊教育学校　杨美华）

三、写事的记叙文写作教学

写事的记叙文就是把事件作为主要记叙内容的记叙文。以写事为主的文章，一般有三种类型：一是写一件事，二是写几件事，三是写活动，即记叙游览、参观、访问或其他有组织的活动。在聋学生的作文里，事情“经过”部分写得不具体是普遍性的问题。

（一）写事的记叙文写作教学要求

1. 指导学生明确什么是写事的记叙文。

2. 指导学生把事情写清楚、写具体，写清时间、地点、人物和事情的起因、经过、结果，写活动要有场面描写。要求高年级学生把事情的经过写具体，因果写明白，并做到重点突出，详略得当。

3. 引导学生适当运用比喻、拟人、排比等修辞方法。

4. 鼓励高年级学生尝试运用倒叙、插叙、前后呼应、铺垫，突出中心等方法写出感想。

（二）怎样教学生写事

针对聋生的写作困难，可以采用这样的作文教学流程：“创设体验，激趣准备”—“交流体验，去粗取精”—“入情入境，表达体验”—“完成初稿，主体修改”—“以文引文，体验成功”。

1. 前伸阶段——创设体验，激趣准备

所谓创设体验就是在写作文之前先让学生通过阅读、观察、实践等方法，搜集素材。作文之前，教师先激发学生的写作欲望，引导学生通过各种途径，如观察、阅读、参加活动、回忆、思考等搜集自己准备写的事，让“知识来源于实践”，“作文来源于生活”。这是让学生有话可写的重要环节，可以从以下几方面入手。

（1）阅读积累。学生通过课内外阅读积累写事方法，在日常生活中积累具体典型事件，以日记或阅读笔记形式记录。

（2）创设实践，观察体验。“写作材料的来源普遍于整个生活里，整个生活时时在那里向上发展，写作材料自会滔滔汩汩地无穷尽地流注出来，而且常是澄清的。”①生活是作文的沃土，平时要丰富学生的生活，让学生走出课堂，走进自然，走进社会；开展丰富多彩的语文实践活动，组织春游、秋游；布置教室，筹划班队活动，参加学校组织的活动，让学生实地观察，体验生活，开阔视野，这样才有写作的源泉。只有平时多看、多听、多实践，才能让学生喜欢作文，写好作文。如写作文《一个游戏》，教师可以先组织学生做游戏，在游戏过程中，教师巧妙抓住每一个游戏环节，教给学生语言表达的方法。又如在指导作文《礼物》时，为了写作，教师让学生自己设计礼物、送礼物，然后让学生把这个过程的观察和体验写下来。

（3）交流体验，去粗取精。这一环节检查、了解学生材料准备的情况，并使学生互相学习，互相启发，一般可设计一个课时。在交流活动体验的时候，

学生在游戏活动中学习语言

学生在上家政课

① 叶圣陶. 写作什么. 叶圣陶集[M]：第15卷. 南京：江苏教育出版社，2004：76.

教师应及时给予适当的语言提示，如教师在组织学生做游戏的时候，设计游戏规则，让学生根据游戏规则进行活动。游戏过程中，引导学生观察谁触犯了规则，并请犯规的同学说说自己怎么犯规了，然后请犯规的同学表演节目。与此同时，教师引导学生观察上台表演的同学的表情，以“你告诉同学自己怎么犯规了”“你能不能说说自己刚才的心情”“刚才同学们看到他犯规之后的神情怎么样”之类的问题引导学生抓住自己和同学的神态、动作和心理，通过交流及时了解学生准备的情况，热情鼓励、表扬优秀者和闪光点，引导没有准备好的学生克服困难，帮助他们搜集素材，使学生在互相交流中学习搜集信息，学习选择素材，学习去粗取精。在交流环节，要保证每一个学生通过彼此交流受到启发，得到促进。最后引导学生将所体验到的内容具体生动地写下来。

学生军训比赛后，教师进行作文指导

2. 写文阶段——入情入境，表达体验

（1）精心导入，提炼中心。首先，根据学生所准备的素材，教师提出本次作文的中心要求，尽量做到“一次一得”，比如这次要求“中心突出”，那么“内容具体”可做下次要求。指导从内容开始入手，注意题目不宜过死过窄，要有选择的余地。如果限制过死将难以激起学生写作的欲望，也影响学生的思维发展。教师适当地根据写作要求帮助学生拟出半命题或自命题作文，这样既能提炼中心，又降低了写作难度，可以充分调动学生的写作兴趣。如写一件印象深刻的事，老师可以让学生先做一个选择填空“想起这件事我就______（想笑、难过、惭愧、后悔、伤心、后怕、内疚、感动……）”；写一件趣事，先让学生以口语的形式说说，条件是把学生逗笑，也就能写出趣事的主要内容。这样让学生说自己的话，抒自己的情，写自己的见解，自然打开了写作思路，又提炼了中心。

（2）提纲挈领，环环相扣。这是解决聋生写作无顺序、结构不完整的方法。在学生完成初稿前，教师让他们根据写作内容列出写作提纲，紧扣思路，确定先写什么，再写什么，最后怎么写。一开始有点难，教师可以让学生根据确立的中心、选择的材料，将写作内容按先后顺序分别用一句或几句话进行简要概括，把“经过”分成几个阶段，文章层次就清楚了。这样学生的思路就不会受到阻塞，写起来就会顺畅，文章情节也会层次清楚，结构严谨。

（3）入情入境，表达体验。提纲列出来后，教师引导学生讨论哪一部分应该具体写、详细写，必要时可以让学生把具体写的部分演一演，指导学生抓住人物的动作、语言、心理、神态，引导学生展开合理想象，运用适当的修辞方法，表达自己的真情实感。创设生动的情景，让学生进入作文的角色中，“心里怎么想就怎么说，怎么说就怎么写”，即“以我笔写我心”。水到渠成，自然解决学生写作不具体的问题。

（4）完成初稿，主体修改。学生在提纲基础上进行丰满，完成作文初稿，教师主要从三方面着手指导。

一是把“经过”分成几个阶段，然后按照先后顺序一层一层地写清楚。写的时候多问几个“后来怎样”，文章就具体了。

二是注意材料的详略，有所侧重。对一些重要的过程、场面要细致描绘，使读者有如身临其境。

三是对事件中的人物，特别是主要人物，当时是“怎么说的”，“怎么做的”，又是“怎么想的”，一定要写具体。

学生完成初稿后，先自己修改错字、病句、多余的句子、重复的句子、不恰当的修辞等等，为接下来的作文评改做好先期准备。在评改课的实践中，可以按“四步走”的课堂教学步骤实施（具体操作参见第四章《作文评改课》）。

3. 后延阶段——以文引文，体验成功

如果自己的作品得到他人的肯定，学生的写作热情就会被进一步激发，同时也是今后阅读写作的参考。教师可以创造机会将学生的优秀作品展示出来，如举办“特色作业展览”“优秀作文集锦”，利用班级黑板报、墙报展示“佳作欣赏”“我的作品”等，这对学生来说既是一种愉悦的体验，更是一种积累素材、总结经验的有效手段。另外，每次作文之后，教师挑选出优秀作文或优秀片段（包括开头、结尾等）让学生进行电脑设计，然后打印出来共同欣赏。这样不仅使作者本人可以受到鼓励，其他同学也可以开阔视野，从中受到启迪，学到更多写作知识。

学生读写作品展

学生作业展

（三）写事的记叙文案例

案例

《有趣的游戏》作文指导课

教学目标

指导学生在活动中完成材料的积累，轻松地把做过的游戏过程按顺序写清楚。

教学重难点

1. 按顺序把游戏的过程写清楚。

2. 写一两段话，要求语句要通顺连贯，写清游戏时人物的神态、动作、心理。

教学班级

六年级

教学过程

一、导入

这节课，我们先做个游戏。（板书：游戏）游戏的名称是：明三暗三。游戏规则：从任意数开始连续报数，数到三的倍数时说“过”。犯规的同学要上台表演节目。现在游戏开始。

二、游戏过程

（注：为了让学生在活动中及时学会用语言表达体验，游戏中对每一个犯规的同学引导他们用语言描述自己怎么犯规了，指导学生观察上台表演同学的表情，并及时将观察说出来。）

师：老师先说第一个数——4

生1：5——

生2：6！

生齐说：犯规啦！请上台表演节目。

生2上台。

师：请你先说说你是怎么犯规的？

生2：滕海燕说“5”，我应该说“过”，可我说“6”，犯规了。（学生说的不通顺，大家帮他改正，意图是让学生学会表达这段经历。）

师：请你表演节目吧！

（表演完毕。）

师：刚才大家看到他的神情怎么样？

生：他很不好意思。

……

（学生纷纷表达，老师或学生帮助纠正，把语句说清楚。）

师：你能不能说说自己刚才的心情怎样？

生：很紧张。

师：紧张吗？看不出来，你有什么感觉？

生：我的两腿发抖……

（老师引导其说具体，学生互相帮助纠正，让学生用通顺具体的语句表达自己的体验。）

继续做游戏，大约让每个学生体验游戏经历后，游戏结束。

三、引出中心，叙述游戏过程

师：你们觉得今天的游戏怎么样？根据自己的体验填空：今天的游戏真________（有趣、令人紧张、好玩、够刺激、令人开心、精彩等）。

生：今天的游戏真有趣。

师：你感觉最有趣的是哪个环节？请把你的体验跟我们交流交流好吗？

（学生叙述。）

……

师：抓住自己和同学的神态、动作和心理，说一说游戏中大家是什么样子，自己什么样子，这样游戏才写得生动、具体。

（学生叙述时师生合作将语句说通顺。）

四、写法指导

师：同学的叙述把游戏说得真有趣，围绕这个中心，如何把今天的游戏过程写完整呢？先写什么，再写什么，最后写什么？

（师生一起列提纲。）

（板书）先写时间、地点、人物、游戏规则（为了让读者看后对游戏有明确的了解，有必要写一写游戏规则），再写游戏过程，最后游戏结束了，你的感受怎样？

五、讨论提纲

师：这三部分，哪一部分应该详写？

生：游戏过程应该重点写。

师：如何把游戏过程写得详略得当呢？把整个游戏面面俱到写就不能突出中心，要详略得当，精彩环节详写，其它环节略写。如大家刚刚叙述的游戏过程，犯规的同学很多，表演的同学很多，不能一一叙述，把最精彩的部分写一写，其他部分略写。可以这样说，“游戏中还有很多同学也犯规了，他们都表演了精彩的节目”。再如游戏中某人说“1”，某人说“2”，像这样的环节详细介绍一次，其它类似的环节可以略写，可以这样简略：“报数又重新开始，轮到某某那儿时……”谁表现最精彩就详细写谁。

六、点生叙述

师：谁能把今天的游戏过程说一说？

（生说）

师：谁还愿意说说？（根据学生的叙述情况教师指导学生按照游戏开始、游戏过程、游戏结束把游戏过程写清楚。）

七、教师总结

作文就是怎么想就怎么说，怎么说就怎么写！下节课就把自己说的写下来吧！

教学心得

这节课上得非常轻松愉快，虽然写作是件令学生头痛的事，可通过这次有趣的活动和及时的语言补充，让写作水到渠成。本节课最可取的是学生在活动中完成材料的积累，因为及时给予语言的补充，所以学生能把做过的游戏过程按顺序写清楚。

1. 通过“你告诉同学自己怎么犯规了”，引导每一个犯规的同学表达自己怎么犯规了；通过“刚才大家看到他的神情怎么样”，指导学生观察上台表演的同学的表情，并说出来；通过“你能不能说说自己刚才的心情怎样”，引导表演的同学说出自己的体验。这样让学生在不知不觉中学会语言表达。

2. 通过“你感觉最有趣的是哪个环节，请把你的体验跟我们交流交流好吗”，达到精彩环节回放。引导学生抓住游戏的精彩环节叙述，抓住自己和同学的神态、动作和心理，说一说游戏中大家什么样，自己什么样，点面结合，交替描写，把游戏描述生动、具体。

总之，作文来源于生活，让学生真实地体验生活，才有写作的源泉，让学生说自己的话，抒自己的情，写自己独特的见解，他们才能喜欢作文，写好作文。

（山东省烟台市特殊教育学校　邢淑朋）

四、写景状物的记叙文写作教学

学会写景状物是中小学生必须具备的写作基本功之一。万物皆有灵性，美无处不在。一处美景，一种自然景观，一棵树木，一只小鸟，一件小小的工艺品，往往都蕴含着某种情趣，它能引起人的联想，触动人的情思，给人以美的享受。因此，教师一要积极引导聋生学会细心地多角度地观察景物或事物，把握景物或事物的特征，力求有创意地表达；二要启发学生展开联想和想象，丰富表达的内容，提高学生的审美情趣。

（一）写景状物类作文的教学要求

1. 通过读写联系，引导学生领悟写景状物记叙文的写作内容与要求。

2. 引导学生通过仔细观察积累素材，并能抓住景物或事物的特征。

3. 指导学生掌握写景状物文章的一般写作方法：通过比喻、拟人、排比、夸张等修辞突出景物特征，初步达到借景抒情。鼓励高年级学生言之有物，言之有序，遣词造句，详略得当。

4. 培养学生独立构思和认真作文的良好习惯。

（二）写景状物作文教学措施

1. 前伸阶段

（1）以读导写，学习写法

从读写结合的需要出发，既抓好课内阅读，引导学生掌握写作的有关知识和一般方法，又要求学生从课外读物中寻找相关的文章，潜心阅读并写好笔记，以促进理解，扩大积累。学生通过阅读写景状物的记叙文，领悟并积累写作方法，好词佳句，从而启发写作。例如学习聋校实验教材第十一册中的《我的“小花鹿”》，教师指导学生以课文为突破口，学习作者是怎样按照形状、颜色、大小把泥制的“小花鹿”写活的，又是怎样结合“我”的感受把它的用处写清楚的，根据课后的要求再从课外读物中找出五六篇写文具或玩具的文章，摘抄有关句段资料，同学间互相交流，这样写状物的记叙文便达到一个新水平。

（2）观察体验，语言跟进

引导学生通过实地参观，结合生活阅历仔细观察积累写景状物的素材，并能抓住景物或事物的特征加以细致描绘，这时不可忽视的是语言跟进。

在观察前，教师事先对观察内容、过程进行周密考虑，以详细准确的语言向学生传达观察目的、观察要求、观察方法。教师带上相关词句卡片，学生带上笔和小本子，以便随时记录。观察过程中，教师结合观察内容和方法及时进行教学，同步跟进细致的语言介绍，尽可能地将实际的行动和过程与书面语言文字建立一一对应关系，学生及时将观察到的内容和体验简洁记录在小本子上，以便活动后整理成文。

需要注意的是，要让学生观察熟悉的感兴趣的事物。只有熟悉的感兴趣的事物，学生才会有兴趣去写，才能表达出真情实感。如观察一种动物或植物，把它的一两个方面写下来，这样的题目对学生限制不严，学生容易选择自己熟悉的动物或植物进行观察。这样一来，学生不仅可以写出它的外形特征，还能有重点地写出它的生活习性或生长特点。

（3）启发回忆，确定题目

启发谈话，激发兴趣。在观察活动后，教师为学生创设语境，合理引导，让他们大胆自由地交流自己观察到的景物，顺利地说，创造性地说。学生各抒己见，共享收获。

交流启发，确定题目。教师教给学生有关拟题的方法，如按景物或事物的名称拟题，按景物或事物的特点拟题等等。

2. 写作阶段

（1）列提纲。学生独立写出提纲，然后生生交流，师生交流，修改提纲。

（2）构思写作，完成初稿。在学生确定写作素材的基础上，教师要通过读写联系，帮助学生领悟写景状物的一般规律，启发学生从学过的课文和读过的优秀作文中领悟写法。

① 选择自己熟悉的景物或事物来写，这样才能写出真情实感。

② 仔细观察，抓住特点。

③ 根据具体的景物或事物选择恰当的表达顺序。

④ 适当运用比喻、拟人、排比、对比等方法，使文章更加生动传神。

3. 后延阶段——作文评改课

（1）指导修改，完善作文。教师指导学生从典型优秀案例和作文“病例”中领悟写法。针对景物或事物的特点不鲜明、内容不具体、观察不细致这些学生写景状物作文中常见的通病，教师可以出示典型的“病例”，然后组织学生讨论修改，让学生通过比较阅读领悟方法。

（2）示例修改，突破难点。组织学生讨论修改“病例”，着重从适当运用比喻、拟人、排比、对比等方法把文章写具体，让学生领悟把文章写具体的方法。

（3）指导评析，激发成就动机。组织学生讨论评析自己的作文，在肯定、指导和鼓励中进一步激发学生写作文的热情。

学生在评改作文

（三）写景状物作文教学案例

案例 1

写景的记叙文教学实录

一、谈话导入

师：昨天，我们去过海边，美丽的海景给大家留下了深刻的印象。今天你可以选择自己最喜欢的方式把海边的美景表现出来，然后试着介绍给大家。

二、学生作画并交流介绍

生：这是我画的海边景色。碧绿的海水一望无际，蔚蓝的天空中，飘着朵朵白云，几只灰色的海鸥在自由自在地飞翔着。海边有很多奇形怪状的岩石，岩石上长着青苔和海蛎子。海面上，几艘轮船在航行。沙滩上，有人在游玩。

师：画得不错，介绍得也很好。谁还想介绍一下？

生：老师，这是我画的画。我还画了远处的小岛和西边的烟台山灯塔。我想介绍一下海边人们的活动。金色的沙滩上热闹非凡。几位小学生赤着脚，提着鞋，正一边走，一边打水漂。他们后面，几个扎小辫子的小女孩一边走，一边寻找五颜六色的贝壳。最开心的要数那些孩子，他们搬来了一大堆玩具，有的挖沙，有的砌城堡……还有的跟在大哥哥、大姐姐后面跑着放风筝，不时从那边传来欢笑声。

师：这位同学观察得很仔细，描述得也很具体。

（学生继续展示自己的画并做介绍。）

师：你们的画真美，你们的讲述也很吸引人，假如把画上的景色和你们的讲述用文字写出来，就是一篇很好的习作。你们有信心吗？

生：有！

三、指导学生确定中心、布局谋篇

师：在写之前，老师提点儿小要求。请打开书翻到132页，默读作文要求。这里有两点儿需要注意：一是要围绕一个中心来写。这篇文章的中心不难归纳，那就是——

生：通过写大海的美和海边的热闹，表达自己对大海的热爱之情。

师：还有一点儿，要抓住景物静态和动态的特点来写。这一点，你可以参考131页的阅读短文。我们在写的时候也可仿照例文的结构形式，使用过渡句自然过渡。下面，请你静下心来理顺一下你的写作思路。

学生口述，教师帮其整理。

1. 开篇点题，表达自己对大海的热爱之情。

2. 大海是广阔的，美丽的。（过渡段）

3. 通过描写海水、岩石、海面、船只、海鸥等景物来表现大海的广阔和美丽。（注意要按一定的顺序写）

4. 大海不仅美丽，而且是个热闹的世界。（过渡段）

5. 通过写海浪、船只、游玩的人们等来突出大海的热闹。

6. 首位呼应，点明中心。

四、学生写作文

五、作业

1. 阅读课外读物，充实作文内容。

2. 修改自己的作文，同学互相批阅。

教学心得

在此次作文指导课上，我淡化文体意识，引导学生自由表达，把习作指导渗透在写前谈话、作后点评之中，学生在轻松和谐的氛围中无拘无束、敢说敢写，自然而然地进入了习作状态。另外，带领学生实地观察，亲身体验，获得感性认识，使学生有物可写，有感而发。课堂上，让学生先把看到的景色画下来，然后口头介绍交流，最后才动笔成文，由易到难，消除了学生写作文时的紧张感，提高学生写作的兴趣，真正做到了轻轻松松作文。

（山东省烟台市特殊教育学校　刘爱霞）

案例2

《我喜爱的小动物》教学实录

要求：观察一种动物，写一篇短文。要把动物的外形、动作等特点写具体。句子要通顺、连贯，与段之间要有联系。

准备：观察自己喜爱的动物。课间用多媒体播放各种动物动画。

指导过程

一、多读、多看，丰富感性认识

课前引导学生展示自己搜集的动物资料（动物照片、搜集材料、自己阅读有关描写动物的作品所写的阅读笔记）。

师：你观察了哪种动物，读了几篇有关的文章？（生出示准备的资料和阅读笔记。）

二、创设情景，激发兴趣

播放各种动物动画，学生欣赏。

师：刚才，同学们逛了逛动物园。看到了哪些动物？

师：动物世界真是——（生答）丰富多彩。我们今天的话题是小动物（板书）。你们熟悉的小动物有哪些？

生：猫、狗、鸡、鱼、兔……（学生说，教师板书。）

三、锤炼词语，确立中心

师：这些小动物中，你最喜欢哪一种？

生：我最喜欢狗。

生：我喜欢猫。

生：我喜欢小兔。

……

师：请你用准确的词语形容一下你喜爱的小动物。

师：（　）的小猫，我家的兔子真（　）。（提示：活泼、有趣、聪明、可爱……）

学生结合体验做填空。

老师引导学生填空并说说填的理由，如为什么说它有趣？

师：这些词语都表达了你对小动物的喜爱（板书“喜爱”）之情。要写喜爱的小动物，这是第一步——确立中心。

四、分步导说，以说促写

（一）教方法，明思路

师：围绕中心，要想把小动物写生动，就要抓住动物的哪些特点？

生：要抓住动物的外形、动作、生活习性。

板书：抓特点 { 外形 / 动作 / 生活习性 }

（二）抓住特点，写具体

师：要写好自己喜爱的动物，就要抓住动物独特的特点。动物的类型不同，外形千差万别，动作各异，生活习性也不同。有不少描述动物的儿歌，生动有趣，你们能说几个吗？

生：小花猫，喵喵叫，圆圆的脑袋胡子翘。见到小鱼流口水，捉到老鼠哈哈笑。

（师生讨论有趣的原因——抓住了小猫的特点。）

生：小猫的胡子、脑袋（外形），还有小猫的生活习性（喵喵叫）。

师：还有呢？

生：小猫爱捉老鼠的特点。

师：为什么短短几句就如此生动？用了什么修辞方法？

生：拟人的方法。

师总结：这些儿歌之所以有趣，就因为抓住了动物的各方面特点，运用修辞方法，使动物栩栩如生。你眼中的动物又有什么特点呢？它什么样子？它睡觉、走路什么样子？它喜欢吃什么？怎么吃，怎么玩？你逗过它们吗？

学生互相讨论说说自己喜欢的动物的特点。

（三）引导学生运用修辞，写出个性

师：谁愿意向大家具体介绍自己喜欢的动物？

生1：我家有狗——

生2：他家的狗很丑。

师：为什么说它很丑？看来你熟悉他家的狗，说说它的样子。

生2：他家的狗身子很长，浑身黑色，鼻子大大的。

师：你喜欢它吗？为什么？

生1：喜欢。

生1：它很聪明、勇敢。

师：有歌词唱道：我很丑可是我很温柔。你怎么描写你家的狗？

生1：它很丑，可是很了不起。他能听懂我的话，看懂我的手势。……

师：的确很了不起。

生3：我喜欢小松鼠，最喜欢它的尾巴。

师：为什么？

生3：它走路时尾巴像一把大扫帚。

生3：它睡觉时把尾巴盖在身上像被子。

生4：我家只有小猪。（生笑）

师：我喜欢小猪。肥头大耳，憨憨的。

生4：像猪八戒。

师：猪八戒可爱但不能说小猪像猪八戒，猪八戒是作者吴成恩根据猪的特点虚构的形象。小猪有什么动作特点？

生4：它整天用嘴拱地。

师：换句话说，他整天用嘴不停地“耕地”。（生笑）

生4：它的尾巴有趣。

师：表现在哪？

（生用手在空中画 6）

师：观察很细致，请用语言描述一下。

生4：它的尾巴有时会打个扣。

师：它是故意的吗？

生4：它的尾巴有时会不由自主地打个扣。

师：它的尾巴有时还像什么？

生4：像一根铅笔。

师：没有生命力？

生4：像一条小鱼！

师：很灵活！

生5：我喜欢小兔子。兔子的毛白白的，兔子的尾巴像个小绒球，它的嘴不停地动。

师：表演一下。（生表演。）

生5：很像在自言自语，又像在跟人说话。兔子的眼睛红红的，每次看见它，都感觉它睡眠不足，让人心疼，也许正是我怜爱它的原因吧。

师：同学们说得都很生动。你肯定还有很多新发现，和许多有关动物的故事，写出来让我先睹为快。

师：按照哪些方面写呢？

生：按照外形、动作、生活习性的顺序写。

找学生到黑板写。师根据写的内容鼓励学生动作表演，指导学生用准确的词语把动物的动作写出来。引导学生“展开合理想象，运用比喻、拟人等修辞方法”（板书），把动物特点写生动、写具体，抒发自己的喜爱之情。

五、总结

要使自己的作文完整，还要有个好的开头、结尾。你可以以你看到你喜欢的小动物时的感受为开头，就是“总写”（板书），然后“分”（板书）别写出动物的特点，也可以给作文一个有个性的开头，使你的作文更新颖，最后别忘了给作文一个题目。

六、根据指导写作文

教学心得

1. 从词入手，确立中心，打开写作思路。

确立中心是写好文章的第一步。在叙述之前，有准备地创设作文的情景，自然而然地将学生带进作文训练中，然后用半命题式打开学生思路，引导学生抓住中心词语或重点词语展开生动形象的叙述，围绕中心，亮出自己独特的体验。

2. 以句子为主线，突出中心。

确立了中心，选好了材料，再引导学生紧扣思路，确定先写什么，再写什么，最后怎么写。让学生将写作内容按先后顺序分别用一句话概括，根据要写的动物的特点，排列句子，做到言之有序，然后根据提纲讨论得出能突出中心的内容，作为重点展开。

3. 以修辞为手段，丰富内容。

恰当地运用比喻、拟人、夸张等写法，能增强表达的效果。指导学生锤炼语言，运用修辞让语言生动形象，使描写栩栩如生。这样，学生作文时得心应手，不再苦于了无生趣的写作。

（山东省烟台市特殊教育学校　邢淑朋）

第四节　应用文写作教学

一、应用文写作的必要性和重要性

应用文是人类在长期的社会实践活动中形成的一种文体，是人们传递信息、处理事务、交流感情的工具，有的应用文还用来作为凭证和依据。

1. 从历史的角度看

自有文章以来就有应用文。斯大林在《马克思主义与语言学问题》（人民出版社 1979 年 12 月第一版《斯大林选集》下集第 318 页）中写道："生产的继续发展，阶级的出现，文字的出现，国家的产生，国家进行管理工作需要比较有条理的文书。商业的发展，商业更需要有条理的书信来往。"在中国古代，应用文种类繁多，比如书契、文书、奏议、铭诔、书论、颂赞、诏策、禀表、书牍、哀祭、咨文、函、电等。可见，应用文与史俱来，是人们社会生活中不可缺少的重要内容。随着社会的发展，人们在工作和生活中的交往越来越频繁，事情也越来越复杂，因此应用文的功能也就越来越多了。

2. 从实用的角度看

应用文写作是人在社会化生存中不可缺少的基本技能，它是达成社会活动和沟通人际的一种常见方式。语言学家张志公先生在《两种目的，两种文章》（1983 年第 3 期《青年文摘》）中指出："会写应用性文体的文章，是任何人都需要的，几乎可以说无一例外……这种写作能力是为现代社会的公民必须具备的。

社会交际不可能都是口头交际，书面交际占很大比重，占很重要的地位。要完成社会交际的任务，完成各项工作，提高工作效率，从事某项工作的人，就要能够写好和他工作有关的应用文。”“人人都得会写点应用性文章，绝无例外。”掌握了应用文写作就等于掌握了一门很好的手艺，就能服务于生活，服务于工作，服务于社会。否则，就可能闹出笑话，甚至影响到生活的质量，影响到工作的正常开展。

3. 从课程标准看

《义务教育语文课程标准（2011 版）》在第三学段（5–6 年级）的阶段目标中提出“学写读书笔记，学写常见应用文”的要求，第四学段（7–9 年级）的阶段目标中提出了“根据生活需要，写常见应用文”的要求。可见，写作日常应用文是一种基本技能，也是培养学生综合素质的要求。

4. 从聋校实际看

在聋校的作文教学中，应用文教学是极其重要的一部分，从聋校实验教材的编排上也可以看出：从三年级的“留言条”开始，陆续涉及到“请假条”“通知”“日记”“书信”“启事”等十几种应用文。应用文的实用性强，是聋生和社会其他成员沟通交往的重要媒介。

二、应用文写作教学要求

1. 指导学生明确应用文的内涵、类型与用途，了解常用的应用文。
2. 引导学生掌握常用的应用文的正确格式及要求。
3. 指导学生学会写请假条、留言条、日记、书信等常用的应用文。

三、应用文写作教学措施

应用文写作教学中可采用如下流程：谈话导入（口语交际）—提供范文—教师指导—学生写作—自评自改—互评互改—交流。在应用文的写作教学中适当地运用多媒体技术，可以提高教学效率。现以《怎样写信》为例，具体阐释。

（一）突出重点

1. 整体感知，留下印象

在预习的基础上，通过课上的谈话让学生产生想给老师写信的愿望，通过学生写短信，检查预习情况。教师巡回检查，及时发现学生存在的问题，以便分步演示时重点研究。让学生找出信的五部分内容后，为了从整体上让学生把握其格式，可以以下列形式呈现给学生：

称呼：

　　问候。

　　正文。

　　此致（或祝你）

敬礼（或祝愿语）

署名

日期

这样既让学生了解了信的五部分内容，又让他们从整体上感受到各部分所在的位置。

2. 分步学习，加深印象

在学生读、议的基础上，师生共同总结。为了加深学生的印象，以学生来信为例，逐一呈现各部分的书写顺序、位置，每出示一条，相关内容就闪亮一下。这样，将对格式要求的抽象表述与具体的内容一一对应显示，使教学更直观，而且有动感，学生能产生比较深刻的印象，容易接受，较好地掌握了应用文的写作格式。

3. 动手操作，指出错误

教师从上课时学生写的信中选择比较有代表性的错误信，通过投影仪展示给大家，让学生查找其中的错误，巩固前面所学，也可提前设置一个格式错误的信，让学生动手操作修改，人机互动，增强学生学习兴趣。

4. 及时运用，展示印象

学习的目的是为了运用，应用文尤其强调实用性。教学中要了解学生是否真正学会了，能否在实际中加以运用，还要安排写作这一环节。让学生根据材料或结合自己的生活实际练习写应用文，然后输入电脑。教师可以随意地调出某位学生的作业，进行讲评、讨论、交流。

（二）突破难点

书信的写作内容较为广泛，学生写作过程中容易出现主题不突出、层次不清晰等问题，教师可在学生构思时引导学生打开思路，使学生头脑中已有的写作知识系统化，写作内容条理化，为学生独立写作打下基础。

在指导学生写信的时候，一定要注意：信有广泛的内容，要真实地表达，教师对学生所写的信要有一种宽容的态度，这样学生书写的愿望才能萌发，信才有出路。不要让学生把信与作文等同起来，那样写信就失去了它的实用性，同时也扼杀了学生写的愿望。

写完后，在电脑中设置资料库，把学生的习作存入其中，学生可以随意调出某位同学的习作进行阅读，以扩展所学知识。同学间还可以相互交流、修改，有利于合作学习，共同提高。

四、应用文写作教学案例

案例

《怎样写信》教学实录

一、以实际需要激发兴趣

老师拿着考上长春大学的学生刘少军寄来的信，饶有兴致地给学生读信的内容，在同学们感到羡慕之时，老师讲明此次课的要求："同学们，你们也是老师的学生，一定也有许多心里话想讲给老师听吧！那么，老师也请你们给我写封信，好吗？下面，同学们开始动笔吧，只要简短几句话即可。"

（信写好后，由教师收起）

师：写信是要有一定格式的，那么到底应该怎样写信呢？

二、通过学文，初步掌握书信格式

学生朗读课文时，教师利用多媒体向学生呈现思考题：信的格式分为几部分？

生：信的格式分为五部分：称呼；问候；正文；结尾；署名和日期。

大屏幕逐一呈现以下内容：

称呼：

问候。

正文。

此致（或祝你）。

敬礼（或祝愿语）。

署名

日期

下面，让我们来看看刘少军给老师的这封信，从中找出这五部分。

（大屏幕呈现信的内容，学生讨论，找出信的五部分）

师：我们知道了信包括这五部分，那么在写信时应注意哪些问题？让我们继续学习信的书写格式。

1. 先看称呼：称呼是指写信人对收信人的称呼。（大屏幕出示：写信人对收信人的称呼。）写在什么位置？

生：第一行。（大屏幕出示信中的称呼）

师：还要注意什么？

生：顶格写。（大屏幕出示）

2. 再看问候：问候写在什么位置？

生：下一行，也就是第二行。

师：写在哪儿？

生：前面应该空两格。（大屏幕出示问候的话）

师提示学生思考：还有哪些语句是问候语？

3. 接下来是信的主要部分，也就是正文。如果是回信，先要写明来信已收到，并适当回答来信问题。在这一部分，可以写下你想对收信人说的所有的话，并且可以根据内容的不同分成几个自然段。

4. 结尾写点什么？要根据收信人的不同情况进行选择，或写上表示敬意的话，或写上表示祝愿的话。这封信中祝愿的话是什么？

学生：此致，祝您万事如意。

师：它的格式是怎样写的？“此致、祝你”等字另起一段，接在正文后面，而“敬礼”“健康”仍要另起一行，顶格写。（大屏幕演示）

提醒学生：自称一般对长辈写信时才用，对于同辈可不用，如熟悉的人姓名中的姓亦可省略。对于晚辈，一般只写自称不写名字。（大屏幕演示）

三、共同探究信封的写法

师：信写完了，还要写信封。（尝试让学生讲解，教师辅助）

生：上面的方框内先写收信人的邮政编码，下面的横线上写收信人的详细地址，下一行写收信人的名字，最后是写信人的地址、姓名和邮政编码。（出示学生来信的信封）

四、查找问题，巩固所学知识

师：下面，我们看一下大家刚才写的信，看看存在哪些问题。（改正错误并说出理由）。

五、小结

师：通过今天的学习，我们知道信的格式通常分五部分，有称呼、问候、正文、结尾、署名和日期。（大屏幕逐一出示）这五部分的顺序能调换吗？

生：不能。

师：同学们写信时也要注意这个问题哟！

六、作业

给自己熟悉的人写一封信，再按要求写好信封，贴上邮票，把信寄出去。

教学心得

1. 应用文的教学重点是书写格式，教师在课堂上应重点指导学生掌握其写法。可以通过创设情景激发学生写的愿望，运用多媒体设置动画的形式进行教学，以此优化学习过程。教学中音、色、图结合，容易引起学生大脑的兴奋。再加上让学生在一步步的实践中“感知—理解—巩固—运用”，进而形成能力，能较好地达成教学目标。

2. 对于学生写的内容，教师不局限、不干涉，在教给学生写作应用文相关知识的同时，紧密联系学生的实际生活，从需要出发，丰富应用文的内容，使我们从中看到学生多彩的生活，了解他们各自迥异的个性，使应用文真正成为学生能够在日常生活中独立应用的一种文体。

（山东省烟台市特殊教育学校　刘爱霞）

第五节　读后感写作教学

一、读后感的意义和作用

读后感是对阅读的进一步深入。“读书破万卷，下笔如有神。”读完一本书，写下自己读书后的感悟，才能让每一本书真正发挥作用，真正为写作指导，为写作积累方法和素材。它一方面要求阅读者全面正确地理解文章所表达的主要内容和中心思想，不能断章取义脱离材料，这可以培养学生深入思考的能力。另一方面让学生写有感而发的、写有针对性的、言之有物的文章，有利于读写结合。

二、读后感写作的教学要求

引导学生了解读后感的特点，领悟写作读后感的方法，尝试写读后感，培养学生写作时的兴趣，以增长见识，提高认识事物的能力，提升写作能力。要求高年级学生对阅读内容有更深刻的感悟，并能结合生活提出独到见解。

三、读后感写作的教学策略

在初探读后感的写作门径之时，教师要注意扶着学生“上路”，教给学生方法，指导其独立成文。

（一）阅读教学中扶着学生“上路”

首先，在预习课上，引导学生充分阅读文章，有针对性地根据课文内容设置预习作业，如文章主要讲了什么？你读懂了什么？哪些地方最让你感动？画出自己认为写得好的句子或受感动的句子并简短地阐述理由。对于前几个问题，学生在讨论学习的基础上不难完成，对于最后一个问题，不要说语文能力一般和较弱的学生，即便能力较强的学生也不容易表达清楚，囫囵吞枣，食而不知其味。所以教师要检查学生的预习作业，并适时引导，避免学生产生畏难情绪，及时鼓励学生偶尔产生的灵感火花。

其次，在讨论课中，学生充分掌握课文内容后，教师引导学生分析课文，学完课文后大都以“这篇课文好在哪”“你最受感动的是哪一部分”“为什么让你感动”之类的问题展开讨论，这实际上也是训练学生谈读后感。

再者，结合《怎样写读书笔记》一文，教师让学生明确读书笔记的三种写法，并根据学生的智力条件提出不同要求：语文能力较强和能力一般的学生看完一篇文章后，能把文章的主要内容用简明扼要的语言概括出来，并将自己的收获和感想写下来；语文能力较弱的学生则是摘抄文章中的哲理的、精彩的句子及跟自己学习、生活、思想有密切关系的片段。

在课内及课外的阅读活动中要坚持多读、多练，学过一篇好的、与学生生活、思想有密切联系的文章，就及时地让学生写写心得体会。对语文能力较强的学生，写阅读笔记时应提出相对高的要求:列出所读文章的提纲，概括出主要内容，并谈谈感想。让学生每读一篇文章都有所思、有所悟，平日之功下足了才能切实提高他们写读后感的兴趣与能力。

（二）作文指导课上教给学生写的门径

读后感从体裁上说属于议论文范围，但它又不同于一般的议论文，常用的写法是夹叙夹议。对于理解能力和表达能力相对较弱的聋生来说难度较大，所以在起步阶段，不能让学生产生畏难情绪，而应以范文为例，让学生掌握写读后感的基本模式。其模式大致可概括为四个字：引、议、联、结。

“引”即引述材料。读后感的“感”是由特定的“读”引发的,“引”是在“读”的基础上有选择地引用原文。材料精短的,可全文引述,材料长的,应摘录关键句、段，切忌大篇幅地抄原文。所谓“有选择”就是围绕自己感受最深的一点，有的放矢地引用原文，它是“引”的必要条件。所以在教学中，教师要先通过讨论，让学生自己说，既可活跃思路，又可了解学生的阅读情况，从而可以帮助学生走出模糊的意识形态，概括出感点，然后简练、准确、有针对性地引述材料，让学生说说哪些句子与感点有直接关系，指导学生略去与感想无关的内容。

“议”即分析材料。在引出“读”的内容后，要对“读”进行一番评析，就事论事地把所“引”的内容作一番分析，然后水到渠成地亮出自己的感点，并用一两个简洁的句子明确地表述出来。如在指导学生写《他还活着》一文的读后感时，学生画出让自己感动的句子后，教师让学生将所画的句子分类，分类的标准是让自己感动的原因。依据分类的标准，大家互相补充、修改、提炼，从而开阔学生思路，使学生形成共识：李玉安，这个在战场上立下赫赫战功的、死里逃生的战士，回国后，在现实生活中淳朴谦逊、有功不居功，他永远是最可爱的人。

“联”即联系实际。写读后感一定要联系生活实际和自己的思想实际，如果不联系实际，仅仅就事论事泛泛而谈，则感而不深，文章就过于肤浅，不能给人以震撼。如针对李玉安有功不居功这一品质，联系生活中具有他这样品质的人及他们的事例：李向群的父亲化悲痛为力量替儿守大堤；抗击非典一线的医护工作者舍小家顾大家，置个人生死于度外，坚守自己的工作岗位……在联系实际的同时注意时时呼应“引”部或“感点”，使学生意识到他们的共同点是把英勇战斗看作是自己的本分，把视死如归看作是战士的道德力量，把流血牺牲看作是革命必付的代价。这样，“联”与“引”虽藕断但丝连。

“结”即总结全文。总结既可以回应前文，强调感点，也可提出希望，发出号召，不管采用哪种方式结尾，都必须与前文贯通，浑然一体。读后感始终要受读的约束，开头要引读，中间要不时地回扣“读”的内容，结尾也要恰当地回扣“读”的内容不放松，目的是升华感点。

（三）读后感写作教学的注意问题

1. 要重视“读”。在“读”与“感”的关系中，“读”是“感”的前提、基础，“感”是“读”的延伸、结果。所以必须先“读”而后“感”，不“读”则无“感”。因此，要写读后感首先要读懂原文，准确把握原文的基本内容，正确理解原文的中心思想和关键语句，深入体会作者的写作目的和文章表达的思想感情。

2. 一篇读后感最好只容纳一个主要感点。学生读完一篇文章可能会产生很多感点，教师要让学生了解，明智之举是抓住一点，不及其余，由点及面，谈深谈透。其他感点无论多么好，都要忍痛割爱。聋生概括、归纳的能力相对较差，容易大段大段地叙述文中的具体内容，感点不明确，泛而乱，所以应指导学生充分阅读、理解，在此基础上深入思考而后再进入写的阶段。

3. 要及时指导学生修改。由于读后感通常是叙议结合，聋生组织语言的能力相对较差，所以容易造成前言不搭后语的局面，应指导学生在写完文章后及时修改作文，改善前后不衔接的状况。

四、读后感写作教学案例

案例

《〈他还活着〉读后感》教学实录

一、概述感点，引发材料

教师出示作文要求：阅读《他还活着》一文，写一篇四百字左右的作文，谈谈你读了这篇课文的感想，题目自己定。要先确定中心，再动笔写。

师：看到题目后，你们心中有什么想法？

生：谁还活着？他是怎么活下来的？

师：看完这篇文章后心中的疑问有答案了吗？

（找学生简单复述）

师：读了这篇文章后，课文中的哪些内容（词、句）让你感动？

生1：战士们在战场上的表现让我感动，“特别是……死了以后还瞪着眼睛”。

生2：李玉安的衣着、言行让我感动。

让学生找出相关的句子并反复琢磨，这些句子说明什么？（学生共同讨论交流所得）

生1：他们确实是最可爱的人。

生2：他们品质纯洁高尚，意志坚韧刚强，气质淳朴谦逊，胸怀美丽宽广。

生3：他们身上有一种淳朴和谦逊的品质，他们有功不居功，是因为他们把英勇战斗看作是自己的本分，把视死如归看作是白衣战士的道德规范，把流血牺牲看作是革命必付的代价。

（教师针对学生讨论的情况引导、补充相关内容）

师：你准备抓住他们的哪点品质来写？

生1：我准备抓住李玉安有功不居功的品质来写。

生2：我准备抓住李玉安淳朴谦逊的品质来写。

生3：我准备抓住李玉安所介绍的战友在战场上与敌人浴血奋战的光辉形象来写。

师：那么，你所准备的材料中哪些与上述感点有直接的关系呢？

（学生讨论补充）

二、评析材料，提炼感点

师：对于这些句子，你是怎么想的？（引导学生学会转换，将课本中的句子变成自己的话）

三、联系实际，纵横拓展

师：生活中哪些人也有李玉安的精神？（引导学生拓展）

生：李向群累死在抗洪大堤上后，他的父亲化悲痛为力量，替儿上战场，并没有向国家提一点要求。

（教师结合学生的回答适时补充，指正学生语言中存在的问题）

师：抗洪英雄李向群及其父母的事迹，抗击“非典”战斗一线的医护人员，他们与李玉安有哪些相似的地方？

（学生各抒己见）教师归纳：前者像李玉安一样，有功不居功。后者把英勇战斗看作是自己的本份，把视死如归看作是战士的道德规范，把流血牺牲看作是革命必付的代价。

四、组织材料，列出提纲

1. 拟订题目：《〈他还活着〉读后感》

2. 材料安排：

（1）读完《他还活着》后的想法。

（2）围绕感点，引发材料。

（3）联系抗洪英雄李向群父母的事迹（或抗非一线的医护人员的事迹），呼应感点。

（4）总结全文，升华感点。

既可以呼应前文，强调感点，也可以提出希望，发出号召。

五、指出注意的问题

1. 一篇读后感只能容纳一个感点，其他感点无论多么好，都要忍痛割爱。

2. 前后语句要衔接，要贯通一气。写完后一定要注意修改。

六、开始作文

学生写完后，输入电脑，教师可以随意地调出某位学生的作业，进行讲评、讨论、交流。

教学心得

读后感属于议论文的范畴。按照“一主两翼”的语文教学模式的要求，作文课特别是读后感的教学，应该是在“自读自悟—讨论研读”的基础上，针对读后感叙议结合的特点，引导学生将读写结合起来，将课内外结合起来，提高学生的语言表达能力及认识能力。

课内学过的课文，因为学生在充分的阅读和理解的基础上，在老师有的放矢地指导下，学生选择材料和组织语言的能力相对较强。教师只有这样扶着学生“上路”，等学生摸着门径后再让他独立成文，才能切实提高聋生写读后感的兴趣与水平。

在充分研讨、理解课文内容完成了准备工作之后，在读后感的写作指导课上，该如何引导学生布局成文呢?

首先让学生明白“因读生感，为感而读”的道理，在引述原文的基础上提炼感点，同时引述要有侧重点、有倾向，这需要教师的引导。

接下来是分析原文，谈感想。这一部分对聋生来说较难，所以教师在引导学生谈感想时，应充分了解学生的知识及语言储备状况，并适时“给予”学生必要的语言材料。在这一环节，引导学生进行知识的迁移运用，将老师所“补充”的语言转换成自己的语言储备。从课上学生的表现及所写的读后感来看，这一做法是切实可行的。

在“联系实际，纵横拓展”环节，有机地将课外所得与生活实际结合起来。例如“李向群父亲替儿上阵”“白衣天使坚守工作岗位”的事迹都是从报纸上了解到的，所涉及的事例有些杂，如何引导学生呼应感点又成了一个难点，所以教师以问题“他们有哪些相似的地方”让学生想象出与感点相关联的地方，达到“藕断丝连”的状态。

最后总结全文，升华感点。归纳全文，是要将文章前后内容“彼此”联系起来，首尾呼应，形成一体。教给学生呼应的方法，教师通过例文引导学生如何总结，如何回扣原文，如何升华感点，让学生有章可循。

（山东省烟台市特殊教育学校　吕建华）

第六节　说明文写作教学

一、说明文写作教学概述

说明文是以说明为主要表达方式来解说事物、阐明事理而给人知识的文章体裁，它通过揭示概念来说明事物特征、本质及其规律性。说明文一般介绍事物的形状、构造、类别、关系、功能，解释事物的原理、含义、特点、演变等。说明文实用性很强，它包括广告、说明书、提要、提示、规则、章程、解说词、科学小品等。

（一）聋校说明文写作教学现状

如果说记叙文是以情感人，议论文以理服人，那说明文则是以知明人。以情感人往往有情节，以理服人往往有事实，这都是可以在生活中寻找到的素材，而以知明人则相对较难，加之说明文写作具有抽象的知识性和科学性特点，因而令许多聋校教师和学生望而生畏。虽然教师付出很多努力，但是很多学生对说明文写作几乎无法下笔。对于说明文常识，他们不能牢固掌握，更不能灵活运用。他们不知如何抓住事物的特征进而去表现，不能合理有效地按照相应的说明顺序，运用恰当的说明方法对事物或事理进行介绍，勉强拼凑的文章常常是记叙文的变体。

（二）聋生说明文写作窘境的成因

聋生说明文的写作困难，究其原因，主要表现为以下几个方面。

1. 文体概念模糊

很多学生对于说明文的概念不明确，虽然能强行记忆，但是到底“解说”什么，他们却不知道，对于“通过揭示概念来说明事物特征、本质及其规律性”，他们感觉更为抽象、艰涩。再者，很多学生根本不清楚什么东西有什么特点，因而也很难去“说明”，概念的模糊导致他们不能把握说明文的文体特征。

2. 认知过程片面

由于没有完整正确的听觉表象，或者根本没有听觉表象，他们习惯于用视觉去感知世界，观察事物虽非常细密，但往往只注意事物的突出状态，如色彩、大小等这些非本质的属性，而忽略了事物的基本特征。由于这些缺陷，他们往往缺少一个正常的社会成员所必须掌握的起码知识和技能。①听力的障碍给他们的认识活动带来了消极的影响，造成了认知过程的浅表化、片面化，感知事物往往注意部分，忽略整体，对事物的感性认识缺乏必要的鲜明性和条理性。

3. 思维能力较差

叶圣陶认为："思想和语言是分不开的，想心思得靠语言来想，不能凭空想。可以说，不凭借语言的思想是不存在的。"②聋学生语言能力的局限，使得其在思维方面、分析事物时缺乏条理性和全面性，综合时往往带有片面性和表面性，因而也就很难归纳出事物的显著特征。

4. 生活体验肤浅

由于听力、年龄、生活阅历的限制，聋生在观察体验生活的过程中常常不能进行深入区别体验，很难透过现象抓住事物本质，体验也缺乏条理性。在写说明文的过程中也就无法突出事物特征，更不能有顺序、有条理地加以介绍。

二、说明文写作教学要求

1. 引导学生明确说明文的概念界定和一般写法。

2. 培养学生有序观察的能力，使学生学会抓住事物的特征。

3. 指导学生写作简单说明文。尝试按照时间、空间顺序，运用举例子、作比较、列数字等说明方法，学会运用说明性语言写作。

三、说明文写作教学过程

在说明文写作教学中，教师应本着"从生活中来，到生活中去"的理念，通过加强学生的体验，培养和提高学生写作说明文的兴趣和能力，具体从以下

① 王效贤，王明泽. 聋校教育学. 吉林：吉林教育出版社，1988：57.

② 叶圣陶. 认真学习语文. 叶圣陶集：第13卷.南京：江苏教育出版社，2004：180.

方面实施。

（一）前伸阶段

1. 创设情境，化抽象为具体

联系生活，谈话引导，激发学生学说明文的兴趣。教师要引导学生将说明文这一抽象概念与具体所指联系起来，在认识说明文这一文体特征时，教师可以这样来引导学生：

师：同学们，对于手机和数码相机这类高科技产品，第一次买来时，当你遇到不会使用的功能时，除了向别人求助，你还可以怎么办？

生：看说明书。

师：是呀，说明书让我们知道了手机或数码相机的用途、功能和使用方法，而且遇到使用上的难题时，你可以找它帮助解决，这就是说明书的作用。另外，电视机、电冰箱、洗衣机、空调等等，都有说明书。看着说明书，我们就知道了它们的用途，学会了使用。其实呀，说明书就是说明文的一种，是介绍事物的特征、功能和用途的。

（生恍然大悟）

师：凡讲授科学知识的教科书、专题知识的介绍文章、出版和设计说明书、作品分析文字以及某些调查报告和工作总结等，都属于说明体。

这样通过联系日常生活中常见的事物，很简单地让学生接近和了解了说明文，认识到说明文的重要作用以及与自己生活的密切关系，增强了学习说明文的兴趣和信心，在此基础上，进一步介绍事理说明文。

2. 审题立意，比较引导

比较就是确定事物同异关系的思维过程和方法，就是从自己与他人及与自己的比较中来了解自己的能力、水平、在团体中的相对位置以及自己的发展变化的一种方法。比较法符合聋生的认知特点，能给聋生以写作启迪。指导聋生可着重从审题、文体、语言等方面运用比较法。

（1）指导学生审题。对于不同文体的作文题目，可以采用比较的方法进行分析。例如：对于《我爱松树》《松树》《论松树的精神》这三个题目进行比较，就可以使学生明确它们的文体分别是记叙文（散文）、说明文和议论文，这样学生作文时才能写到点子上，才能紧扣题目，明确文章的主题，正确选取写作材料。

（2）辨析文体特点。在写作训练中，为避免学生将说明文写成记叙文，教师可以就同一话题分别出示记叙文、说明文不同的写作内容，引导学生辨析不同文体的题目特点、写作要求及阅读感受。以苹果为例，记叙文可以这样写：

我俯下身来，在面前的两箩筐苹果里挑来挑去。这些苹果个个都那么可爱，那么光滑，让人不知所措。挑了好半天，才挑到一个。这个苹果红中透黄，小巧玲珑，再仔细看，上面覆盖着一层白色的绒毛，摸上去舒服极了。看着这张可爱的“小脸”，我不禁摸了摸口袋里的钱是否还在。我掏出钱，买下了这个苹果，相信妈妈一定会喜欢它，因为这里面饱含着我对妈妈的爱。

说明文则这样写：

苹果有好几个品种，我知道的有红富士、乔那金、红玉、香蕉，还有国光、金帅。种类不同，它们的颜色也不一样，大部分是红色的，还有黄色的，淡绿中带红的；形状也有不同，有圆圆的、有一头圆一头带棱的、有鸡蛋形的。苹果可以直接吃，也可以做成罐头、苹果酱、苹果沙拉，都特别好吃。

这样一比较，很直观地就把各类文体的不同写法显现出来了，聋生对不同文体的感性认识就会明显增强。运用这种比较方法，同样还可以辨析比较事物说明文和事理说明文。

（3）加强语言训练

教师有意识地引导学生运用比较的方法，将说明文的语言和记叙文、议论文的语言相对照，感受说明文语言的简洁性、准确性、科学性、严密性、条理性、逻辑性、趣味性等特点，尤其是加强聋生的感性认识，日积月累，会使聋生的说明文语言表达能力有所改善。

3. 观察体验，抓住特征

引导学生按顺序仔细观察，抓住被说明事物的特征，采取小段分说形式，按照一定的顺序，以通顺的句子交流观察所得。比如指导学生写说明文《丝网花的制作》，教师结合学校的素质活动——丝网花制作，指导学生先是观察丝网花，激发探究欲望，然后观察丝网花的制作过程，再亲自动手制作丝网花，在切实体验制作过程的同时，自然掌握了制作的程序。在这个基础上教师指导学生口述过程，畅谈感受。学生用说明性语言描述了丝网花的制作过程和要求，无形中也会抓住丝网花的特征，然后动笔写文，这样写出的必定是按顺序描述的突出特征的说明文。又如写说明文《我的学校》，引导学生既可以按方位顺序观察，也可以从整体到局部观察，仔细观察后，学生就会有收获。由于观察点不同，有的学生会抓住学校干净整洁的特征，有的学生会发现学校历史悠久的特点，还有的学生会强烈感受到学校团结严肃的特征。这些都是以细心观察为前提和基础的。

老师指导学生观察丝网花

学生讲述丝网花制作过程

4. 以读导写，明确要求

信息论告诉我们，阅读过程是一个信息获取过程，是一种信息的接受和加工。如叶圣陶所言：“阅读不仅在明白书中说些什么，更须明白它对于那些‘什么’是怎么说的。”[①]教师要引导学生在课内外说明文阅读中去明确说明文的写作要求，领会写作技巧，掌握写作顺序、写作方法，并且运用所学的知识去写作。

（1）典型的事物特征。要让学生明确，写作说明文要抓住被说明事物的特征，比如《死海不死》突出的就是死海的“死”和“不死”的典型特征来进行介绍说明的。要抓住事物的特征，就要引导学生从以下方面着手：首先，要细致观察。只有深入细致观察，才能对事物了解得清楚。其次，要查阅资料。我们不能事事亲身经历，而说明文又要求特征准确，材料详实，这就需要查阅有关的资料，靠前人总结出来的经验来印证。最后，要学会比较。事物的特征往往在同别的事物比较中显示出来。抓住事物的特征，就是抓住这个事物区别于其他事物的不同特点，从共性中发现个性，从一般中找到特殊。

---

① 叶圣陶. 国文随谈. 叶圣陶集：第13卷. 南京：江苏教育出版社，2004：85-87.

（2）确切的事实依据。要让学生明白，凭着确实的材料作文是写说明文的前提。为了写好说明文，必须对要说明的事物有切实而充分地了解，观察事物、调查事实、了解原因等，正确地记述事物名称、数量、质量、定义和解说。比如《向沙漠进军》第2、3自然段举了“地中海”和“榆林地区”这两个有代表性的例子，说明沙漠对人类的危害严重，这样使要说明的内容更明确，更具体。

（3）清晰的说明顺序。我们可以引导学生结合具体课例或事物理解体会时间顺序、空间顺序、逻辑顺序等说明顺序，比如《大自然的语言》中开头部分“立春过后”“再过几天”以及“燕子”“布谷鸟”“桃花”等具有代表性词语和事物所展现的时间顺序。

（4）准确严密的语言。教师要结合实例让学生认识到，说明文语言具有简洁性、准确性、科学性、严密性、条理性、逻辑性、趣味性等特点，它一般不宜用复杂多变的语句、修饰性词语和夸张性词语。

（5）恰当的说明方法。引导学生学习下定义、举例子、列数字、打比方、分类别、作比较等说明方法，在《向沙漠进军》这篇说明文中，以上说明方法运用较典型。引导学生理解这些方法的好处，同时要和记叙文中的比喻、对比等修辞方法加以区分。

以上的学习都要在具体的说明文阅读学习中进行，理论联系实际，化抽象为具体，与学生的实际生活紧密结合，才能为学生所理解接受。

在上述诸种方法的基础上，引导学生到生活中去，运用所掌握的说明文常识，结合自己的实际生活，对自己熟悉的某一事物或某一现象进行说明。比如介绍自己的学校，介绍班级教室，介绍家用电器，介绍旅游景点等等，这些都是学生所熟知的，关键在于引导学生运用说明文常识，避免和记叙文混淆。

（二）写文阶段

1. 确定特征

学生经过仔细观察和研究后，教师要引导他们确定被说明对象的特征。如学生参观了动物园，要向别人介绍长颈鹿，就要抓住长颈鹿最主要的特征，即脖子长，是世界上最高的动物；母鹿身高4米多，公鹿5米左右，最高的记录是5.78米；它有四条又细又长的腿，还长着一个特别长的脖子。这样才算抓住了长颈鹿的主要特征。

2. 确定说明顺序

教师指导学生根据被说明事物的实际情况，选择恰当的说明顺序，一般时间顺序和空间顺序运用较多。

3. 列提纲

学生列出写作提纲，师生讨论交流后，对提纲进行修改。

4. 组织材料，确定说明方法

学生根据搜集的材料丰满提纲，形成初稿。

（三）后延阶段——作文评改课

1. 制作《作文评改报》

学生自评自改，互相评改，教师评改。

2. 优秀作文鉴赏

四、说明文写作教学应避免的问题

1. 对说明对象的特性把握不准确

对说明对象的特性把握不准确的具体表现是，对事物的某个方面进行说明的时候，文章没有紧紧围绕该方面的特性来写，致使这方面的特性不清晰、不突出。就像写记叙文跑题一样，出现了偏离主题的情况。

2. 对说明对象的说明顺序不清晰

对说明对象的说明顺序不清晰主要是文章条理不分明，说明方法不恰当。其具体表现是，在说明事物特性的时候，不讲究说明方法，或者把事物的几个方面放在一起说，或者事物的一个方面还没说清楚又去说另一个方面，结果使得哪一个方面也没有说清楚。

五、说明文写作教学案例

案例

说明文《我的手机》写作指导课

教学目标

1. 以手机为话题，从手机品牌、外形特征、功能特性、使用方法等方面谈话交流，选取自己最感兴趣的一两个方面，写一篇习作，做到语句通顺、内容具体、感情真实。

2. 培养学生的观察能力、表达能力和想象能力，培养良好的写作兴趣和习惯。

3. 通过写作练习，掌握说明文写作的一般方法。

教学重点

指导学生抓住手机的特征，按照一定的说明顺序，恰当运用说明方法进行写作。

教学难点

抓住事物（手机）的特征。

教学过程

一、创设情境，导入新课

师（手拿手机）：同学们，随着时代的发展和科技的进步，手机这一现代化通讯工具已经走进了千家万户，我们同学人手一部手机，它已经成了我们生活不可分割的一部分。手机是用来干什么的？

生（纷纷）：可以打电话，发短信……

师：对，我们聋人虽然不能打电话，但是我们可以发短信，手机真是方便啊！可是，我们每个人的手机又是不一样的，有什么不一样呢？

生（七嘴八舌）：不一样的牌子，颜色也不同，能拍照……

师（边归纳边板书）：你说的是品牌不一样，哦，外形不一样，对，颜色不一样，最主要的，功能不一样……大家说的这些都是自己的手机和别人的手机不一样的地方。今天这节课我们来用说明文介绍一下自己的手机。

二、自主讨论，体验发现

（一）知识回顾

教师出示课件，师生共同回顾说明文写作的有关知识。

1. 什么是说明文？（课件出示）

说明文是以说明为主要表达方式来解说事物、阐明事理而给人知识的文章体裁。它通过揭示概念来说明事物的特征、本质及其规律性。说明文的主要目的是教给人知识，以知益人。

教师板书：说明文——解说事物、阐明事理。

教师引导学生判断：本节要写的《我的手机》属于解说事物（在黑板圈出）的说明文，事物是手机。

2. 怎样才能写好说明文呢？

教师引导学生结合学过的一些说明文体会。

抓住说明对象的特征。（说明文写作的基本要求）

① 首先要明确说明对象（板书）。比如《故宫博物馆》《中国石拱桥》《苏州园林》，题目都是说明的对象，而《景泰蓝的制作》说明对象是景泰蓝的制作过程，不是景泰蓝，《桥之美》的说明对象是桥的美丽，而不是桥。

② 确定说明对象的特征。仔细观察，了解这一对象所特有的、其他事物所没有的特点，也就是确定事物特征。（板书）

③ 说明要有条理。根据说明对象的特征，采用适当的说明顺序和说明方法。

④ 说明语言要准确、简明。

（二）联系本文

教师引导学生确定内容，理清思路。学生小组讨论，明确突出它的品牌、外形、颜色、功能、用途等几个与其他手机不同的地方。

1. 写什么

学生各抒己见：介绍自己的手机的品牌、外形、颜色、功能、用途等。

2. 抓特征

师：要抓住自己手机的特征，也就是和别的手机不一样的地方，尤其要介绍功能，然后是品牌、形状、颜色、款式、类别等不同的事物有不同的特征。即使同一类的物，各自的特征也是有区别的。你自己的手机有哪些特征呢？以小组为单位讨论，组内交流后记录。

（学生集体交流，教师板书。）

3. 定顺序

师生讨论后确定：空间顺序，逻辑顺序；从外到内，外形—功能—操作。

三、语言实践

学生讨论后交流自己手机的特征、功能、品牌、形状、颜色、款式、类别等，教师进行语言实践指导，包括句子的通顺性、语言的连贯性、恰当运用修辞等。

四、佳作赏读，探讨技巧

教师向学生分发作文范文，要求学生快速默读范文，发现文章的亮点，并用笔勾画出来，想一想：你为什么喜欢这篇文章？这些说明文精彩的奥秘是什么？

妈妈的新手机（范文）

大年初一晚上，爸爸送给妈妈一部新手机。我和妈妈都兴奋得不得了，第一个“享用”的当然是我啰。

我迫不及待地拆开精致小巧的包装盒，印入眼帘的是一部红色外壳的三星牌手机，是最新款的触屏手机，宽宽的屏幕显得特别气派，红色的外衣特别惹人注意。

别看就这么一部小小的手机，里面的功能可多了，除了最基本的通话功能外，玩游戏、听音乐、看电影、拍照、上网，样样俱全，就像是一台迷你电脑，特别是外出的时候，它给我们的生活带来了好多便捷！我听说手机的创始者最初只是为了“通音”，继他之后的又一聪明者为其添加了“通信”，再后者则更具创新意识和创新能力的为其添加了网络功能。于是，手机与手机之间就形成了一张张网，天罗地网，而我们普普通通的人类则成了“网中之鱼”，我们这些拿着手机的人，就像是一条条游在网络上的小鱼儿。

任何事情有好的一面就会有坏的一面，手机在带给我们便利的同时，也存在很多问题。随处可见的是那些中学生甚至小学生捧着个手机像捧着全世界一样，小心翼翼津津有味地用两只小手矫健如飞地按着，乐此不疲，简直是达到了一种“机”不离手、“机”不可失的地步。我觉得这样会影响到学习，所以这也应该是手机留给我们思考的地方。

随着科技越来越发达，人们的生活越来越离不开手机，真的难以想象未来的手机会演变成什么样子。

认真阅读范文，思考问题：

1. 短文从哪些方面介绍了“妈妈的新手机”？

2. 文中“妈妈的新手机”有哪些功能？

3.“妈妈的新手机”给你留下印象最深的是什么？

4. 短文运用了哪些说明方法？

学生活动：

1. 快速默读范文，边读边用笔勾画出文章的精彩之处。

2. 组内交流讨论时，教师巡视并指导。

3. 组内推选出一位代表，在全班交流、展示。

五、技法点拨

教师结合学生的发言，归纳说明文写作的技巧。（板书）

1. 抓住事物特征，突出表现。

2. 运用适当的说明方法。

3. 语句条理、语言准确、简明。

师：方法百种，贵在运用。我们在说明某一事物时，可以根据不同事物的表达需要，按照说明文要求，运用恰当的说明方法和顺序写清被说明事物。

（学生边听边看大屏幕，并跟随老师默读说明文的写作技巧）

六、实战演练

（学生讨论、思索后自主写作）

1. 确定被说明对象的特征。

2. 确定说明顺序。勾勒列出写作提纲，师生讨论交流后，对提纲进行修改。

3. 查阅相关资料。

4. 组织材料，确定说明方法。丰满提纲，形成初稿。

七、自我修改

先把自己的作文读给同学，看看所写的事物形状、特点用途等是不是介绍清楚了，别人听了或看了你的介绍是不是留下清楚的印象，然后根据存在的问题进行认真修改。

八、习作评改，精彩展示

（一）习作评改

1. 自评自改

教师出示课件，要求学生完成作文后轻声通读全文并自评自改，提示评改重点：① 有错别字吗？② 语句通顺、流畅吗？

学生按老师的要求和提示对习作自评自改。

2. 互评互改

学生自评自改后，组内交换习作，互评互改，教师提示评改方法和评改重点。

（1）评改方法：①快速默读全文，总体感知习作内容；②快速浏览，搜索、锁定评改点，圈点勾画，进行评改；③发现亮点，写出具有个性、鼓励性强的总结性评语。

（2）评改重点：①特征突出吗？②语句条理吗？③顺序合理吗？④语言严密吗？

学生按老师的要求和提示进行互评互改。

（二）精彩展示

1. 交流推选

学生习作评改完成后，组内交流，每个小组推选出一篇最具创意、最精彩的习作。

2. 精彩展示

（1）由作者本人朗读精彩美文，评改者读评语。

（2）师生共同点评。

九、课堂小结

今天这次作文课，通过实战演练，我们学会了写说明文的基本方法。大家写出的说明文非常有创意，让老师分享到了你们说明文写作的快乐。

教学反思

生活即教学，只有选择贴近学生生活实际的，学生喜闻乐见的内容进行教学，学生才会感兴趣，才会主动参与，积极参与，乐于参与。本次说明文教学以学生所熟知的手机为说明对象，化抽象为具体，化难为易，学生乐于说、有内容说，这样能够激发学生的参与热情。在课堂上，学生各抒己见，畅所欲言，意犹未尽。在交流中运用并体验了说明文的知识，在写作中实践了说明文知识，在评改中汲取了说明文的写法。教学过程贯穿了读写结合理念，有课内阅读的导引，也有课外阅读的示范，在此基础上学生动手写作也就水到渠成，这样使枯燥的说明文写作变得生动有趣。在说明文写作教学中，只有本着“从生活中来，到生活中去”的理念，加强学生的体验，多读多练，才能逐步培养和提高聋学生写作说明文的兴趣和能力。

（山东省烟台市特殊教育学校　石志霞）

第七节　议论文写作教学

一、议论文写作教学概述

议论文是作者对某个问题或某件事进行分析、评论，表明自己的观点、立场、态度、看法和主张的一种文体。议论文写作是普校高中作文教学的一个薄弱环节，很多学生写不出像样的规范的议论文。在聋校，议论文写作也是高年级作文教学的最大难题，是聋生写作的最薄弱环节。根据聋生的实际能力，在议论文写作教学中，我们只要求聋生学会一事一议，只要学生能确立正确、鲜明的观点，运用基本的论证方法讲清道理即可。

二、议论文写作教学要求

1. 引导学生掌握议论文写作基本知识，明确议论文写作目的。

2. 指导学生学习写一事一议的文章，能够确定正确、鲜明的论点，组织确凿、充分的论据，掌握摆事实、讲道理等基本的论证方法。

3. 帮助学生寻找写作源泉，建设信息仓库。

三、议论文写作教学过程

（一）前伸阶段——积累材料，培养能力

要想做到有内容可写，有议论可发，就要认真观察生活、进行深入思考。教师指导学生在课内外阅读中学习议论文的论证方法，积累名人故事、名言警句、热点、典型事件，为议论文写作积累生活材料。在平时的教学过程中，结合时事、重大事件、主题活动、社会现象、身边小事、哲理故事等引导学生发表评论，说出自己的真实想法，还可以组织辩论会，培养学生的多元化、多角度评价能力，锻炼和提高学生的分析推理能力。

（二）课堂教学阶段——指导写法

在写法指导上要让学生认识到，议论文三要素（论点、论据、论证）达到和谐统一，才能被人接受。

1. 论点的确立

议论文是通过议论表明作者的态度、看法，揭示出道理，所以论点要鲜明。论点的提出要简明直接，干净利落，可以放在文章开头，也可以放在文章结尾，还可以在行文中间，或者开头结尾都摆出论点。

（1）引导学生选好“评论点”。一个事件或一种现象，往往可以反映出许多问题。比如对于胡适的《我的母亲》一文中讲到的与母亲相关的几个事件，教师就可以引导学生从不同的角度去议论。可以分析文中哥嫂行为表现的实质，母亲性格的社会原因，评论母亲的教子方式，也可以阐述家和万事兴的问题。但一篇议论文应只有一个中心论点，不可能面面俱到，最主要的是要考虑从哪个角度议论最能反映问题的本质。要考虑自己的实际情况，从哪个角度入手最有把握，最容易展开议论，就选择哪个角度，要避开自己感觉比较难的、说不清楚的问题。

（2）指导学生从评议身边的事情入手。教师引导学生充分调动“信息仓库”，从评议周围事情入手，比如学习态度、学习方法、尊敬师长、团结同学、勤俭节约以及理想、进取、实践、成败、礼貌、风度、自信、乐观、诚信等各方面的内容都可以成为话题，进而还应该把眼光放远一些，去关心诸如社会风气、社会公德等问题。

2. 论据的汇集

指导学生搜集有力的论据。论据可以是名言警句，也可以是名人故事、热点、典型事件。选用的论据，无论是事实还是理论，都要有强大的说服力，让人读了后从内心折服，举双手赞同文章的观点，要做到论据有力。具体论证时，所选论据必须具有普遍意义，必须为大多数人所理解并乐于接受，还必须具有代表性，能集中地证明论点的实质，同时要注意论据不偏激。

3. 论证的组织

指导学生论证要有方。就是说证明论点的方法要有严密的逻辑性，要合情合理，能恰到好处地帮助论据证明论点。使用的论证方法必须符合人们认识事物的规律，为大家所喜闻乐见，必须能将论据同论点紧密联系在一起，成为架在两者之间的“桥梁”。具体从以下三方面进行指导：

（1）处理好“叙事”与“议论”的关系。一事一议的议论文要以议论为主，前面的叙事是议论的基础，是议论的对象。因此，教师要指导学生在叙述事实、介绍现象时，既要做到概括扼要，避免叙述过多过繁，以“叙”代“议”，又要做到清楚明白，不能出现叙述内容不明、失真的情况。在评议时，要紧扣所叙述的内容展开议论，不能出现二者分家、互不相干的毛病。

（2）在就事论理、提出观点之后要展开议论。结合范文，指导学生运用摆事实、讲道理的方法，选择恰当的论据安排好论证的层次，充分说理，对中心论点进行阐述证明。语言要形象畅达，富于激情。

（3）合理安排论证结构。一是按“提出问题、分析问题、解决问题”（或曰“引论”“本论”“结论”）三大块构成。“提出问题”即在议论文开头一般要鲜明地提出中心论点，“分析问题”即在文章的中间要围绕中心论点展开分析论证，“解决问题”即在文章的结尾部分或者得出综合性结论，或者提出前瞻性期望等。

二是分析问题即本论部分，本论是文章的主体，是对问题的分析。可以采取总分式、并列式、递进式、对比式、归纳式等形式。

（三）学生动笔写作

1. 确定论点。

2. 列出写作提纲，初步确定论证结构。

3. 交流提纲，修改完善。

4. 汇集论证材料，恰当运用论证方法，形成作文初稿。

（四）后延阶段——作文评改课

1. 制作《作文评改报》

先是学生自评自改，互相评改，然后教师评改。

2. 优秀作文鉴赏

四、议论文写作教学案例

案例

一次关于读书有用与无用的争论

——《论读书效用》议论文写作教学案例

作文，历来是学生最为头疼的事情。尤其是议论文写作，既没有记叙文生动，又没有说明文上手方便；它既需要有丰富的积累，又需要有一定的逻辑分析能力和思辨能力。这两者恰恰是我们聋学生最为缺少的。但是，议论文写作训练是初中语文课程必须完成的教学任务。面对一筹莫展、愁眉苦脸的学生，如何让他们从无从下手到有模有样，成为我经常思考的问题。直到有一天，我在大汗淋漓地给学生讲完了鲁教版语文八年级上册《谈读书》一课后，突然有了一丝灵感和点启发。

这个灵感和启发来源于课堂上学生对“读书足以怡情，足以傅彩，足以长才”这个论点句的不理解。聋生的语言基础较差，对于这样高深的抽象的带有深厚翻译色彩的语句是把握不好的。什么是怡情？什么是傅彩？什么是长才？我生动地以学生为例子做了一一的解释，学生似乎懂了，我面带满意的笑容。但这时，一个学生却怯怯地问我：“老师，你说读书有用吗？有的同学说，读书考大学也没用，也找不到工作！”我顿时愕然，一时竟不知如何回答。是啊！我刚刚送完了一届毕业生，他们中间就流行着这种“聋人读大学也找不到工作”的论调，许多同学中学毕业后就去参加工作了。看来，他们是把这种影响传递给这批新生了。

我思考了一会，转身在黑板上写下了“读书有用？无用？”几个大字，并重重加上了问号，让学生课后进行讨论。这节课就这样默默地结束了，但它却给我开启了一个议论文写作教学的新思路。

教学前思

联系学生实际体验及生活中的事例，通过辩论会的方式，让学生对读书有用还是无用得出自己的认识，形成一篇议论文。

教学目标

1. 从思想上解决学生对读书无用论的困惑。

2. 训练学生对问题的思考和辨析能力。

3. 让学生初步感知议论文写作，培养写作兴趣，形成议论文习作。

教学准备

1. 学生上网查阅聋人自强不息的事例，进行摘录。

2. 学生写出一段自己关于读书有用还是无用的认识，要求尽量用身边的事例加以说明。

3. 指导学生熟悉辩论会的程序，观看辩论会的视频。

4. 教师准备一些优秀聋人毕业生的事例。

教学过程

一、目标导引，环境烘托

（学生已提前完成黑板的装饰及教室的布置，教室布置成辩论会的场景。）

师：今天，我们举办一场关于读书作用的辩论会。请同学们针对“读书有用还是无用”发表自己的看法。现在，辩论会正式开始。

二、各抒己见，观点论战

1. 请同学们分为支持“读书有用”一方和支持“读书无用”的一方，调整自己的座位，分为正反双方入座。

2. 请各组同学陈述自己的论点。

第一环节：立论阶段

甲方论点：读书有用，将来可以使聋人得到更好的发展。

乙方论点：读书无用，聋人找工作难，上大学还不如早就业。

3. 双方进行论点的论证，陈述论据。

第二环节：攻辩阶段

甲方论据：

（1）从海伦·凯勒、张海迪的身上，我们可以看出残疾人经过自己的努力，可以取得很大的成就。读书是有用的，读书可以改变人生。

（2）聋人除了听，可以做任何事情。我们聋人也可以考大学，也可以从事任何健全人能胜任的工作，我们只有通过读书才会增长自己的本领。

（3）读书可以让我们增长知识，丰富见闻，增长本领，它为我们将来的工作、生活奠定基础。

（4）读书是父母和老师对我们的期望，他们希望我们能够成长为一个有用的人。

乙方论据：

（1）现在聋人找工作困难。聋人大学生即使毕业了也不好找工作，还不如现在早早去参加工作，可以多挣钱。

（2）读书没有意思，我不喜欢看书学习。我学习基础不好，也考不上大学。因此，读书不读书没有什么差别。

（3）我家庭困难，爸妈有病，需要我早点参加工作。父母都是聋人，没有文化，也不希望我上大学。父母告诉我说，读书没有用。

（4）许多毕业的聋人同学对我说："社会上好，又不用学习，又轻松，还可以挣许多钱。"（注：社会上有些聋哑人犯罪团伙，他们对在校学生进行误导宣传，引诱他们参加一些违法活动。）

三、体验发现，总结陈述

4. 请各组讨论后，进行总结性陈述。

第三环节：攻辩小结

甲方：我们认为，读书是有用的，读书可以让我们聋人增长知识和本领，为将来的工作和生活奠定基础。

乙方：经过辩论，我们部分地接受了甲方的观点，认为读书是有一定作用的。但我们仍部分坚持我们的论点，读书只是一种选择，我们还可以通过工作等方式实现自己的人生追求。

5. 教师陈述：我们身边的榜样

毕业生汤振振同学在学校时学习非常刻苦。老师讲过的知识，他都及时复习巩固，课下自己一直在看书，有不懂的问题就向老师提问，是同学中出名的“书痴”，他的作文写得特别好，多次得到老师的夸奖。毕业后，他到了工作岗位，也坚持不断地学习，通过书籍、网络，或者向其他师傅学习，从而不断进步，得到了领导和同事的表扬。他在自己的工作岗位上成为一名优秀的技术工人。

刘盼、陈赫等同学，为了实现考大学的理想，他们付出了不懈的努力，刻苦学习文化知识，努力提高自己的绘画专业水平，每天晚上十点、十一点才睡觉，经过不懈的努力，他们考上了理想的长春大学。现在，刘盼已经毕业，从事动漫设计工作，实现着他的人生理想。

还有我校考上长春大学的刘雪霞、姜晓燕、胡蕾蕾、刘兆慧、王泽日等同学，他们对学习有着满腔的热情，他们有着强烈的求知欲。在课堂上，他们用心钻研，请教老师，请教同学。在课后，他们认真读书、写作业，不断提高学习水平，这些同学通过努力考上了理想的大学，向自己的人生理想迈进了一大步。（出示PPT 课件）

6. 教师总结

大量的事例都说明，在学校认真学习读书的同学，将来的发展较其他的同学要好。因此，作为一名老师，我认为读书是有用的，而且我也希望同学们能够多读书，读好书。

但我并不否认或者批评那些认为“读书无用”同学的观点。我尊重你们的思想，请你们经过自己的思考后，写出一篇“论读书无用”的作文。三年后，你再来读、再来看这篇作文，你一定会有不一样的观点。

四、反思写法，师生总结

刚才，同学们进行了一场很激烈、很有意义的辩论。下面，我们就来梳理一下它的过程，看看议论文到底应该怎样写。

师生共同明确：议论文是对某个问题或某件事进行分析、评论，表明自己的观点、立场、态度、看法和主张的一种文体。议论文有三要素，即论点、论据和论证。

论点，是要提出自己对事物的看法和主张，即读书有用还是无用。

论据，是论证论点的事实和材料，即同学们搜集来的资料。

论证，是用论据来证明论点的过程，即同学们进行辩论的过程。

教师小结：

议论文的写作其实并不神秘和困难，同学们每天都在不知不觉中议论事物，我们只要用心把这些议论的话语整理记录下来，便是一篇很好的议论文。下面，同学们尝试把这次辩论会改写成议论文，好吗？

五、实践应用，形成初稿

学生整理，进行写作训练，老师巡回指导。

教学反思

作文课教学并不是放羊式的，也应该是一步一步逐渐教会学生掌握要领的。利用突发事件，引导学生的兴趣，展开一次辩论，形象地不知不觉地展示出议论文的基本结构远比空洞抽象地讲解管用。我想，正是这堂课给了我教授作文的一个很好的启发。感谢学生，感谢他们提出的问题。

这堂课之所以能够取得比较好的即时效果，现在想来主要原因有以下几方面：

1. 教育即过程，任何教育教学都是要在过程中让学生体悟，作文教学也不例外。作文产生于冲动，生成于过程，形成于思想。学生没有思想，没有情感，没有写作的冲动，是写不出也写不好作文的。因此，我及时地把握住了学生这次思想上的小波动，激发他们思考，形成了这样一次难得的写作训练机会。这一切都是在过程中产生的，也就让它归结于过程之中吧！

2. 让学生开辩论会，这一新颖的教学形式首先就吸引了同学的兴趣。以生活中的事件为例子，代替了空洞抽象的理论说教，增加了生动性，让学生有更为直观、更为形象的体验。

3. 引导学生积极思考，主动寻找问题的答案。在问题的归结中，尊重学生思想，不强求学生统一认识，让他们在过程中体验，培养他们独特的认识。

（山东省烟台市特殊教育学校　于永伟）

思考问题

1. 画文同步教学可以采取哪些方法？你能否任选其中一二种，设计一份画文同步作文教学方案？

2. 请结合片段写作教学的内容和方法，尝试选取一个片段内容，设计一份片段教学方案。

3. 写人、写事、写景状物的记叙文写作教学有什么相同点和不同点？

4. 请根据应用文写作教学的要求和方法，尝试设计一份日记写作教学方案。

5. 结合聋生特点，你认为读后感写作教学还可以采取什么方法？

6. 聋校说明文写作教学和议论文写作教学有什么不同？

第四章 作文评改课

一、作文评改课的由来

（一）聋校作文评改现状

作文评改是一个长期困扰聋校语文教师的问题。多少年来，一代又一代的聋校语文教师为此做出了不懈的有益探索，付出了大量心血和汗水。面对聋生语句颠倒、词不达意、空洞无物的作文、日记，聋校语文教师年复一年、日复一日地认真批改，在聋生的作文、日记本上往往是满满一篇红笔批改的痕迹，甚至找不到多少原文。看着这“万里江山一片红”的批改，我们可以真切地感受到老师们在作文批改中所下的工夫，他们真的想把聋生的句子改通顺了，更希望学生因教师辛辛苦苦的改而悟出如何写通顺的方法，仅仅是一个最低的作文要求——写通顺而已。可事实又是令多少代聋校语文教师心寒啊！一批又一批教师由黑发变白发，却并不见学生作文峰回路转，这篇作文改过的病句依然出现在下一篇，再下一篇。这让人不禁想起叶圣陶先生的话：“我当过教师，改过学生的作文本不计其数，得到了深切的体会，徒劳无功，我先后结识的语文教师不在少数，这些教师都改过不计其数的作文本，他们得到的体会跟我相同，认为改作文是一种徒劳无功的工作。徒劳无功但是大家还在干，还要继续干下去，不是很值得想一想吗？”（见《中国语文》1978 年第 2 期）而今我们却依然面对这样的现实而痛心，痛心之余不禁深深地思索：给聋生改作文的目的，就是帮他们把句子改通顺吗？句子被教师改通顺了，就代表学生有了把句子写通顺的能力吗？

在长期的聋校语文教学实践中，我们深切地感受到作文批改只是一个空泛的形式，其作用微乎其微，主要表现在四个方面。

1. 作文批改中的句子修改、批语，体现的是教师个人的主观思想、意志及

满是红笔批改痕迹的学生作文

个人的遣词造句习惯，并将这一切强加在学生的作文上，使学生处于被动地位，其写作的积极性难以得到调动，更谈不上由于兴趣的驱使而去主动写作。

2. 作文批改时以教师为中心，纯属单向交流。教师改，学生看，成了另一种填鸭式教学。作文批改时，教师为了节约时间而极少面对面或面向全体进行作文批改，学生看到的只是一篇红笔批改后的作文，至于为什么要这样改，便不是他们的事儿了。试问，面对一篇改过的作文，又有几个人能在看过之后就记住呢？所以不要埋怨学生为什么一错再错，这篇作文里改过的句子下篇作文里依然错，而应反思我们所付出的劳动是否真的行之有效。

3. 教师批改聋生的作文苦不堪言，批改周期长，导致学生的写作周期就长，写作数量就少，因而不能产生由量变到质变的飞跃。

4. 教师将大量的时间用于批改之上，严重占用教研时间，致使教师们很难有更多的时间来研究新的教学思想和教学理念。

因为聋生作文难批改，写作周期长，就不能通过量变的积累产生质变的飞跃。“写作的历练在于多练”，“学校里的定期作文，因为估计教师批改的时间，不能把次数规定得太多，就学生历练方面说，还嫌不够”。因为“改”之繁重，而不能多写，可是要提高作文水平，就必须多写，多写了就要多改，怎么解决这一矛盾？

（二）作文评改课的开设

在作文教学中，我们发现单纯依靠课堂作文教学，效果有限。聋生仍然不能够自主作文、自主修改，不能从根本上提高作文能力。为解决这一问题，我们开设了作文评改课，这一课型的开设是要培养学生自主作文、自我修改作文的能力，也就是引导和指点学生自主修改作文，使他们自己将句子改通顺，最终使聋生能够“自能写文，不待教师改，变被动写作为主动写作”。于是学生从自能作文提升到自能改作文，这样为提高写作能力开出一条新路。以引导、指点聋生自主批改为中心，以改促写，以改促读，使评改、写作、阅读自然形成一个有机的教学整体，从而形成“以自主评改为中心，以读写为两翼”的作文教学新模式。

二、作文评改课的具体操作

“‘改’与‘作’关系密切，‘改’的优先权应该属于作者本人，所以我想，作文教学要重在培养学生自己改的能力。”（《叶圣陶语文教育论集》第 157 页）让聋生自主评改首要一点是要帮他们树立正确的作文批改观念，引领他们走出教师改作文天经地义的传统误区，使他们明白，作文批改是自己的事，自己一定能评改好作文，而非仅仅依靠教师，要逐步学会摆脱老师，学会自己修改自己的文章。这个观点要被学生接受，是一个循序渐进的过程，这个过程也就是教师引导学生逐步学会自主评改的过程，切忌操之过急，放手太快。我们采用个性分析、逐步推进的方法，根据不同年龄段提出不同的评改要求：四、五年级以“观察—指导构思—口述评述—写—导评”的完整作文课型进行训练，其中“导评”，是教师初步引导学生学习修改作文；六、七年级以“审题—构思—讨论—写—初改”的课型进行训练，其中的“初改”，是在五年级导评的基础上，半扶半放，试着让学生自已修改作文；八、九年级以“示题—构思—讨论—写—自改”的作文课型进行训练，其中的“自改”，是在前两步的基础上，放手让学生自主修改，这时教师只是旁观者，进行适时、适当地点拨。这样安排，由“导评”（教师指导修改）到“初改”（初步尝试自主评改）到最后的“自改”（形成自主评改的能力），逐步提高要求，逐步培养学生自改作文的能力。

（一）学生自主写作

在自主评改模式下的学生作文，充分体现聋生写作的自主性：教师只提供写作要求，少作或基本不作指导，尽量不给学生写作框框，让每个学生利用自己的信息储备进行自主写作。这样既能充分调动学生写作的积极性，充分发挥学生主体作用，又能充分暴露学生写作中存在的主观认识上和客观过程中存在的问题，使教师的指导有明确的针对性，更好地激发学生自主参与评改的兴趣。

（二）制作《作文评改报》

与传统作文教学显著不同的是，教师在学生作文之后，不一一批改学生作文，而是筛选出 2–3 篇例文，包括成功的作文和不成功的作文，指导学生制作出《作文评改报》，将作文内容抄写在《作文评改报》上，配上相关图画。教师从审题、拟题、立意、结构、表达、书写等诸方面点评例文的成功与不成功之处，以备讲评课上引导学生学习例文成功之处及感悟修改方法。

（三）评改课上“四步走”

1. 读例文及教师的点评

运用多种形式的读，如个读、散读、轮读、分组读、默读等形式的读来熟悉例文，读完后，以“指导”为引路，以“分析”为依据，以“例文”为参照，学生心中豁然开朗，情趣也随之被激发起来，自然有话要说，这时，教师便因势利导，组织小组根据点评来讨论。

2. 小组评议

每个小组按优、中、差生优化组合，学生针对《作文评改报》上的例文及教师的点评发表自己的意见，说出自己对教师点评的感悟，包括悟到的修改方法和自己的不同意见。在小组评议时，教师巡回参与，旨在指导每个组中的每个同学都参与进来，避免为优生设计发挥天地，而差生做旁观者的局面，同时引导小组个人之间合作，形成集体意见——例文成功之处及不足之处，由教师点评所感悟到的修改方法及不同意见等。

学生小组评议作文

3. 反馈交流

全班集体交流，互相启迪。每个小组推选一个代表，说出本小组的意见。小组代表由学生轮流担任，这样每个人都有参与表达的机会，也促使每个人都能在前期的小组评议时积极参与。

学生小组代表交流

4. 个人修改

个人修改包括修改自己的作文及修改同学的作文。结合例文、点评及同学们的交流意见，对照自己的作文进行修改，如调整结构、理清层次、修改病句、纠正错别字等，这一步对聋生来说初期难度较大，但经过一段时间的训练积累后，逐渐进步，效果显著。特别是有的学生不仅能巩固所学，而且能进行知识迁移，灵活运用。

学生个人修改作文

在此基础上，学生将自己修改完的自己的作文与同学交换修改，发现问题，交流、讨论、修改，确保修改作文的质量。同时，每次评选出评改优秀的作文，以激发学生自改作文的积极性。最后将改完的有争议作文交给老师，集体讨论确定，在集体讨论过程中进一步解决自改作文中的难点。

以上三个阶段，展示了一个简单易行的操作规程：自主作文—浏览习作—筛选例文—点评引路—印发阅读—小组评议—个人修改—反馈提高。在这个过程中，最关键的一环，也是不同于传统作文评改的便是在学生作文之后，教师不逐一费时费力地修改，而是浏览筛选例文（优秀的或是有典型“问题”的作文），评价优劣之处，写出“指导”和“批改例析”，连同筛选的例文做成《作文评改报》，以此报为“抓手”引导学生既学习例文的长处，又学习了修改方法，使学生从评改报中获得感性和理性知识。

三、作文评改课的显著效果

“以自主评改为中心，以读写为两翼”的崭新作文训练模式的优势表现为：

1. 写作量增加

教师指导下的自主评改节省了教师批改的时间，缩短了写作周期；学生写一篇文章的时间换回至少 2~3 篇例文，既学习了例文成功之处，又掌握了一定的修改方法，激发起学生写、改的热情。学生主动作文，作文数量明显增加，由一个学期的几篇到几十篇，读到的例文更是上百篇，学生的作文明显地由量变转为质变。由于学生自主参与评改，切身感受强烈，明白句子错误的原因，学会了修改的方法，知其然更知其所以然，作文质量明显提高，语句通顺了，言之有物有序了。

2. 阅读量增加

写作量增加了，学生就得“找米下锅”，向课内找，向课外找，向生活找，这样就促使学生主动观察生活，了解生活，读好课内书，多读课外书，积累素材，学生的阅读量自觉加大。

3. 学生素质提高

学生自主写作，自主评改，在积极参与的过程中，与人合作，主动探究，有效尝试，总结反馈，促进了其学习的积极性和主动性，使其写、读、改整体素质得到提高。

（四）教师素质提高

一是体现在做好《作文评改报》方面，教师的点评要到位，要有指导意义，就必须下功夫学理论，联系实际例文思索之后，才能下笔写出真正有效的有指导意义的点评，在这个过程中，教师本人也受益非浅。二是表现在将指导学生自主评改与聋校作文教学改革结合起来研究，教师走上教学研究的轨道，使其在研究中丰富自己、提高自己，最终使各方面的素质都得到提高。

四、作文评改课的辅助措施

“以自改为中心，以读写为两翼”的优势是显著的，但一些相关的辅助措施也要跟得上。

1. 纸张要求

改变传统的作文本写作的形式，使用八开稿纸作文，这样能保证足够的评改空间，便于评改。

2. 阅读笔记常规化

每周至少两节阅读课做保证，学生读得多了，笔记积累得多了，写作素材自然也就增多了。需要注意的是最初一定要指导学生写阅读笔记，使学生掌握写阅读笔记的正确方法，使阅读笔记实用有效。

3. 每天一篇日记

学生每天写一篇日记，这样既锻炼了写作能力，又巩固运用了修改方法。教师定期将评改的优秀日记登上板报，既满足学生的发表欲，又为大家提供习作的范例，从而激发了学生写日记的热情。

4. 自办、发表与推荐相结合

学生自办手抄小报，发表自己的作品，推荐别人的优秀作品，取长补短，共同提高。

5. 阅读材料要丰富充足

教师帮助学生订阅或借阅各类报纸、杂志、书籍，要求人手一份。这样扩大学生的阅读面，使学生读得丰富，写得精彩。

6. 发挥网络优势

指导学生上网，学会网上阅读，学会运用网上资源。

“学习如春起之苗，不见其增，日有所长。”这样，在日积月累中聋生走上了“以改促写、以改促练、以改促读”的良性循环。叶圣陶曾在《大力研究语文教学，尽快改进语文教学》一文中指出：“假如着重在培养学生自己改的能力，教师只给些引导和指点，该怎么改让学生自己去考虑去决定，学生不就处于主动地位了吗？养成了自己改的能力，这是终身受用的。”“作了文又能自己改，不用请别人改，这就经常处于主动地位，岂不是好？”“改”，成为聋校作文教学的一个突破口，不仅激活了作文教学，使学生经历“怕作文—爱作文—乐作文—自主改作文”的提高过程后，真正成了作文的主人，更将阅读、写作有机结合起来，改变了聋生被动落后学习语文的状况，激发了聋生学语文的热情，变被动学文为主动学文，变被动写作为主动写作，从整体上全面提高了聋生的语文素质和能力。

烟台聋校学生展示作文评改报

五、作文评改课案例

案例

《记人的记叙文写作讲评课》教学实录

设计思路

针对本次作文训练的重点，与指导课的要求联系起来，本着发挥激励和指导作用，围绕重点展示优点，让学生之间互评，并在此基础上汲取其他同学的文章的优点，扬长避短，自己修改，小组合作修改，获得写作方法、修改方法。

作文体裁

记人的记叙文

训练目的

使学生巩固写作知识，提高鉴赏、评价、修改作文的能力。同时激励学生汲取其他同学的文章的精华，在写作中扬长避短，认真修改完善作文。

讲评过程

一、导入

师：上节作文课，我让大家选择一个自己熟悉的人写一篇作文。要求用典型的事例，突出他或她某一方面的特征，做到有中心，有条理，语句通顺连贯，写完后要认真修改。我看大家都写完了，并分组评改完了，很多同学写得很感人，改得很得体，今天我们就一起交流一下。

二、交流过程

第一步：每位学生说自己阅读的作文的特点。

师：姜杨，你读过谁的作文？有什么感受？

生：同学们写得都很好，尤其是曲广学和刘雪霞的作文，让我很感动。

师：他们都写了什么事让你感动？

生：曲广学写妈妈自己不舍得吃鸡肉，省给孩子吃，说自己吃过了。刘学霞写爸爸关心她的事，他们写的母爱、父爱都很感人。

师：曲广学，你喜欢谁的作文？

生：我喜欢刘健的作文，语言风趣幽默。

师：还有谁想说？

生：我喜欢韩贝贝的作品，她写了数学老师，写的事情都是真事，写得很具体，让我们仿佛又看到了当时的情景。

师：根据这次作文的要求，谁能说说这些作品主要特点是什么？

生：选取的事例典型，中心明确。

师：刚才大家的评论，等于替教师作了总结，谢谢同学们。

第二步：力荐作品，自由点评。

师：通过评改，各组都选出了优秀作品，谁先来展示一下自己组推荐的作品？（学生踊跃举手）

师：韩贝贝，你们小组选谁的？（刘雪霞）恭喜你。（鼓掌）

请刘雪霞有感情地朗读一下自己的作品，同学们认真听，根据评改要求表达自己的看法。

学生读作品。（同时用投影展示）

师：大家来评论一下这篇佳作，可以综合评，可据训练主项评，也可抓住文章的一点评；既可评优点，也可提建议。

生：她写爸爸，自始至终没有爸爸的语言，只有爸爸的动作、神态，更让我感受到无言的父爱。

生：她写爸爸看到放在孩子面前的碗有点缺口，自然换到自己的位置，这是一件小事，刘雪霞抓住爸爸的动作，写得很生动，让我们读了很感动。

……

（学生一一发表看法）

师：刘雪霞以朴实的语言，写了生活中的小事，在平淡中我们却感受到了伟大的父爱。

师：王晓磊，你们组选谁的？

生：王忠科的。

师：请王忠科读一下自己的作文。

学生读作品

师：大家来评论一下这篇佳作。

生：他开头写得新颖，开篇点题。

生：写奶奶的事情很真实，如果能具体描写动作、语言就更好了。

（学生一一发表看法）

师：最后一组选谁的作文？

请姜杨有感情地读自己的作文，学生点评。

第三步：总结。

师：本次作文写作比较成功。从内容来说，都是写自己的事，说自己的话，想自己想的问题，通过典型事例表现人物特点，抒发了自己的真情实感。从表现手法上，恰当地运用多种表达方式，熟练地、创造性地运用多种写作技巧，写出了许多新颖、生动、深刻的文章，也展示了同学们扎实的语言功底。希望同学们更加努力，写出更好的文章。

第四步：四人一组，精彩回顾，讨论、评改。

师：下面请同学们根据刚才展示的作品的优点，先自己修改自己的作品。然后分组讨论修改，最后我们选出几篇修改最佳的作品交流。

（学生展示小组合作修改的文章，然后学生选举修改较好的文章。）

师：通过选举，被评为最佳作品的是刘雪霞的文章，修改较好的是赵爱丽的文章。

第五步：反馈。

师：根据自己的感受，交流一下写作这次作文成功的经验是什么？

生：写关于人物的文章，选择的事例要能够表现人物特点。

生：要抓住人物的动作、语言、神态等，把人物写得具体生动。

生：写文章要有中心，写完后要根据写作要求反复修改。

师：对，文章不厌百回改！好文章三分写、七分改！

师：下面将作文都发给本人，自己再根据今天的讲评修改、完善一下。

教学心得

作文讲评是总结收获的阶段，也是写作的后延阶段。本节课，在肯定每个人都有成功的体验的基础上，调动了每个人的积极性，学生在互评中，提高了鉴赏、评价、修改作文的能力，同时在交流佳作、交流成功体验时，以文引文，以情唤情，好生能更上一层楼，差生则知其不足，产生了进取之心，更好地在读书、观察、写作中找到努力的方向，在兴趣盎然中努力写出语句更通顺、思路更清晰的作文。

（山东省烟台市特殊教育学校　邢淑朋）

作文主、评议报实例

思考问题

1. 通过本章的学习，你了解了作文评改课的具体操作模式和辅助措施了吗？
2. 关于作文评改，你有什么良方妙计？

第五章 作文评估

一、作文评估的目的和意义

《礼记·学记》中说："学然后知不足，教然后知困。知不足然后能自反也，知困然后能自强也。故曰教学相长也。"意为教和学两方面互相影响和促进，都得到提高。在教学过程中，为检验学生的写作能力，我们通过作文评估的形式随时考查学生的写作能力。评估就是为了教学研究工作不断上新台阶。在教学过程中，各教研组、年级组结合教学进程和学生实际，每学期进行两到三次作文评估，通过各种作文比赛，如即兴作文、命题作文、情景作文、游记活动、读后感等等，引导学生积极写作，以期了解并把握学生作文能力进展情况，并根据反馈情况因地制宜地调整教学策略，从而真正使学生的写作能力得到有效提高。

二、作文评估的方式

在作文教学实践中，我们探索出聋学生作文能力评估的"三多"评价体系和"三步"评估法。

（一）三多评价体系：多形式、多阶段、多方位

1. 多形式

实验一开始我们就预设从知识与能力、过程与方法、情感态度与价值观几方面进行评价，在实践中我们采用动静态结合评估方式。

（1）静态评估模式：学校提出总的评估方案，我们遵循模糊性原则（即对阅读能力、阅读量进行评价）、重过程原则、主体性原则、导向与激励性原则，对低年级学生进行口语、看话、词语积累、写作评估，对高年级学生的阅读能力、

语言沟通能力、写作能力、词句积累运用能力等进行评估。

（2）动态评估模式：以寓教于乐的活动作为评估的形式，将评估内容巧妙地融入活动中，使学生在获得丰富体验的同时，不知不觉地完成评估。如低年级语文组以“我会说”“课本剧”“词语游戏”“词语接龙”“串词成段竞赛”等形式进行了词语积累、句子及句群的评估；中高年级语文组以“为你介绍一本好书（好文章）”“分角色朗读”“画文同步”“手抄报展评”“命题作文竞赛”“自由命题作文”“读书笔记展”“讲故事比赛”“课本剧表演赛”“我与大师对话”“读书方法交流”等活动对学生的口语表达、书面写作能力进行评估。

2. 多阶段

每学期教导处进行两次评估，对期中、期末以及平时随机的词语积累、读写情况抽查。在学期中每位教师根据本班、任教年级段的特点在教学过程中灵活评估。

加强形成性评价，采用成长记录的方式。每位教师每学期初分别制定学生的个别计划，写出综合情况分析及施教方案，学期中收集能够反映学生语言学习过程和结果的资料建档，如低年级每个学生建立个训、语言积累、沟通成长档案，高年级针对阅读、写作、沟通进行测评，建立成长档案。

3. 多方位

学校、教研组、教师、学生、家长全方位参与。教导处学期中和学期末评估、抽查；教研组结合本组的实际情况采取行进性动态评估；每位教师根据本班、任教年级段的特点在教学过程中灵活评估；每学期召开两次家长会，通过“家长反馈表”，及时了解家长的意见并将好的教育教学方法进行交流。

（二）评估三步法

评估三步法包括教师反思三步法（反思—交流—实践）和学生评估三步法（评估—反馈—改进）。评估三步法改变“为评估而评估，只评估不改进”的形式主义做法，在评估后针对发现的问题进行反思，教师、家长、学生同时参与，学生从学的角度反思，家长从家庭教育的角度反思，共同探讨解决问题的最佳方案，并在教与学中实施，从而使评估成为每位老师和学生进步的新起点。

三、作文评估的具体流程

（一）教师制定评估方案

教师根据各年级段学生实际情况，结合教学进程，制定作文评估方案，确定评估内容、评估方式和评估要求。

（二）学生自主完成作文

在教师向学生详细出示评估内容、评估方式和评估要求后，学生进行自主写作，先是在练习本完成作文，然后自主修改。因为学生始终是学习的主体，也是评价的主体，学生自己参与作文的评价，可以使他们切实认识自己的优势、倾向和不足之处。完成习作后，让学生边读边用笔修改错别字，同时圈画出用得好的词（用“○”标注）、句（用“____”标注）。再多次读自己的作文，读给自己“听”，想想文章词序是否合理，用词是否恰当，句子是否条理，感情是否真实，这样就很容易发现作文中的各种问题。发现不足，及时修改，直到以学生自己满意为目标。这样，学生不仅品尝了成功的喜悦，而且还得到了自我评改的快乐。学生将修改后的作文誊写在统一的评估作文纸上，配上相关内容的精美图画，从而形成图文并茂的作文评估作品。

（三）教师评改学生作文

老师的评价应该是高屋建瓴，能起到无可置疑的导向作用。坚持以学生发展为本的原则，由重视文到关注人，发挥学生的主体作用，多形式、多角度地评价学生的作文，充分发挥作文评价的导向和激励功能。

1. 一对一评价

教师从实际出发，按不同的水平、不同的要求对学生的作文进行书面评价，在评价中充分挖掘学生的“闪光点”，同时恰到好处地指出需要改进的问题。

2. 集体讲评

教师选择一些能代表本次作文优点或不足的典型文章或片段，集体展示并讲评，引导学生仔细阅读，启发学生评价，使小作者通过面向全体学生展示优秀习作，产生一定的成功感。写作中存在问题的学生通过师生同评这一过程，找到了问题，就会仔细回忆，开动脑筋，认真写好自己的作文。

（四）评估分析与反思

教师根据学生作文完成情况进行全方位、多角度的评估分析和反思，并制定下阶段的改进措施。具体分两步来做：

第一步，看评估结果。通过看，发现问题。

第二步，反思。针对第一步看到的问题反思，教师、家长、学生同时参与，各自从不同的角度反思，共同思考解决问题的最优方案，并在今后的教与学中实施，从而使各个方面均得以提高。

这样，逐步形成“评估—反馈—反思—改进—提高”的良性循环，使作文教学研究工作循序渐进，稳步提高。

下面以高年级作文评估为例说明。

评估主题	作文：《谈生命》读后感	评估时间	2012.9.25
评估目的	1. 考查学生的阅读理解和感悟能力。（针对全体学生） 2. 考查学生的语言表达能力。（针对全体学生） 3. 考查学生有效组织写作的能力。（针对智力较好的学生） 4. 培养学生体验生活、感悟发现的能力。（针对全体学生） 5. 培养学生自觉积累写作素材的意识和能力。（针对全体学生）		
评估内容	本次作文评估对象是职专三年级学生。在学习完冰心的《谈生命》这篇带有哲理性的“生命体验”散文后，学生感触深刻，感慨万千，对生命内涵和过程有了更深层次的认识。在这种情况下，我们要求学生将自己的阅读感受以作文形式呈现出来。具体流程： 一、说生命 学生交流阅读收获和体悟：生命像“一江春水”，奔腾不息，不断流动；生命像一棵小树，顽强生长。生命中既有快乐，也有痛苦。我们要感谢生命，珍惜生命。 二、画生命 学生用画笔描绘奔腾东流的一江春水，顽强生长的一棵小树，自然界的万物，表现自然的包罗万象，相生相成，和谐生长。		

续表

	三、写感受 写作要求 1. 将文章内容进行简要概括介绍，然后写出结合自己的生活经历和体悟写出阅读心得。 2. 中心突出，层次清晰。语言条理、简练。标点规范。 3. 配以精美图画展示生命的内涵过程。 4. 注意写明标题，段首要空两格。图文并茂。 5. 500字左右。 四、汇报交流
评估方式	1. 学生在A4纸上独立完成。 2. 自主修改，生生互改，教师简要评改。 3. 学生以图文并茂方式呈现。
评估分析	学生都能按要求圆满完成评估。从评估结果看，学生都能感悟文章中作者清新、含蓄、隽秀的笔调所表达的主旨和内涵，切实理解作者用“一江春水”和“一棵小树”所比喻的“流动”“生长”着的生命过程，并能通过多种方式不同程度地表达自己的阅读感悟。语文能力较强的学生感悟深刻：赵丰利感受到生命的曲折和宝贵，表示要珍爱生命，勇于进取，坚持不懈；滕海燕、马梦梦、丁晓婷在感悟文意的基础上拓展延伸，能联系人生、联系自身，表示要正视快乐和痛苦，让生命更精彩；张莹以感悟一棵小树的生长过程为侧重点，表示要勇于面对挑战，克服困难。语文能力一般的连英竹、秦羚苡、阎永亮、宋威、姜慧慧等同学在认真阅读课文后，能借鉴他人优秀作文，并加入自身体悟，语句通顺，层次清晰，主题较突出；语文能力不很强的翟东伟、林琛、于晓昱等学生能较深入理解文章，表现文章内涵，但借鉴他人较多，没有个性化内容，不能结合自身经历加以阐述。
改进措施	1. 培养学生良好的阅读习惯，善于发现、勤于积累的习惯。 2. 加强阅读方法和写作方法的指导，引导学生学会感悟、积累，“言之有物，言之有序”，注重个性、真实情感的表达，提高A类学生灵活运用写作方法的能力。 3. 以读导写，以写促读。引导学生“做有心人”，主动学习写作手法，积累写作素材。 4. 加大个别辅导力度，提高B、C类部分学生的写作兴趣和信心。 5. 通过口语交际引导学生反复锤炼、精简语言。

四、作文评估活动及作品

学生进行画文同步评估

学生进行作文评估

烟台聋校各类写作评估书面材料

各年级段语文综合能力评估

画文同步评估

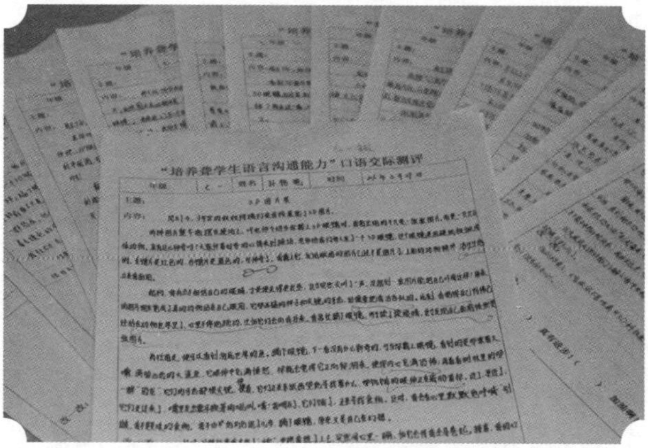

口语交际评估

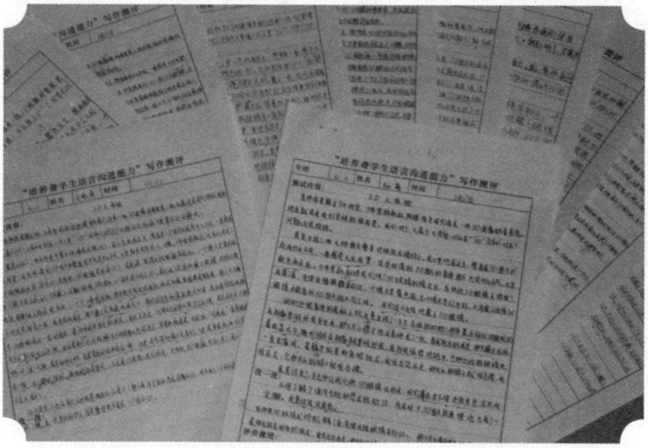

写作评估

写作评估

思考问题

1. 通过本章的学习，你了解了作文评估的方式和流程了吗？
2. 关于作文评估，你有什么良方妙计？

附：学生作文

低年级学生的片段作文

美丽的跑道

林美茹

这是一条红色塑胶跑道，长150米左右。跑道西侧像是一个个美丽的花园，有一排雪松树，像在保卫着我们家园的战士。春天那里花团锦簇，成了我们最喜欢观赏的风景；夏天绿树成阴，成了我们乘凉的好地方；冬天白雪一片，成了我们打雪仗、堆雪人的好地方。跑道东侧是一棵棵挺拔又笔直的银杏树和一块块精美的校史简介看板。秋天到了，银杏树上的叶子变黄了，一把把小扇子随风飘到跑道上，看，那一片片金黄色的海洋，真美！精彩的简介仿佛在给同学们讲故事，听，那一声声巨大的掌声，真精彩。瞧，这跑道真令我们开心。美丽的跑道给我们带来了无限的幸福和快乐，一年四季，那里都会洋溢着笑声。

猜猜他是谁

王泽日

他身材魁梧，看上去像三十多的人，黄褐色的脸蛋上嵌着一个黑痣。他的鼻子端正阔大，比我们的鼻子还要大。淡黑色的眉毛像山鹰展翅，下面嵌着不大不小的眼睛。他笑起来时，眼睛习惯地眯成一条缝。他的嘴角长得很大，像青蛙嘴似的，说话发出粗粗的声音，很刺耳，让人听得很不舒服。他的脖子上留有一块伤疤。

春　雨

滕海燕

今天早晨,下雨了。我看到外面地面湿了,天空变得阴沉沉的,天色越来越暗,最后黑沉沉的,我听到轰隆隆的响声,电光闪闪,随着一道闪电,咔嚓一声打雷了,把同学吓了一跳，大雨哗哗下起来。雨点落在地上，溅起的水花像无数跳跃的蝌蚪，一会儿，地面汇成了无数小河流。雨雾笼罩了整个校园，周围烟雨蒙蒙，天色渐渐亮了,我感觉空气清新了。快到中午的时候,雨停了,我看到叶子绿油油,绿得诱人，亮得耀眼，充满了勃勃生机。

中高年级学生作文

写人的记叙文

我最尊敬的人——杨松林

刘雪霞

杨松林，是一个交警。他为了追击一辆拒查闯卡的车同歹徒顽强拼搏，最后身中数刀，壮烈牺牲。

这类故事虽常听，但杨松林背后的故事却更感人。他有一个幸福的家庭，虽然已有两个子女，但他在外面还收养了一个孤儿冬冬。冬冬学习不好，杨松林教他学；冬冬的性格又过分内向，杨松林改变了冬冬的性格，使冬冬变得活泼开朗，有了自己的朋友；冬冬小小年纪学会了抽烟和喝酒，杨松林知道后，严肃地批评了他，告诉他不能这样做，更不能放纵自己，还给他讲了许多做人的道理，又给他买了青少年成长读物。杨松林为了不让冬冬走上邪道，给冬冬讲法律知识，让他及早远离犯罪。最终冬冬变了，成了善良上进的人。杨松林还让两个子女上警校，让子女保卫社会的安定，为人民服务。

记得杨松林的女儿说，爸爸什么都用最差的，身上内衣是哥哥穿旧了的，新皮鞋总先让给哥哥穿，等哥哥穿旧了自己再穿。还有杨松林的毛巾是家里最破的，它曾被杨松林的女儿扔掉几回，可每次杨松林又捡回来。他把好的生活用品和衣物都让给家人，不是像他把自己的安全让给社会一样？

杨松林有半年没站直身子了，因为腰椎间盘突出得厉害，中队长给他批假让他回家养病，可杨松林不听，自作主张留在岗位上，他觉得虽然不能站着，但可以开车巡逻。

2003年11月3日，杨松林发现一辆没挂牌照的面包车，就独自追上去。后来逮徒说他曾开枪，威吓杨松林，可他想不到杨松林还会继续追，逮徒还想给杨松林几刀弄伤他，没想到杨松林不要命似的揪住他不放。

杨松林这么拼命揪住他们，不就是为了保卫社会的安定，不让逮徒再次破坏社会稳定吗？

我们应该珍惜现在舒适的生活，同时要向警察学习，让我们向杨松林敬礼。

写事的记叙文

学做菜

刘晓倩

这学期，我们开设了一门新课程，叫家政课。主要是学习做菜，同学们都很高兴。

下午第三节课，我们来到家政教室，今天徐老师教我们做的菜是焖芸豆。老师让我们把芸豆、葱、肉洗一洗，洗干净了，我们就开始做了。

只见徐老师先把肉切成一片一片的，再把葱切成葱花，然后用手把芸豆瓣掰成一块一块的，接下来就要上锅炒菜了。

徐老师先给我们做示范。她先往锅里倒入花生油，等花生油冒烟了，马上放入肉，并且快速翻炒几下。等肉变色了，就放入葱花、食盐、酱油，再把芸豆放进锅里，加上一碗清水、盖上锅盖，剩下的工作就是等。大约十分钟后，掀开锅盖，加上味精，翻炒几下，关上火，就可以出锅了。这时侯紫色的芸豆变成了绿绿的，和红色的肉放在一起看起来真是十分诱人。

下面，就轮到同学们大显身手了。可是看起来容易做起来很难，锅、铲、油、菜、肉在我们手里突然变得不听话了。徐老师把我们分成了四组，我和刘丹、徐燕琳、邱丽艳是一组，刘丹负责炒菜，只见刘丹往锅里倒入花生油，油就开始突突地往外蹦，吓得我们都赶紧往后退。见刘丹的脸上出了汗，我问她：“你怎么了？”刘丹一边炒一边对我说：“油崩溅到我的手上，烫死我了。”我听了，体会到了刘丹的心情。一会儿，刘丹说："快放菜，炒芸豆了。"我和徐燕琳听了，马上用手把芸豆捧起来，放到锅里，只见刘丹用铲子在锅里炒，想在这边翻，菜却往那边跑，有时候又掉到地上去了，真不好炒啊！最笨的是姜涛，从头到尾都是老师在帮忙，他只是最后尝了尝。

菜都做好了，同学们相互尝了尝，觉得味道比徐老师做得差远了，有的酱油放多了，黑黑的，看起来很恶心；有的盐放多了，吃起来太咸了；还有的油放多了，吃起来太香了。我觉得我们这一组做得还差不多，就是酱油放多了一点儿，我们只能凑合着吃，如果扔了多浪费啊。

我心想：我一定要好好学做饭，等学会做饭了，做给爸爸、妈妈吃，那多好啊！

观菊展

马梦梦

金秋十月，秋高气爽，正是菊花开放的好季节。十月二十六日，烟台市第十一届菊花展在南山公园举行，我们全体同学一起去看金秋菊展。

刚下车，映入眼帘的是南山公园大门外一座由绿色盆景围成的"绿色灯塔"，很像烟台山灯塔，塔下是五颜六色的菊花。我们看着多姿多彩的菊花，不知不觉就来到了人工湖边的步行街口。那一股股浓郁的菊花香味简直令人陶醉，让人有些飘飘然了。

走进步行街，我们就像进入了菊花的海洋。有"白雪公主"，有"红粉佳人"，还有"满天星"……一朵朵、一束束、一盆盆竞相开放。菊花的颜色可真多啊！有红色的，黄色的，绿色的，白色的，粉红色的，还有墨绿色的。它们的姿态各异，有的全开了，有的只开了一部分，有的含苞欲放，有的还是花骨朵。看看这朵很美，看看那朵也很美。

菊花美丽的身影引吸引得同学举步不前，好像要把每一朵都记住。这里的游人络绎不绝，不论是大人还是孩儿，他们的脸上都流露出流连忘返的神情。我们也互相招呼着，摄影机摄下了一株株形态各异的菊花，也摄下了我们和菊花的合影。

"快来啊，这边有'龙菊'！"只听见同学在大声地叫道。我们马上跑了过去。只见园艺工人用悬崖菊扎成了"二龙戏珠"造型，菊花衬着小喷泉，别有情趣。往前走，还有悬崖菊被扎成“蝴蝶”“众星捧月”的棒子，在众多大立菊中我们看到许多被园艺工人精心培育成上下两层的“花篮”。在墙边、枝头，一株株花从一人多高的花架上喷涌而出，闪着一片辉煌夺目的亮光，一直泻到地上，活像艳丽动人的凤尾，又像一条闪闪发光的长裙，还像一道瀑布——一道静止、无声散发着浓香的瀑布。我们赞美菊花，也佩服园艺工人的巧夺天工。在花的世界里，惟有菊花才有这样奇异的境界。

五颜六色、娇艳芬芳的菊花在满园落叶和秋树中显得那么有生命力，这时我情不自禁地想起陈毅爷爷赞菊的诗句：“本性能耐寒，风霜其奈何？”我已经完全陶醉在这绚丽多彩的菊花海洋里，仿佛已融化在这如诗如画的秋色中了……

记一次趣味运动会

于俊涛

秋高气爽的周四下午，我校进行了秋季趣味运动会。运动场上掌声雷动，助威声此起彼伏，到处是一派热闹景象。

我最感兴趣的是中级部的“一分种运球投篮”，我们班的赵海涛、姜竹青参加了此项比赛。在我看来，赵海涛的最大对手是孙斌，他比赵海涛跑得快，身材又高大，占绝对优势。我紧张得不得了。

比赛开始了，孙斌开始向前冲去，看起来，他对赵海涛威胁很大，要战胜他很难。他突然滑倒了，可能是过度紧张导致的。我的心收回来了，因为他取胜的机会少了，最后他得了七个球，现在暂时是第一。“只要赵海涛能投八个以上的球，就稳拿第一。”我心想着。俗话说得好“一切皆有可能”。我非常有信心，相信他能得第一。

孔老师又举起了发令旗，赵海涛像战士一样全神贯注地等待着冲锋的号令。一下发令旗，只见他迅速地一蹬腿，像脱僵的马，似离弦的箭向前冲。“加油！加油！”观众台上传来一阵阵加油声。可是他竟然投失了球，我们班的同学屏息无声，我的心更紧张了！只见赵海涛慢慢地调节自己的状态，他翻飞疾进，令人眼花缭乱地运球，出其不意，猛然跳起投篮，中了！我们班的同学也欢呼雀跃！他不急不忙地攻到篮下，跃起，抬臂，压腕，刷——好一个干净利落的“空心球”，又中一个。他优美的运球，真像仙女下凡似的，让人看得真舒服啊！我心里的负担渐渐减轻了！此赛结束了！他以八个球的好成绩取得了第一，我们为他助威，为他的胜利高兴。我顿时也轻松了下来！

比赛还在继续，大家的欢呼声、助威声在操场上空回荡着。秋季趣味运动会真有趣，它给同学们带来了无穷的乐趣！

写景状物的记叙文

春天来了

孙铭苑

终于，冬爷爷迈着沉重的步伐离开了我们，春姑娘披着柔软的长发，穿着一件绿色大衣，姗姗而来。她那长长的袖子和衣襟轻轻划过我们的面颊，把清爽洒在人间的路上，这感觉好惬意！

春天，万物复苏，百花争艳，阳光明媚，一切都欣欣然张开了眼。一阵阵微风吹过大地，唤醒了地里的小草，吹开了桃花、梨花、杏花，吹开了同学们的一张张笑脸。

草地里，小草从泥土里露出了嫩绿的小脑袋，好像走了一年的长路已累得筋疲力尽了，好不容易到达了目的地，它们正在歇息呢！嘘，不要去打扰它们，让它们好好休息一下吧。花儿也绽放出了美丽的花朵，像一个个精神饱满的小孩子，还有的只是一个花骨朵而已，像个没睡醒的小姑娘。一阵阵春风轻轻吹过他们的脸庞，他们便开始东倒西歪，好像在向我们招手，像请求我们允许它们加入到我们的游戏中来。桃花、梨花、杏花也都开了，开得那么美丽，那么鲜艳，那么可爱。它们在枝头上望着我们，又好像是在比美，个个欣喜若狂。

柳树枝上也发出了嫩绿的小芽，随着微风的吹拂，在半空中翩翩起舞，像春姑娘的长发一般。河边的柳枝垂在水面上，河水如一面明镜，春姑娘正在照着镜子梳洗长头发呢，多漂亮啊！

操场上，同学们有的在捉迷藏，有的坐在绿草坪上聊天，还有的在玩猜谜语的游戏。一张张笑脸洋溢着，欢声笑语在校园上空回荡。

春天的美丽无处不在，只要我们用心感受，就一定能感受得到，春天为世界换上了一个新面貌，使它变得格外美丽。啊！我爱美丽的春天！

我喜欢的动物

王旭文

我家有一只调皮而可爱的小狗。它长得漂亮，而且活泼好动。

它有一双明亮的大眼睛，一张小小的嘴巴，一对弯弯的耳朵，全身长满了白色的短毛，毛茸茸的尾巴上一半黑一半白。用手摸一摸，你会感觉软软的，滑溜溜的。它有四条灵巧的短腿，别看它的腿短，但跑起来可快了。

每次我找小狗玩时，它会跑到我跟前，让我抱抱它。如果我不抱它，它就会摇着尾巴向我撒娇，所以我只好抱它。抱够了放下来时，小狗让我陪着它玩，它会给我表演翻跟头，转圈给我看，还会躺下让我给它挠痒痒。最有趣就是它咬我的裤脚，它摇晃着小脑袋，左撕右咬，但撕不坏裤脚。我哈哈大笑，觉得狗真是一个不错的玩伴。

有一天，我拿着洗发液给它洗了个澡，洗完了，它跑到阳光下享受阳光的温暖。

我真的喜欢狗，它太可爱了。它给我带来了许多的欢乐，也消散着我心中的烦恼和寂寞。

应用文

给爱心妈妈的一封信

敬爱的刘妈妈：

您好！

自从开学第一天到现在，有十个多月了，我在学校过得很快乐，每天都和同学聊天，听老师的教导。这学期，我学会了不少的新知识，比如英语，从几个单词到十几个句子，我都会说、会写、会背了，我感到很开心。还有语文，老师教会了我们写作文、写信，让我们知道怎么给远方思念的人写信。我们学校开设了特色课程，有很多种类，比如十字绣、画画、串珠、中国结、书法等，这让我们每个人都能学到一门好手艺，让我们长大后能靠自己的本领谋生。这学期我被评为了校级“学习明星”，您听了开不开心啊？天冷了，您要多穿衣服，工作还顺利吗？希望您多多保重身体！

祝刘妈妈青春永驻！

爱您的芊

2012 年 12 月 20 日

演讲词：谢谢你们——亲爱的海军叔叔

夏盛业

在明媚的春光下，在第十八个“全国助残日”来临之际，海军航空工程学院的叔叔们在百忙之中来看望我们，为我们送来了温暖与爱心，使我们烟台市聋哑中心学校处处弥漫着爱的芬芳。

记忆中，海军叔叔不仅无数次给予了我们物质上的帮助，而且在精神上给予了我们莫大的鼓舞。每次来到学校和同学们游戏、交流时，你们总是用军人特有的坚毅、乐观与开朗感染着我们，校园因你们的到来而充满阳光。从你们的眼神中，我读懂了你们给予我们的深情厚爱。

还记得去年 120 周年校庆时，是你们抽出宝贵的时间，顶着烈日，带领我们军训；是你们一遍遍指导我们军事化内务管理；是你们耐心地辅导我们学习，帮助我们解决难题；是你们热情地在贵校大门口夹道迎接我们去参观……在我们最需要帮助的时候，你们总是毫不犹豫地站出来。在烟台聋校的历史长河中，你们始终是我们最亲近的人。

“滴水之恩，涌泉相报”。我深知，我们这些特殊群体只有在学业和做人上努力取得进步才是对你们最好的回报。在此，请让我代表同学们向你们保证，我们不会辜负你们对我们的殷切希望，我们会将你们的爱心化为人生之路上的一盏明灯，在铺满荆棘的人生路上，努力学习，上下求索。我们还会将你们的爱努力传递，用微笑和双手去帮助那些更需要帮助的人。

真诚地谢谢你们！谢谢海军叔叔！

2008 年 5 月 16 日

读后感

《走进命运的左岸》读后感

邵鹏文

他狠狠地对自己说："倒霉。"是的，他太倒霉了。因为生活中几乎所有的倒霉事都让他碰上了。譬如，已经失业几个月的他，今天要去参加市里一家公司的面试，本来机会很难得，不该错过，可是阴差阳错，他偏偏搭乘了一辆破车，结果还没到终点站，车在一处荒凉的地方抛锚了。大多数乘客冒着风雪徒步往下一个站点赶，有一个50岁的男人，敞着怀走在他的旁边。他发现了那个人，实在不理解，"大哥，你不觉得今天我们很倒霉吗？"他凑上前去，和那人搭讪。男人却不以为然，反而兴致盎然："你不觉得这是难得的亲近自然的机会吗？"一路上攀谈，让他了解到男人的一些往事。他有些"嫉恨"这个男人。因为除了幸运，男人遇到的还是幸运。分手的时候，男人送给他一张名片，他才知道他是作家。在名片的背面，印着这样一句话：命运是一条河，左岸是幸运，右岸是厄运，我始终走在命运的左岸。

他怀着对这位作家深厚的兴趣，回去后，上网搜索了这位作家的名字，吸引他的是他的简介：3岁丧父，10岁辍学，卖过冰棍，做过民工，遭遇过车祸……男人竟然是一个厄运连连的人。

这是一个充满哲理意味的故事，我有一种醍醐灌顶的感觉。其实生活中的每一件事，都有两面性。就像车子在雪地里抛锚，从耽误行程这个角度来看，的确是个坏事。但对于久居办公室很少和大自然亲近的人来说，有这样的机会在雪地里走一走，又何尝不是好事？如果我们能以乐观的态度看待，笑对生活，如果我们善于在每件事上发现好的一面，比如作业多得发愁，但能使我们的基础知识更加巩固，那么我们的精神面貌就会大不相同。命运决定于一个人的生活态度，只要不苛责生活，时常怀着感恩之心，就会永远在"命运的左岸"，永远与幸运为伴。

《谈生命》读后感

赵丰利

生命是什么？生命是奔腾不息的一江春水，是顽强生长的一棵小树……读着这篇文章，你会感到生命正在“流动”，正在“生长”。

一江春水有时充满愤激，怒吼着，在河流中奔腾起来，面对种种困难，快乐勇敢地、平静地，享受所遭遇的一切，终于见到了大海。而一棵小树，一开始在春泥中欠伸，充满喜悦，吸收空气，承受日光，在雨中吟唱，在风中跳舞，然后直到中年，心情宁静怡悦，最后到冬天的时候，叶落归根。

我恍然大悟，从中感受到的道理是：春水奔向大海的过程曲曲折折，小树成长壮大的过程风风雨雨，正好像人生的道路是曲折的，要经历种种困难，其中有痛苦，也有快乐。生命是前进的过程，当然要靠自己进取与奋斗。

生命，对我们来说只有一次。生命是最宝贵的，用什么也代替不了，它胜过一切。对此，我们应当敬畏自己的生命。当前，有的同学一遇到困难和挫折，就对生活丧失信心，甚至不珍惜自己的生命，还有的人受社会上不良现象的影响，扼杀生命。我们不能把生命当成玩具，因为生命不是可以随便践踏的，我们应当善待生命。其次，也要善待地球上的一切生命，同它们共存共处，和谐相处。

人生不可能总是一帆风顺，总会有些崎岖不平。遇到困难时不要灰心，要勇敢面对，坚信：雨过天晴便是彩虹；山重水复疑无路，柳暗花明又一村。

读《海燕》有感

邱萍萍

《海燕》这篇课文讲述了海燕不怕轰鸣打雷，在苍茫的大海上，狂风卷集着乌云，海燕勇敢地飞翔，在乌云和大海之间，海燕像黑色的闪电，在高傲地飞翔。乌云听出了愤怒的力量，热情的火焰和胜利的信心。而海鸥不敢面对这些恐惧，雷声轰鸣，它掩藏到大海深处，不敢出来。海鸭也吓坏了，企鹅胆怯地躲避在悬崖底下，只有海燕仍然在高傲地飞翔。我觉得海燕是勇敢的战士，不怕恶劣的环境，充满着战斗的欢乐和信心。

我意识到海燕象征着那些勇敢的革命者，他们同黑暗势力顽强斗争，坚持到底，我佩服他们。我想，我虽然出生在一个无声的家庭，遇到许多挫折与困难，平时不管别人说什么，我们听不到，没人为我们翻译。现在我学了许多知识，能在纸上和人们沟通，现在，我已成为“小翻译家”，我会勇敢地帮助我们这样的家庭，不必理会东邻西居七嘴八舌的议论和讥笑。我要像海燕般快活、勇敢地战斗，自强不息。

生活中总会有暴风雨，让我们像海燕一样呼喊："让暴风雨来得更猛烈些吧！"

说明文

我的手机

秦羚苡

我的手机是诺基亚牌的，型号是1680C，颜色是黑色的，手机是直板式的，造型设计经典，机身的三围为107.59×45.99×16.09mm，重量也仅为74克，很便携。手机内置了一枚30万像素的摄像头，还配有自拍镜，支持音乐文件和视频文件播放，机身的内存容量为32M。

打开手机，你会看见屏幕左上角有"捷径"键，中间有功能表，右角有"软件"键。按"捷径"键可以打开常用的功能，有字典、录音、计算器等；按"软件"键，可以打开游戏、收藏等功能；按下"功能表"可以打开所有功能，有信息、通讯录、网络等10个功能。

接下来，我给你具体介绍手机的功能："信息"可以收发短信；"通讯录"里面有联系人，想找的人的信息就在这里，方便多了；"设置"可以根据自己的需要进行铃声、语言、日期和时间、接听方式等设置；"网络"键让我们可以随时上网查资料、玩游戏、看书……

我的手机功能真多，可以让我和父母、亲戚朋友及时联系，放松的时间，我可以玩玩手机。现代科技真了不起！

议论文

聋人当自强

卫晓萍

因为有上帝"赐予"的困难，我们又能奋起而战胜它，所以生活才变得丰富。

中国有一句古话："天行健，君子以自强不息。"这鼓励我们要树立自强不息的精神。自强是一种优秀的品德，这种品德要求我们要自己努力、发奋图强，一息尚存，永不停息。

说到自强不息的人物，我想到她，中国第一位赴美攻读硕士学位的聋人大学生，她就是周婷婷。面对这么辉煌的成绩，很多同学可能不知道，周婷婷是双耳全聋的残疾人，在无声的世界里，她承受了别人难以想象的痛苦，她发的每一个音节，都要经过上千次的尝试，她听课全靠助听器帮助。她为了说话清晰，含着石子坚持练习，嘴磨破了，含着血继续练习，她就是这样一步一个脚印走到今天。如果说她真的有什么“成功秘诀”的话，那就是自强不息、顽强拼搏的精神。

残疾并不可怕，像德国最伟大的音乐家贝多芬，他的生活道路非常坎坷。28 岁时听力减弱，后来失聪，只能通过书写跟人交谈，但孤寂的生活并没有使他沉沦和隐逸，他坚守自由平等的信念，以淡然的心态面对自己的不足而更加努力地去追求自己的梦想，他咬着小木棍，用细棍的震动来感知音乐，著名的《命运交响曲》就是在这样的情况下创作出来的。

我们学校也不乏这样的榜样，夏盛业、于俊涛、王泽日等等，他们刻苦学习，努力奋斗，以平常的心态去面对残酷的命运，他们终于实现了上大学的梦想。我们应该学习他们勤奋拼搏的精神，自信、自强、自立。

铺诚信之路，需从我做起

夏盛业

诚信，是由“诚”和“信”两字合并成的。“诚”表现为诚实、诚恳，而“信”则表现为讲信用、言行一致。这两个字合并起来，意思就是诚实守信，言行一致。实际上，诚实守信是中华民族的传统美德。这种美德在古时候就被一些仁人志士发扬光大。“一言既出，驷马难追”“与朋友交，言而有信”“言必行，行必果”“人无信不立”这些意味深长、耐人寻味的名言警句出自以信用为本的古人之口，可见诚实守信的重要性。

既然如此，我们就应该发扬诚实守信的美德。可是，扪心自问，我们这样做了吗？经常有这样的现象：借了别人的书，并且定好了归还的日期，却不及时归还给物主。这是不讲信用的，是不可取的做法。还有一种现象最不应该，就是偷了别人的东西，却不肯承认或想承认但却没有承认的勇气，那样，你将会遭人唾弃，不被人信任。

有这么两则有关诚实守信的典型故事。

一则是古时候有一位叫宋濂的人，他小时候家里极其贫寒，生活拮据，但爱好读书，却苦于没有买书的钱。于是到有书的人家去借书回来抄写，抄完后，不管天气有多恶劣，他都能及时在约定好的时间内归还人家。正因为他守信用，人家愿意把书借给他用，因此他成为了当时知识渊博的学者之一。

还有一则世人皆知的故事。华盛顿小时候不小心用锋利的斧头将父亲心爱的樱桃树砍断了。父亲看到樱桃树被砍的情景后，非常生气地说："是谁砍坏的？"华盛顿听到后，赶来看一看。父亲的脸色着实令幼小的他感到害怕，但却表现出了与年龄不相符的勇气，"爸爸，我不能撒谎，是我砍断了。"这时候，父亲那严肃的脸上露出了笑容，为华盛顿能勇于承认自己的过错而感到高兴。于是，诚实这种美德让他成为了美国总统。

这两则故事告诉我们，要想成为有一名有诚信的人，就要从现在开始，从自我做起。借了别人的东西，一定要在约定好的期限内归还；不管与老师还是同学交谈时，一定要坦诚相谈，表里如一，切不可有欺骗之意；犯了错误而别人却不知道的，也不能心存侥幸，而应勇于承认自己的错误，并且保证以后不重蹈覆辙，这样才是诚实的表现；上课听课时，当老师问我们"懂不懂"时，我们一定记住"知之为知之，不知为不知，是知也"，不要不懂装懂，否则就是不诚实的学习态度，就是自欺欺人。其实何止是这些，生活中还有很多事情需要我们诚实并且守信用地去做。孔子说："吾日三省吾身。为人谋而不忠乎？与朋交而不信乎？"我们应该深刻地去理解这句话，在理解的同时，一定要做到天天反省自己，扪心自问："这一天，别人给我的任务，我是不是忠诚地去做了？我与朋友来往，是否讲信用了？"我想，只要做到了这些，我们就能成为一名诚信的人。

实际上，作为一名学生，我们应该继承中华民族诚实守信的传统美德。一个人的诚信度将决定其社会命运。我们来学校学习，最终目的是不断地学习知识和学会做人，为自己将来更好地立足于社会打下基础。"人无信不立"。为了能够收获更多的成功，为了能够在社会上立足，我们就应该以身作则，诚实守信，不虚弄作假，将诚实守信的中华美德不断地发扬光大。

参考文献

[1] 教育部聋校义务教育课程设置实验方案[J]. 南京：现代特殊教育，2007.3

[2] 沈玉林等主编. 双语聋教育的理论与实践. 北京：华夏出版社，2005.6

[3] 蔡伟. 中学语文课堂教学虚拟体验的研究[J]. 中学语文教与学，2003.10

[4] 巢宗祺. 语文课程标准（实验稿）解读[Z]. 湖北：湖北教育出版社，2002

[5] 沈玉林. 聋校双语教学简述[J]. 北京：中国特殊教育，1998（4）

[6]丁山燕. 聋校课堂教学中交往情境模式的创设例谈. 中国听力语言康复科学杂志，2006.5

[7] 程红兵. 自主探究式语文教学模式研究[J]. 中学语文教学大参考，2004.1

[8] 张宁生. 谈谈聋人与听人的沟通问题. http://www.deafchild.cn/bbs

[9] 段海滨. 中学阅读教学中的感悟[J]. 语文教学与研究，2004.1

[10] 葛乃宏. 阅读教学要注重体验性[J]. 语文教学与研究，2003.7

[11] 韩雪屏. 中国当代阅读理论与阅读教学[M].四川：四川教育出版社 2000.

[12] 郭英敏. 试析目前聋校语文教学中存在的问题. 北京：中国特殊教育，2001.4

[13] 张福娟. 特殊教育史[M]. 上海：华东师范大学出版社，2000.

[14] 林宝贵. 听觉障碍教育与复建[M]. 台北：台湾五国图书出版公司，1994.

[15] 柯克. 特殊儿童的心理与教育[M]. 汤盛钦译. 天津:天津教育出版社，1989

[16] 沈玉林. 聋校双语教学简述[J]. 北京：中国特殊教育，1998.4

[17] Denise Wintermen. 吴安安译. 双语教学：聋学生考试成绩获得特别优秀成绩[J]. 江苏：现代特殊教育，1998.7

[18] 张宁生. 双语教学及其对中国聋校语言教学的影响[J]. 北京：中国特殊教育，2000.1

[19] 叶圣陶. 叶圣陶语文教育论文集[C]. 北京：教育科学出版社，1980

[20] 陈军. 聋人学习语言方法. 北京：中国戏剧出版社，2005.9

[21] 郭元祥. 生活与教育——回归生活世界的基础教育论纲[M]. 武汉：华中师范大学出版社，2002

[22] 余蕾. 语文教学与生活[M]. 北京：人民教育出版社，2002

[23] 聋校义务教育课程设置实验方案[J]. 北京：现代特殊教育，2007.4

[24] 教育部师范教育司. 魏书生与民主教育[M]. 北京：北京师范大学出版社，2006

[25]佐藤正夫. 钟启泉译. 教学原理[M]. 北京：教育科学出版社，1999

[26] 汤盛钦. 特殊教育概论[M]. 上海：上海教育出版社，1998

[27] 钟启泉. 教育科学新进展[M]. 陕西：陕西人民出版社，1999

[28] 季佩玉. 聋哑学校语文教材教法. 北京：中国盲文出版社，1986

[29] 季佩玉，李宏泰. 聋校语文教学200问. 北京：华夏出版社，1993.8

[30] 中国特殊教育网

[31] 叶圣陶. 叶圣陶集：第13卷. 南京：江苏教育出版社，2004.11

[32] 叶圣陶. 叶圣陶集：第15卷. 南京：江苏教育出版社，2004.11

[33] 贾秀云，张海燕，王玉华. 聋童语法能力现状解剖与教学对策. 北京：中国听力语言康复科学杂志. 2005：2-34

[34] 顾明远. 教育大辞典. 上海：上海教育出版社，1989.9

[35] 汉斯—格奥尔格加·德默尔著. 哲学解释学. 上海：上海译文出版社，2004.7

[36] 张会文，钟燕萍. 培养听障学生阅读和写作能力教学模式的思考. 北京：中国特殊教育，2001.3

[37] 袁茵. 听觉障碍儿童沟通方法评介. 北京：中国特殊教育. 2002：37-40

[38] 朱爱珠. 聋校作文讲评方法初探. 北京：现代特殊教育. 2003：-17

[39] 简栋梁. 口语是聋人融入主流社会的催化剂. 北京：中国听力语言康复科学杂志. 2003.1

[40] 曹明海. 语文教育学. 山东：中国海洋大学出版社，2002.1

[41] 苏霍姆林斯基. 杜殿坤编译. 给教师的建议（修订版 全一册）北京：教育科学出版社，1984

[42] 苏霍姆林斯基. 蔡汀，王义高，祖晶编译. 苏霍姆林斯基选集[M]：第1卷.北京：教育科学出版社，2001.8